# 아쿠타가와의 중국 기행

■ 이 책은 아쿠타가와 류노스케가 쓴 《支那游記》(改造社 1925)[〈自序〉 뒤에 〈上海游記〉를 필두로 〈江南游記〉·〈長江游記〉·〈北京日記抄〉·〈雜信一束〉 순으로 구성]를 저본으로 하여 우리말로 옮겼으며, 각각의 초출은 다음과 같다.

〈上海游記〉(《大阪毎日新聞》 조간 및 《東京日日新聞》 1921.8.17-9.21)

〈江南游記〉(《大阪毎日新聞》 조간 1922.1.1-2.13)

〈長江游記〉(《女性》 1923.9)

〈北京日記抄〉(《改造》 1925.6)

이 도서의 국립중앙도서관 출판예정도서목록(CIP)은 서지정보유통지원시스템 홈페이지(http://seoji.nl.go.kr)와 국가자료공동목록시스템(http://www.nl.go.kr/kolisnet)에서 이용하실 수 있습니다. (CIP제어번호 : CIP2016004933)

芥川龍之介の支那遊記

# 아쿠타가와의 중국 기행

아쿠타가와 류노스케 지음

곽형덕 옮김

섬앤섬

## 차 례

# 아쿠타가와 류노스케의 《중국기행》 한국어판에 거는 기대

세키구치 야스요시[関口安義]

쓰루문과대학[都留文科大学] 명예교수

아쿠타가와 류노스케의 기행문 《중국기행[支那遊記]》은 근래 들어 일본과 중국에서 재평가되고 있다. 1920년대 초, 검열이라는 국가의 탄압을 의식하면서 허용된 표현의 범위 안에서 아슬아슬하게 줄타기를 하며 중국의 실태를 그린 이 작품이 현재 새로운 고찰의 대상이 되고 있기 때문이다. 2000년대 들어 중국에서는 일본의 연구 상황을 흡수하면서 세 종류의 《중국기행》이 각각 다른 번역자에 의해 출판됐다.

과거 중국에서 아쿠타가와는 중국을 멸시하는 내용의 기행문을 쓴 작가로 여겨져 부정돼 왔었다. 하지만 최근에는 아쿠타가와가 《중국기행》에서 1920년대 초기 중국을 사실적으로 명확히 파악했다는 것이 밝혀지면서 그에 대한 평가는 높아지고 있다. 《중국기행》을 중국에서 처음으로 완역한 것으로 알려진 진생보[陳生保] 교수(당시 상해외국어대학[上海外國語大學])는 중국어 번역본 '해설'에서 아쿠타가와가 당시 중국과 중국인이 겪고 있던 고난을 적확한 기록으로 남겨준 것에 감사하지 않으면 안 된다. 아쿠타가와는 중국을 사랑해 중국 인민이 겪고 있던 고난에 동정하면서 기행문을 썼다고 평가했다. 진생보 씨의 평가에는 아쿠타가와를 다시 발견한 것에 대한 기쁨이 생동하고 있다.

아쿠타가와는 중국인의 끈질기고 강한 반일 저항정신도 놓치지 않고 기록했다. 그는 검열 제도를 의식하면서도 중국의 현실을 명확히 응시했다. 소주蘇州에서는 반일과 관련된 낙서까지 교묘한 해학과 아이러니를 곁들여 쓰고 있다. 게다가 호남湖南의 성도省都인 장사長沙에서는 일본인 병사가 중국의 여자사범학교에 난입해 강간 사건을 일으킨 것에 대해서도 검열을 강하게 의식해 수사rhetoric를 다방면으로 구사해가며 그 사건을 다뤘다.

이번에 한국의 뛰어난 젊은 연구자 곽형덕 씨가 《중국기행》을 한국어로 최초로 번역한다는 소식을 들었다. 그 의도를 높이 사고 싶다. 기행문 《중국기행》은 작가 아쿠타가와 류노스케가 중국기행 이후 만년에 걸쳐 쓴 작품들의 창작 의도를 푸는 데에도 결정적인 역할을 하는 열쇠가 숨겨져 있다. 그 뿐만이 아니라 표현의 자유를 둘러싸고 고투를 펼친 시인 이상李霜을 비롯한 조선인 작가와 아쿠타가와 류노스케의 관련성을 고찰할 때도 많은 시사점을 던져줄 것이다. 《중국기행》의 한국어판에 기대하는 바가 실로 큰 이유다.

추천사

# 지성이 연마된 아쿠타가와 류노스케의 중국 기행

진강秦剛
북경외국어대학北京外國語大學 교수

아쿠타가와 류노스케는 근대 일본인 작가 가운데서도 아시아 여러 나라에서 가장 널리 알려지고 애독된 작가 중 한명이다. 그것은 그가 아시아에 공통된 전통적인 문화 교양을 지니고 구미歐美 문학과 깊이 있게 접촉함으로써 현대문예의 소양은 물론이고 세계적인 시야를 확보해서 주옥과도 같은 작품을 많이 창작했기 때문이다. '동양'과 '서양', 전통과 현대 등의 문제는 아쿠타가와가 전 생애에 걸쳐 전개했던 문학의 주제였다. 아쿠타가와는 유명 작가가 된 젊은 시절부터 동서의 교양과 지성을 겸비하고 있는 문화인이라는 평가를 받았다.

1921년 봄부터 여름에 걸쳐서 아쿠타가와는 오사카마이니치신문사大阪每日新聞社의 특파원으로서 중국 각지를 넉 달에 걸쳐서 여행했다. 그가 생애에 걸쳐 한 유일한 해외여행이었다. 이 중국으로의 기행은 아쿠타가와의 문학 창작에 커다란 영향을 미쳤다. 귀국 후에 그가 쓴 소설 중에 〈덤불 속藪の中〉이라는 단편은 1950년대에 구로사와 아키라黑澤明 감독이 영화《라쇼몽羅生門》으로 각색해 만들면서 전 세계에 알려지게 된다. 이 작품에서 시도된 복수의 시점을 통한 다각적이고 또한 다층적인 이야기를 구성하는 의식과 수법은 그가 중국기행에서 사물을 보는 시각이 넓어진 것과 깊이 연관돼 있다. 또한 아쿠타가와는 메이지明治 시기 이후 일본이 대외로 세력을 확장하면서 국민정신의 체현자로 영웅시하고 있던 옛 이야기의 주인공 모모타로桃太郎에 관한 이야기를 오니가시마鬼ヶ島 침략한 군국주의자로 그린 〈모모타로桃太郎〉라는 작품으로 창작하게 된다. 그것 또한 상해에서 혁명가이자 사상가인 장병린章炳麟과 대면했을 때 장병린이 모모타로 이야기를 통해 일본을 비판하는 것을 듣고 착안하게 되었던 것이다. 그간의 고유한 인식 방식을 뒤집고 새로운 것을 볼 수 있는 견해를 획득한 것이야말로 아쿠타가와가 중국 기행을 통해 얻은 커다란 수확이라 할 수 있다.

아쿠타가와는 중국 기행기를 귀국 후에 단속적으로 집필해서 후일《중국기행支那遊記》이라는 제목의 단행본으로 간행했다. 근대 일본인의 중국 기행기 중에서도 가장 많은 독자를 확보한 대표적인 책이다. 다만《중국기행》은 오랜 세월 동안 연구자 사이에서 평가의 대상이 되는 일은 없었다. 이 책의 역사적 가치가 다시 평가되기 시작하는 것은 1990년대, 일본문학연구의 국제화가 진행되면서 작가의 월경越境 체험의 중요성을 인식하기 시작한 이후부터였다. 현재는 아쿠타가와 문학을 고찰할 때, 혹은 1920년대 중국과 일본의 문화적 교섭을 다루려 할 때 이 책은 매우 중요한 텍스트로 인식되고 있다.

이 책은 아쿠타가와의 눈에 비친 1921년 중국 사회의 단면과 그가 마주친 단편 단편의 일상의 세부가, 생생한 빛깔이 입혀진 소설가의 필치로 기술돼 있다. 그로부터 100년의 세월이 지난 현재, 시대의 격렬한 변화로 인해 현재의 독자에게는 오히려 신선하게 보일 수 있는 경치도 적지 않다. 또한 소설가가 아니고서는 할 수 없는 신기한 관찰과, 여행자가 아니면 관심을 갖지 않을 시정의 풍경도 많이 기록돼 있다. 아쿠타가와가 방문했던 도시 대부분은 현재 국제도시나 혹은 관광도시로 변해서 100년 전의 풍모와 도시의 표정을 발견하는 것은 더 이상 쉬운 일이 아니다. 그런 의미에서 각지의 명승지와 거리의 풍정을 변화해가는 역사적 전환기의 한순간 속에 포착해 언어로 펼쳐놓은 아쿠타가와의 기행문은 그곳의 옛 풍모와 역사적 변천을 알려주는 귀중한 실마리와 창구를 제공해 주고 있다.

중국의 고전문학에 친밀함을 갖고 있던 아쿠타가와는 이 책에서 고전 시문학의 세계에 있는 과거의 중국과, 눈앞의 당대 중국을 대비시켜 양쪽의 차이를 품평함으로써 당시 중국의 현실 상황을 전하려 하고 있다. 눈앞에 전개되는 풍경, 풍물, 인물 등에 대해서 때로는 재기 넘치는 기지로 힘차게 비평하거나, 때로는 눈살을 찌푸리면서 신랄하게 비꼬아댄다. 국력이 쇠퇴하는 것에 동반돼 옛 전통이 상실해 가고 문화유산이 황폐해져 가는 모습에 대해서는 실망을 감추지 않고 그대로 표현했고, 내우외란에 빠진 중국의 현상現狀에 대해서는 때로는 초조함을 느끼고 있었음이 드러난다. 특히 구미 열강 세력이 중국에서 발호해 중국의 전통문화와 국가이익을 침식해가는 정세에는 혐오감과 분노를 표명하는데, 이는 중국 근대의 혁명가에 대한 관심이나 공명으로 나타나 있다.

아쿠타가와가 중국을 여행한 것은 5.4운동이 일어나고 얼마 지나지 않은 무렵이었다. 당시는 중국이 민족의식에 눈을 떠서 일본제국주의 반대운동이나, 일본상품 보이콧 운동이 각지에서 맹렬하게 전개되고 있던 시기였다. 이러한 시대를 배경으로 아쿠타가와는 중국인의 눈에 비친 일본과 일본인의 모습을 알게 되면서, 아시아 여러 나라에게 근대 일본이 어떠한 국가였는지를 외부에서 대상화해서 볼 수 있는 계기를 얻었다. 그 때문에 이 기행문에는 일본인이란 무엇인가라고 스스로 묻고 있는 장면이 곳곳에 삽입돼 있다.

이 책에 수록된 마지막 기행문은 아쿠타가와가 방문했던 도시의 인상을 묘출하기 위해 상징적인 경관이나 이미지를 간결한 언어로 포착한 〈잡신일속雜信一束〉이다. 이 〈잡신일속〉의 마지막 내용이 중국의 동북지역에서 세력을 차례차례 확대하는 일본에 대한 비판이다. 특히 마지막 한 구절에는 '남만철도南滿鉄道'라는 제목으로 "수수 뿌리를 기어가는 한 마리의 지네"라는 짧은 문장이 씌어 있는데, 남만철도를 지네에 비유한 기발한 상상력으로 일본의 국책회사인 남만주철도주식회사의 사업을 대륙의 시점에 서서 풍자하고 있다. 일본인이 중국대륙에서 해왔던 것과 하려고 하는 것에 대해서 부감적인 각도로 바라보고, 그 본질을 꿰뚫어 본 후 통렬하게 비판하고 있는 것이다. 이 책의 권말을 장식한 이 문장은 아쿠타가와의 중국여행기가 보여준 하나의 도달점, 요컨대 일본을 밖으로부터 보는 시각을 얻게 된 점을 극명하게 상징적으로 보여주고 있다.

추천사

# 아쿠타가와 류노스케의 《중국기행》을 읽는 의미

남상욱
인천대학교 교수

로맨티시즘이여, 안녕 (…중략…)
미토의 낭인보다 열 배는 더 하는 양이 정신에 활활 타오르면서

이 글을 읽는 내내 한국인들에게 중국은 어떤 이미지일까—라는 물음에 사로잡혔습니다. 이 물음은 무엇보다도 한국인들에게도 중국의 이미지는 결코 일관되지 않았다는 점을 환기시켰습니다. 한국의 역사적 변동 속에서 중국은 문명과 오랑캐, 그리고 유학과 속물성 등의 이미지로 변주되어 왔기 때문입니다. 특히 20세기 내내 한국인들은 줄곧 중국과 거리를 두고 그 반대쪽을 지향해왔지만, 이러한 태도는 세기의 전환기를 거치면서 더 이상 지속될 수 없게 되었습니다. 한국인 스스로가 타자에 대해 부여한 이미지가 더 이상 유효하지 않게 된 셈이지요.

1920년대 초에 아쿠타가와 류노스케가 쓴 중국 기행문 역시 마찬가지 맥락에서 읽을 수 있습니다. 주지하다시피 근대 일본은 기존

의 중국 중심의 세계관을 버리고 서구화를 지향해 일정 부분 성공을 거뒀습니다. 19세기 말 중국은 서구 열강들뿐만이 아니라 일본과의 싸움에서도 패배함으로써 기존의 긍정적인 이미지를 잃어버렸습니다. 이러한 상황 속에서 당시의 일본 문학자들은 한자문화권 속의 글쓰기의 전통을 지양하고, 그 대신 서구적 스타일을 빠르게 받아들였습니다.

이에 대해 반발한 것이 아쿠타가와 류노스케와 다니자키 준이치로 세대였습니다. 그들은 서구지향 일변도의 문단 분위기에 편승하지 않고, 한문맥적인 전통에 근거해 새로운 창작활동을 전개했는데, 이는 앞선 세대들이 지향해온 서구화에 대한 비판적인 의미가 강했습니다. 따라서 그들의 작품 세계 속에서 중국은, 아편전쟁 이후 서구의 격전장이 되어버린 중국 대신 근대 이전의 고전에서 볼 수 있는 자기완결적인 미적 대상으로 그려졌고, 그런 점에서는 오리엔탈리즘의 전형으로 비판받곤 했던 것도 사실입니다.

하지만 바로 그 때문에 아쿠타가와의 중국 기행문은 무엇보다도 스스로가 쌓아올린 관념으로서의 '중국' 너머의 현실에 직면한다는 점에서 그 의미를 찾을 수 있습니다. 실제로 우리는 이 글을 통해 아쿠타가와가 문자를 통해서 관념으로 형성했던 '중국'과 눈으로 직접 보는 중국 사이에서 갈팡질팡하는 모습을 확인할 수 있습니다. 그러니까 아쿠타가와는 청초한 고전 세계 속의 호수와 현실의 구정물이 된 호수, 시인들과 영웅들의 대지와 서양인들에게 점령당한 조계지, 무기력한 아편쟁이의 소굴과 '혁명'의 기운이 가득한 청년의 토양 사이를 기행한 것입니다.

그러한 과정에서 냉철한 관념론자로서 알려진 아쿠타가와가 때로는 일본의 극우주의자들보다 훨씬 더 강한 '양이정신[攘夷精神]'에 휩싸이기도 하는데, 이러한 모습은 1930년대 이후의 일본 지식인들의 행동을 예후[豫後]적으로 보여주기도 합니다. 즉, 아쿠타가와의 중국기행은 단순히 1920년대의 중국의 실상만이 아니라, 그들이 중국을 경유해서 바라보는 미래의 모습이 담겨져 있는 귀중한 텍스트라고 할 수 있겠습니다. 특히 동서양, 과거와 현대를 넘나드는 작가의 풍부한 언어적 상상력은 빈곤해진 우리의 상상력을 자극하고 마음을 풍요롭게 해줄 수 있을 것입니다.

정성스러운 번역을 통해 오늘날 우리가 잃어버리고 있는 언어적 상상력에 활력을 불어넣어주신 곽형덕 선생에게 감사의 말씀을 올립니다.

# 자서自序

《중국기행支那遊記》 한 권은 결국 하늘이 내게 은혜를 베푼(혹은 재앙으로 준) 저널리스트적인 재능의 산물이다. 나는 〈오사카 마이니치 신문사〉의 명을 받고, 다이쇼 10(1921)년 3월 하순부터 같은 해 7월 상순까지 백이십 여 일 동안 상해, 남경, 구강九江, 한구漢口, 장사長沙, 낙양, 북경, 대동大同, 천진 등을 편력했다. 그 뒤 만주와 조선을 거쳐 일본으로 돌아온 후 〈상해유기〉와 〈강남유기〉를 하루에 한 회씩 집필했다. 〈장강유기〉도 〈강남유기〉를 쓴 후에 역시 하루에 한 회씩 집필하던 미완성품이다. 〈북경일기초〉는 반드시 하루에 한 회씩 썼던 것만은 아니다. 하지만 여하튼 전체를 이틀 정도에 썼다는 것만은 기억하고 있다. 〈잡신일속〉은 그림엽서에 썼던 것을 대략 그대로 수록한 것이다. 하지만 내 저널리스트적인 재능은 이런 통신通信에도 전광電光처럼, 적어도 연극의 전광처럼 빛나고 있는 것만은 확실하다.

1925년 10월 아쿠타가와 류노스케 씀

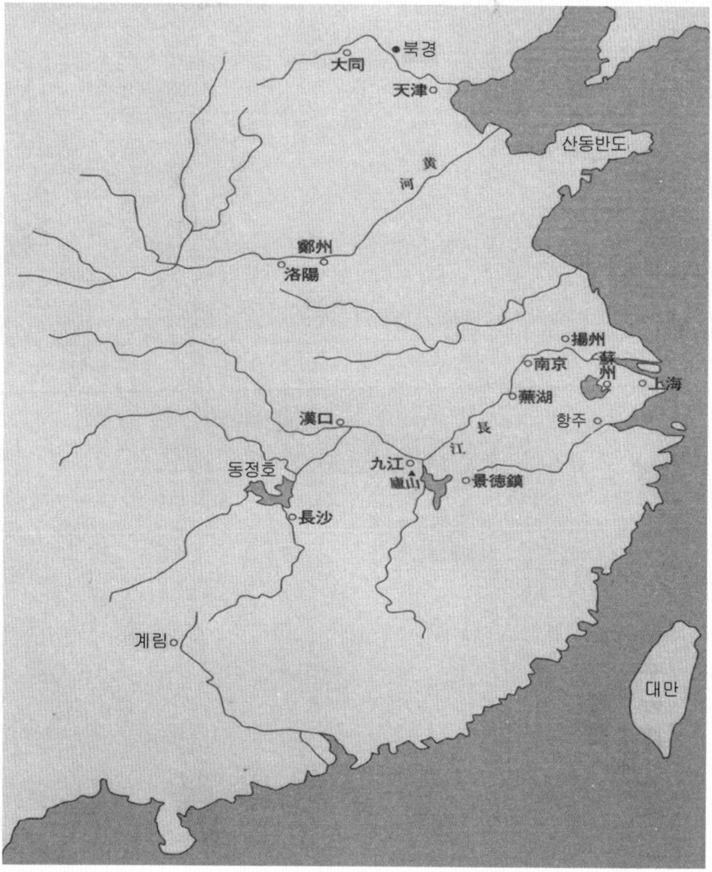


1921. 3 - 7

■ 일러두기

일본식 발음표기는 되도록 국립국어원의 외래어표기법을 따랐지만 발음과 현저하게 차이가 나는 부분은 원어에 가깝게 표기했다. 번역을 하며 고어체 등도 독자가 읽기 편하게 현대문으로 옮겼다. 현재 차별 용어로 인식되는 용어들은 당시의 분위기를 제대로 전달하기 위해 그대로 번역했다. 하지만 독자의 편의를 위해 핵심적인 용어를 현대식으로 바꾸었다. 특히 본문에는 중국을 뜻하는 용어로 지나[支那]가 나오는데 독자의 편의를 위해서 모두 중국으로 변경했음을 명기해 둔다. 또한 본문 중의 ( )는 원문에 있던 설명이며, [ ] 및 각주는 번역자의 설명이다.

1부

# 상해를 거닐며 남기다

## 上海遊記

# 해상海上

드디어 도쿄를 떠나던 날 나가노 소후[1] 씨가 인사를 하러 왔다. 듣자니 나가노 씨도 보름쯤 있다가 중국 여행을 떠날 예정이라고 한다. 그러면서 나가노 씨는 내게 친절하게도 뱃멀미 할 때의 묘약을 가르쳐줬다. 하지만 모지門司[북규슈의 항구]에서 배를 타면 겨우 두 낮밤을 지날까 말까 하는 사이에 상해에 도착하는데 멀미약이라니. 기껏해야 이틀 정도의 항해에 뱃멀미 약을 준비해야 한다는 이야기를 들으며 나는 은근히 웃음이 나오기까지 했다. ……마침내 3월 21일 오후, 치쿠고마루筑後丸 승선 사다리에 오르며 비바람에 물결치는 모지 항내港內를 바라보다가 겁에 잔뜩 질린 나가노 소후 화백을 발견하고 나는 다시 한 번 딱하게 생각했다.

그런데 옛 친구를 경멸한 벌을 받은 것인지 배가 현해탄에 들어서자마자 마치 기다렸다는 듯이 바다가 사나워지기 시작했다. 같은 객실의 마스기馬杉 군과 상갑판 등받이 의자에 앉아 있다가 뱃전에 부딪쳐 떨어지는 파도의 비말을 머리에 뒤집어썼다. 바다는 새하얗게

1) 나가노 소후長野草風(1885-1949). 일본의 근대 화가. 상해 행 배를 타기 위해 모지로 가던 아쿠타가와가 도중에 심한 감기로 오사카에서 2주 정도 지체하면서 결국 두 사람은 1921년 3월 21일 같은 배를 타게 된다.

변해 바닥부터 요란하게 부글부글 끓고 있었다. 저 맞은편 어딘가 뭍의 모습이 어렴풋이 떠오르는 듯했는데 그것은 규슈 본토였다. 하지만 항해에 익숙한 마스기 군은 궐련초 연기를 내뿜으면서 미동도 하지 않았다. 나는 외투 깃을 세우고 주머니에 양손을 찔러 넣은 채 은단을 입에 머금으며, 나가노 소후 씨가 뱃멀미 약을 준비하라 한 것은 대단히 현명한 처치였노라 뒤늦게 감복했다.

그 사이 옆에 있던 마스기 군은 바bar로 갔는지 어디론가 사라져 버렸다. 나는 태연히 앉아 있었다. 옆에서 보기에는 유유자적한 자세로 보였을지 모르지만, 사실 머릿속의 불안은 그런 것과는 전혀 상관이 없었다. 몸을 조금 움직여 봤지만 바로 현기증이 났다. 뱃속도 편치 않은 기분이 들기 시작했다. 그때 뱃사람 한 명이 눈앞에서 분주하게 갑판을 오가고 있었다(후일 알게 된 사실이지만 그는 선원이 아니라 나처럼 딱한 뱃멀미 환자 가운데 한 명이었다). 선원의 분주한 왕래가 내게는 조금도 유쾌하지 않았다. 저 멀리 가느다란 연기를 내뿜는 트롤선이 거의 선체가 가라앉을 정도로 위태위태하게 파도 속을 항해하고 있었다. 도대체 무엇 때문에 저런 큰 파도를 뒤집어쓰고 나아가는 것인지 괜스레 부아가 치밀어 올랐다.

속이 거북한 것을 잊으려고 일부러 유쾌한 것만을 생각하려 했다. 해맑은 어린아이, 화초, 우즈후쿠 도자기[2], 일본 알프스, 초대 뽄타[3] 그 다음은 무엇이었는지 기억이 나질 않는다. 아니, 하나 더 있다. 확실하지는 않지만, 바그너도 젊었을 때 배를 타고 영국으로 건너가던 중에 지독한 폭풍우를 만났던 모양이다. 그때의 체험이 후일 《헤매

---

2) 渦福の鉢. 초서체 '福'자를 새겨 넣은 도자기로 일본에서는 가케에몬 도자기(右衛門燒き物)라고 부른다. 아쿠타가와는 선배 작가 다무라 쇼교(田村松魚)로부터 중국 여행 전에 이 도자기를 선물 받았다.
3) 신바시다마(新橋玉) 유곽의 명기 초대 뽄타(ぽん太)로 본명은 가시마 에쓰코(鹿島ゑ津子)라고 했다.

는 네덜란드인Der fliegende Holländer》을 쓸 때 큰 도움이 되었다고 한다. 등등 별별 생각을 다 해봤지만 머릿속은 점점 더 하얘지기만 했다. 가슴이 메슥거리는 것도 좀처럼 나아지지 않았다. 마침내는 바그너고 나발이고 개나 잡아먹어라 하고 소리칠 듯한 지경에 이르고 말았다.

10분쯤 지났을까, 선실 침상berth에 누워 있던 내 귀에 식탁 위의 접시, 나이프 등이 한꺼번에 쏟아지는 듯한 엄청난 소리가 들려왔다. 하지만 나는 뱃속에 있는 모든 것을 쏟아낼 듯한 울렁거림을 참느라 다른 데에 신경 쓸 여력이 없었다. 그때 그 정도의 인내심을 발휘한 것도 어쩌면 나 혼자만 뱃멀미를 하고 있는 것은 아닌가 하는 걱정이 들었기 때문이다. 이럴 때는 뜻밖에도 허세가 무사도를 대신해주는 것만 같았다.

다음날 아침, 일등선실 손님들 모두가 뱃멀미에 취해서 미국인 한 명을 빼고는 아무도 식당에 나오지 않았던 모양이다. 이 비범한 미국인은 식후에도 홀로 배에 마련된 살롱에서 타자기를 치고 있었다고 한다. 나는 그 이야기를 듣자 갑자기 기분이 유쾌해졌다. 그리고 그 미국인이 어쩌면 괴물일지도 모른다는 생각을 했다. 실제로 이렇게 폭풍우로 거칠어진 바다에서 그토록 태연자약하다는 것은 인간 이상의 곡예라 할 수 있기 때문이다. 그러자 문득, 그 미국인의 신체를 검사해보면 치아가 39개이거나 혹은 작은 꼬리가 있다든가 하는 의외의 사실을 발견할 수 있을지도 모른다는 생각이 들었다. 나는 갑판의 등받이 의자에 앉아서 그런 공상을 펼쳤다. 바다는 사나웠던 어제를 깨끗이 잊어버린 듯 푸르게 누그러져서 우현 맞은편으로 제주도의 모습을 수평으로 펼치고 있었다.

# 첫 번째 일별一瞥 上

선창 밖으로 나가자 몇 십 명인지 알 수 없는 인력거꾼이 우리를 에워쌌다. 우리라 함은 신문사(오사카마이니치신문)의 무라타 군[4], 도모즈미 군[5]과 국제통신사의 존스 군[6]에 나를 포함한 네 명을 말한다. 일본인에게 인력거꾼이라는 이미지는 결코 지저분하지가 않다. 오히려 그 기세 좋은 느낌은 어딘가 에도 시대 이전의 마음가짐을 상기시키기까지 하니 말이다. 그러나 중국의 인력거꾼은 불결함 그 자체라고 해도 좋을 정도로 놀라웠다. 게다가 언뜻 보아도 모두가 천한 인상들이다. 그런 자들이 전후좌우로 온통 머리를 뻗치고 큰 소리로 무어라 아우성을 쳐대니, 방금 상륙한 여인들은 상당히 불쾌하게 생각하는 듯했다. 실제로 나도 그들 중 한 명이 외투 소매를 잡아당겼을 때는 엉겁결에 키가 큰 존스 뒤로 도망치고 싶을 정도였다.

우리는 인력거꾼들의 포위를 뚫고 가까스로 마차 위에 올라 앉아 손님이 되었다. 하지만 이 마차도 어찌된 일인지 움직이자마자 말이

---

4) 무라타 시로村田孜(?-1945). 당시 오사카마이니치 상해 지국장.
5) 友住. 이름은 불명. 오사카마이니치 기자.
6) Thomas Jones(1890-1923). 아일랜드 사람으로 1915년에 일본으로 가서 영어를 가르쳤다. 후일 로이터 통신사 사원이 된 그는 당시 상해특파원이었다.

제멋대로 뛰면서 길모퉁이 벽돌담에 부딪치고 말았다. 젊은 중국인 마부는 화가 치밀었는지 호되게 말을 후려갈겼고, 부딪친 말은 벽돌담에 코를 박은 채 춤을 추듯 엉덩이만 마구 움직여댔다. 당장이라도 마차가 뒤집어질 것만 같았다. 길에는 금세 구경꾼들이 모여들었다. 상해에서는 죽음을 각오하지 않고서는 마차도 무심히 탈 수 없는 것은 아닌가 하는 생각을 했다.

1920년대 상해의 여객 마차

잠시 후 다시 마차가 움직이고, 철교가 놓인 강 쪽으로 나왔다. 강에는 중국식 목조 너벅선이 강물이 보이지 않을 정도로 잔뜩 떠 있었고, 강가에는 녹색 전차 몇 대가 유유히 움직이고 있었다. 건물은 대부분이 붉은 벽돌로 지은 삼층, 사층. 아스팔트가 깔린 큰길가에는 서양인과 중국인이 부산스럽게 걷고 있다. 이 세계적인 군상은 붉은 터번을 친친 둘러 감은 인도인 순사가 신호를 하자 가지런하게 비켜서 마차 길을 양보해줬다. 교통정리가 구석구석까지 미친 모습은 아무리 호의적인 눈으로 보더라도 도쿄나 오사카 같은 일본의 도시가 이에 미치지 못할 듯 했다. 인력거꾼이나 마차의 용맹함에 약간의 두려움까지 느끼고 있던 나는 이러한 풍경을 보면서 점차 유쾌한 기분이 들었다.

마침내 마차가 멈춰 선 곳은 그 옛날 조선의 풍운아 김옥균이 암살된 동아양행東亞洋行이라는 호텔의 현관 앞. 제일 먼저 내린 무라타 군이 마부에게 몇 문인가 잔돈을 줬다. 그러나 마부는 그것으로는 부족한지 내민 손을 쉬이 거둬들이지 않았다. 뿐만 아니라 바로 입에 거품을 물면서 연신 무어라 기세 좋게 떠들어댔다. 하지만 무라타 군은 시치미를 뚝 떼고 현관으로 척척 걸어 올라갔다. 존스와 도모즈미 역시 마부의 웅변 따위에는 전혀 관심이 없는 것 같았다. 나는 이 중국인 마부가 조금 가엾다는 생각이 들었다. 그러나 상해에서는 아마도 이런 것이 일상인가보다 생각하며 그들의 뒤를 따라 서둘러 호텔 안으로 들어갔다. 들어가면서 다시 한 번 뒤를 돌아봤을 때 마부는 마치 아무 일도 없었다는 듯 태연히 마부 석에 앉아 있었다. 저럴 것이라면 그렇게까지 소란을 떨지 않아도 좋았으련만 하는 생각이 들었다.

우리는 어두컴컴하면서도 장식만은 현란한, 묘한 분위기의 응접실로 안내됐다. 과연 이런 분위기라면 김옥균이 아니어도 언제고 창문 밖 어딘가에서 피스톨의 총알이 날아올지도 모르겠다……는 생각을 하고 있을 무렵 양복을 입은 씩씩한 주인이 요란스레 슬리퍼 소리를 울리면서 들어왔다. 무라타 군의 이야기에 따르면 이 호텔을 내 숙소로 정한 것은 아마도 오사카 신문사 사와무라^澤村 군의 배려인 모양이다. 그런데 이 암팡진 주인은 아쿠타가와 류노스케에게 숙소를 빌려주더라도 혹여 암살당한 곳이 도움이 되지 않을 것이라 생각했던지 공교롭게도 현관 앞방 말고는 빈방이 없다고 한다. 방에 가보자 침대는 어째서인지 두 개나 있었지만 벽은 그을린 듯하고 커튼은 낡고 의자조차 만족스러운 것이 하나도 없었다. 김옥균의 유령이라면 모를까 그 누구도 편히 쉴 수 있는 방이 아니었다. 나는 사와무라 군의 후의가 안타깝기는 했으나, 어쩔 수없이 다른 셋과 상의하고 그곳에서 그리 멀지 않은 만세관^萬歲館으로 숙소를 옮겼다.

# 첫 번째 일별 中

첫날 밤 나는 존스 군과 함께 근처의 셰퍼드라는 음식점으로 식사를 하러 갔다. 그곳은 벽도 식탁도 얼추 밝게 만들어진 곳이다. 종업원은 모두 중국인이지만 손님 가운데 황색 얼굴을 한 사람은 한 명도 없었다. 요리도 타고 온 여객선에 비하면 확실히 3할 정도는 고급스러웠다. 나는 존스를 상대로 몇 마디나마 영어로 말하면서 유쾌한 기분이 들었다.

존스 군은 안남미로 만든 카레를 먹으면서 이런저런 이야기를 했다. 그 가운데에는 이런 것도 있었다(이름에 군을 붙이고 보니 어딘지 모르게 친구가 아닌 듯한 느낌이 들어 미안스럽다). 존스는 지금까지 5년이나 일본에서 생활한 영국인이다. 그 5년 동안 나와 단 한 차례 다툰 적이 있기는 하지만 친밀하게 잘 지냈다. 입석으로 가부키 공연을 함께 본 적도 있고, 가마쿠라 해변에서 해수욕을 하기도 했다. 우에노의 카페에서는 거의 밤을 새우며 배반낭자杯盤狼藉하게 술을 마시기도 했는데, 그때 그는 구메 마사오久米 正雄[소설가]가 가장 아끼던 단벌 양복을 걸친 채 연못으로 뛰어들기도 했다. 그런 그의 이름에 군을 갖다 붙이다니, 누구보다도 그에게 미안하다. 여기에서 한 가지

덧붙이자면, 내가 존스와 친해 질 수 있었던 것은 그가 일본어에 능숙했기 때문이지 내가 영어를 잘 해서가 아니다.

어느 날 밤, 존스가 카페에 술을 마시러 들어갔다가 손님 없는 홀에서 홀로 멍하니 앉아 있는 웨이트리스를 보았다. 그는 평소 입버릇처럼 중국은 자신의 도락道樂이며 일본은 자신의 열정이라고 떠벌리던 친구이다. 특히 그때는 상해로 옮겨 갈 예정이어서 더욱 일본에 아련한 노스탤지어를 품었는지도 모른다. 그가 그 웨이트리스에게 말을 걸었다.

"상해에는 언제 오셨나요?"

"어제 막 도착했어요."

"그러면 일본에 돌아가고 싶지 않으신가요?"

웨이트리스는 그에게 이런 말을 듣자 갑자기 눈물을 글썽이며 말했다.

"돌아가고 싶어요."

존스는 영어로 얘기하던 틈틈이 그녀가 말하던 "돌아가고 싶어요."를 일본어로 반복했다. 그러더니 히죽거리며 웃기 시작했다.

"나도 그 말을 들었을 때는 정말 센티멘털해졌지……."

우리는 식사를 마친 후, 떠들썩한 사마로四馬路를 산책했다. 그리고 카페 파리지엔Café le Parisien으로 잠시 무도를 보러 갔다.

무도장은 꽤 넓었다. 관현악 소리와 함께 전등 빛이 붉고 푸르게 바뀌는 방식은 도쿄의 아사쿠사와 꼭 닮았지만 관현악 연주 솜씨는 아사쿠사와 비교할 수 없었다. 그것만은 아무리 상해라 해도, 역시

1920년대 상해의 무도장 풍경

서양인의 무도장이었다.

우리는 구석진 테이블에서 아니제트anisette[지중해의 미나리과 식물인 아니스Anise를 주향료로 향을 내는 무색 리큐어liqueur]를 맛보면서 새빨간 옷을 입은 필리핀 소녀, 양복을 입은 미국인 청년이 유쾌한 듯이 춤추는 것을 구경했다. 휘트먼인가 누군가의 짧은 시에 젊은 남녀도 아름답지만 나이 든 남녀의 아름다움 또한 각별하다는 구절이 있는데, 살이 찐 영국인 노부부가 춤을 추며 내 앞으로 다가왔을 때에는 순간 정말 그렇다는 생각을 했다. 하지만 존스에게 그 얘기를 하자 그는 나를 보며 피식 웃었다. 존스는 노부부의 무도를 보면 살이 찌었건 말랐건 상관없이 그저 웃음이 터질 것 같은 유혹을 느끼는 모양이었다.

# 첫 번째 일별 下

카페 파리지엔에서 나오자 넓은 길에 어느새 사람의 왕래가 거의 끊겼다. 시계를 꺼내 보자 11시가 조금 지난 시각이었다. 상해 거리는 의외로 일찍 잠이 들었는데, 다만 그 가공할 인력거꾼만은 아직도 몇 명인가 남아 서성대고 있었다. 그들은 우리를 보면 꼭 무어라 말을 걸어왔다. 나는 낮 동안 무라타 군에게 '뿌야오不要'라는 중요한 중국어를 배워두었는데 이 '뿌야오'는 필요 없다는 뜻이다. 그 뒤로 나는 인력거꾼만 보면 바로 악마를 쫓는 주문이라도 외듯이 '뿌야오, 뿌야오'를 연발했다. 이것이 내 입 밖으로 나온 기념할 만한 최초의 중국어였다. 내가 그들을 보자마자 왜 이 말을 내던졌는지 그 연유를 알 수 없는 독자는 분명 외국어를 배워본 경험이 없음이 틀림없다.

우리는 구두소리를 울리면서 조용한 밤길을 걸었다. 길가의 좌우에는 삼사 층의 벽돌건물이 별만 보이는 하늘을 가리기도 했다. 잠시 후 가로등 불빛이, 굵은 글씨로 '當'이라는 글자가 커다랗게 써 있는 전당포의 흰 벽을 비추었다. 보도 바로 위에 여의생女醫生이라고 쓴 간판이 늘어져 있는 곳을 지나, 회반죽이 벗겨진 벽에 남양연초南洋煙草[중국산 담배회사 이름] 광고 전단지가 붙어 있는 곳도 통과했다. 그러나 아무리 걸어도 우리가 묵는 만 세관은 나타나지 않았다. 그 사이에 나는 아니제트의 앙화殃禍인지 목이 말라서 견딜 수가 없었다.

"어이 존스, 뭐 마실 곳 좀 없을까? 목이 몹시 마른데 말이야."

"바로 저기에 카페가 하나 있지. 조금만 참아."

1930년대 상해의 카페

오분 후, 우리 둘은 작은 테이블에 앉아 차가운 소다수를 마셨다.

이 까페는 파리지엔보다는 상당히 저렴한 곳인 모양이다. 도색桃色으로 칠한 벽 옆에는 머리를 두 갈래로 땋은 중국 소녀가 커다란 피아노를 치고 있고 카페 정중앙에는 영국 해군 병사 서너 명이 볼연지 진한 여자들과 난잡한 춤을 추고 있었다. 입구 유리문 쪽에는 내게 '뿌야오' 세례를 받은 장미꽃 파는 중국인 노파가 멍하니 무대를 응시하고 있었다. 나는 어쩐지 화입신문畵入新聞[7]의 삽화라도 보는 듯한 기분이 들었다. 그림의 제목은 물론 '상해'.

그때 밖에서 대여섯 명의 해군 병사가 한꺼번에 우르르 몰려들어오면서 가장 곤란한 일을 겪은 이는 문 앞에 서 있던 예의 그 꽃 파는 노파였다. 노파는 술에 취한 해군 병사가 난폭하게 문을 밀어 젖히는 바람에 팔에 걸고 있던 바구니를 떨어뜨리고 말았다. 그러나 수병들은 군홧발에 밟히는 꽃바구니 따위에는 신경조차 쓰지 않았

7) 상해에서는 19세기 말부터 삽화가 들어간 신문이 유명했다. 이러한 신문은 일본에서도 발행돼 삽화를 넣어 실화나 기담을 실은 대중 신문으로 인기를 끌었다.

다. 그들은 춤을 추고 있던 무리와 함께 곧 미치광이처럼 춤을 추어댔다. 노파는 투덜대며 바닥에 떨어진 장미를 주웠다. 하지만 그것조차 잠시 후 들이닥친 또 다른 병사들의 구두에 짓밟혀 버렸다…….

"갈까?"

존스는 질려버린 듯이 커다란 몸을 벌떡 일으켰다.

"가지."

나도 바로 일어섰다. 그런데 우리 발 언저리 여기저기에 뿌려 놓은 듯 흩어져 있는 장미가 눈에 띄었다. 나는 문을 향해 걸어가면서 도미에[8]의 그림을 떠올렸다.

"이보게 인생은 말이지……."

존스는 노파의 바구니에 은화를 던져 넣으면서 나를 뒤돌아 봤다.

"뭐? 인생이…… 어떻다고?"

"인생은 장미를 흩뿌린 길이라네."

우리는 카페 밖으로 나갔다. 길에는 변함없이 황포차 몇 대가 손님을 기다리고 있었다. 그들은 우리를 보자 마치 경주라도 하듯이 사방에서 달려오기 시작했다. 인력거꾼이야 물론 '뿌야오'이지만 나는 그들 말고 또 한 명의 성가신 자가 따라온 것을 발견했다. 꽃을 팔던 그 노파였다. 노파는 장황하게 무어라 말하면서 걸인처럼 손을 내밀었다. 존스의 은화를 받고 나서도 다시 우리들의 지갑을 열어젖힐 작정인 듯했다. 나는 이런 욕심쟁이가 파는 아름다운 장미가 불현듯 불쌍해졌다. 이 낯 두꺼운 노파와 낮에 탔던 인력거, 유감스럽게도 이들은 상해의 첫인상이자 중국의 첫인상이다.

---

8) 오노레 도미에Honoré Victorin Daumier 19세기 프랑스의 풍자만화가

# 병원

다음날 나는 자리에 누웠다. 그리고 다시 그 다음날부터 사토미里見 씨 병원에 입원하고 말았다. 병명은 건성 늑막염. 적어도 늑막염에 걸린 이상 모처럼 기획한 중국 기행도 일단 보류할 수밖에 없다고 생각했다. 그렇게 생각하자 대단히 불안해졌다. 나는 즉시 오사카의 신문사로 전보를 쳐 이 사실을 알렸다. 그러자 신문사의 스스키다[9] 씨로부터 '천천히 요양할 것'이라는 내용의 전보가 왔다. 하지만 한 달이 될지 두 달이 될지 모르는 상태에서 입원한 채로 있어야 하기 때문에 신문사에서도 곤란할 것이 틀림없었다. 나는 스스키다 씨의 답전에 '후유' 하고 안심하면서도, 그럼에도 중국 탐방 기사를 써야 하는 내 의무를 생각하지 않을 수 없었다.

하지만 다행히 상해에는 신문사의 무라타 군이나 도모즈미 군 외에도 니시무라 테키치[10] 같은 학생 시절의 친구와 존스가 있었다. 친구와 지우는 바쁜 일정에도 불구하고 줄곧 나를 문병해줬다. 게다가 다소나마 작가라는 허명虛名을 갖고 있는 덕에 때때로 미지의 손님으

---

9) 스스키다 준스케薄田淳介(1877-1945). 오사카마이니치신문사 학예부장.
10) 니시무라 테키치西村貞吉. 아쿠타가와의 부립삼중府立三中 시절 동급생.

로부터도 꽃이나 과일 따위를 선물 받았다. 실제로 비스킷 깡통은 처분하기에도 애를 먹을 정도로 머리맡에 죽 늘어서기도 했다(이 궁지에서 나를 구해준 것은 역시 경애하는 친지 및 지우 제군들이다. 이들은 병자인 내가 보기에도 이상할 정도로 모두 먹새가 좋았다). 그 와중에 처음에는 낯선 손님이었으나 어느새 마음을 털어놓는 사이가 된 사람도 두엇 있었다. 하이쿠俳句를 짓는 요소키四十起 군이 대표적인 경우이며, 이시구로 마사키치石黒政吉 군도 그 중 한 명이다. 상해동방통신사上海東方通信社 소속의 하타 히로시波多博 군도 그랬다.

그래도 37도 5분 정도의 열이 쉽게 떨어지지 않아 불안한 마음은 여전했다. 환한 대낮에도 가만히 누워 있을 수 없을 정도여서, 갑자기 죽음이 다가오지는 않을까 두려워지기도 했다. 그럴 때마다 나는 이런 두려움에서 벗어나려는 일념으로 만철滿鐵의 이카와 씨[11]나 존스가 빌려준 스무 권 정도의 영어로 된 책을 손에 잡히는 대로 읽었다. 라 모테[12]의 단편을 읽은 것도 티에첸즈[13]의 시를 읽은 것도, 자일즈[14]의 시를 읽은 것도 모두 그 즈음이었다. 밤에는…… 이것은 사토미 씨에게는 절대 비밀이지만 혹시라도 모를 불면에 시달릴까봐 매일 밤 칼모틴calmotin[수면제의 일종]을 삼켰다. 그것을 삼키고서도 때때로 동이 트기도 전에 잠에서 깰 때에는 내 스스로 내게 질리곤 했다. 명나라 시인 왕차회王次回의 《의우집疑雨集》에 "약은 전혀 효험이 없고 이상한 꿈만 자주 꾸누나藥餌無徵怪夢頻"라는 구절이 있다. 이것은 시인의 질병이 아니라 아내의 중병을 한탄한 시인데 당시의 나를 읊은

---

11) 井川亮. 아쿠타가와가 일고시대一高時代에 가장 친했던 친우 이카와恒井川恭의 형이다.
12) Friedrich Heinrich Karl de la Motte. 독일 초기 낭만주의 시인(1777-1843).
13) Eunice Tietjens. 미국의 여류 시인(1884-1944).
14) Herbert Allen Giles. 영국의 외교관 중국학자(1845-1933).

앨런 자일즈의 저서 《중국과 중국인》

것이라고 해도 무방할 정도로 이 구절은 문자 그대로 통절했다. '藥餌無徵怪夢頻' 병상 위에서 이 구절을 몇 번이나 읊었는지…….

그 사이 봄은 속수무책으로 깊어 가고 있었다. 니시무라가 롱화龍華에 있는 복숭아 이야기를 했다. 태양이 보이지 않을 정도로 몽골의 바람이 공중에 황진을 날라 왔다. 누군가가 망고를 위문품으로 줬다. 소주蘇州와 항주杭州를 보기에 적당한 기후가 찾아온 듯했다. 나는 격일로 사토미 씨에게 옥화칼륨 주사를 맞으면서 언제쯤 이 침상에서 일어날 수 있을까 생각했다.

부기附記 입원 중에 있었던 일을 모두 쓰자면 얼마든지 더 쓸 수 있겠지만 특별히 상해와 큰 관계도 없으므로 이 정도로 해두려 한다. 다만 덧붙여 두고 싶은 것은 사토미 씨가 신경향의 하이쿠 시인이라는 사실이다. 내친 김에 그의 최근작 한 편을 소개하면,

'숯을 뒤집으면서 태동이 있음을 말하네.'

# 성안 上

상해 성안을 언뜻이나마 처음 둘러본 것은 하이쿠 시인 요소키 씨의 안내를 받고서였다.

어둑어둑 비가 올 듯한 오후, 우리 둘을 태운 마차가 번화한 거리를 쏜살같이 달렸다. 붉은 진흙 자기와도 같이 통구이가 된 닭을 전면에 온통 내걸은 가게가 보였다. 잡다하게 매달린 가지각색의 램프가 어딘지 으스스한 가게도 있었다. 정교한 은기銀器가 선명하게 빛나는 은루銀樓[액세서리를 파는 가게]도 있고, 이태백의 유풍을 지닌 간판이 왠지 낡고 빈핍해 보이는 주루酒樓도 눈에 띄었다. ……낯선 중국 점포의 구조를 흥미롭게 보고 있는 사이에 마차는 넓은 길로 나가더니 갑자기 속력을 늦추면서 건너편에 보이는 골목길로 들어섰다. 요소키 씨에 따르면 과거에는 이 넓은 길에 성벽이 높이 솟아 있었다고 한다.

마차에서 내린 우리는 바로 다시 좁은 골목길로 들어섰다. 그 길은 골목길이라 하기에도 비좁아서 샛길이라고 하는 편이 더 적당할 듯했다. 이 좁은 길 양측에 마작 도구를 파는 가게나, 자단紫檀을 파는 가게 등이 빼곡하게 들어서 있었다. 비좁은 가게 앞에는 간판이 아무렇게나 매달려 있어서 하늘을 보는 것도 곤란했다. 그렇지만 그 좁은

1920년 무렵의 상해 호심정

곳에 사람이 넘쳐났다. 무심코 가게 앞에 늘어놓은 싸구려 도장 재료를 들여다보다가 그만 누군가와 부딪치고 말았다. 바삐 지나가는 통행인은 대체로 중국의 서민들이다. 나는 요소키 씨의 뒤를 따르면서 한눈을 거의 팔지 않을 정도로 주뼛주뼛 포석을 밟고 걸어갔다.

그 샛길이 끝난 곳에 이르자 책에서나 보고 말로만 듣던 호심정湖心亭이 보였다. 호심정이라 하니 이름은 그럴 듯하지만 실은 금방이라도 무너질 듯 후줄근하기 짝이 없는 찻집이었다. 게다가 호심정을 둘러싼 연못을 보니 새파란 거품 따위가 떠올라 이게 물인지 구별도 안갈 정도였다. 연못 주위에는 돌을 쌓아올린 것 또한 괴이쩍은 난간이 있었다. 마침 우리가 그곳에 이르렀을 때 엷은 남색 면 옷차림에 변발을 길게 늘어뜨린 중국인이 나타났다. 내친김에 한 마디 덧붙이자. 기쿠치 칸菊池寛에 따르면 내가 소설 속에서 똥통이니 뭐니 하는 천박한 말을 꽤나 쓰는 모양이다. 게다가 이런 말들이 운율까지 이루어 부손蕪村[18세기 중후반에 활동한 일본의 시인, 화가]의 말똥이나 바쇼芭蕉[17세기 후반에 활동한 시인]의 말 오줌 같은 하이쿠 언어의 영향을 받았으리라는 것이다. 물론 기쿠치의 설과 그 조언을 부정할 생각은 없다. 그러나 중국을 직접 여행하고 보니 장소 그 자체가 불결 속박하여 때로 언어예절을 무시하지 않고서는 생생한 묘사가 불가능할 때가 잦다는 점을 말하고 싶다. 만일 내 말이 거짓이라 생각한다면 시험적으로 한 번 문장을 써보면 될 것이다.

변발의 중국인은 연못을 향해 유유히 오줌을 갈겼다. 진수번陳樹藩[청 말·민국의 군인]이 반란의 깃발을 치켜들거나 말거나, 백화체 현대시가 유행하거나 말거나, 영일동맹이 성립하거나 말거나 이 사내에게는 아무런 관계도 없을 터이다. 적어도 이 사내의 태도와 얼굴에는 그 정도로 여유가 가득했다. 구름 낀 하늘 아래 우뚝 선 정자와 오물로 뒤덮인 병든 연못, 그리고 그 연못으로 떨어지는 힘찬 오줌줄기. 이것은 울적한 한 폭의 풍경화에 그치지 않고, 노대국의 신랄한 상징이기도 했다. 나는 그 중국인을 한참이나 바라보았다. 그러나 시인 요소키 씨에게는 감흥을 일으킬 만큼 그리 진기한 풍경은 아닌 듯 했다.

"이것 좀 봐. 이 디딤돌 아래로 흐르는 거, 이거 죄다 오줌이거든."

요소키 씨는 쓴웃음을 띤 채 연못 가장자리를 돌아갔다. 그러고 보니 과연 공기 속에 진득한 오줌냄새가 떠돈다. 오줌냄새를 맡는 순간 내 감흥도 마술처럼 한 순간에 끝나고 말았다. 호심정은 호심정, 오줌은 오줌. 나는 발끝으로 돌을 밟으며 서둘러 요소키 씨의 뒤를 따랐다. 쓸 데 없는 감흥 따위에 빠져들 때가 아니었다.

# 성안 中

조금 앞으로 나아가자 눈이 먼 늙은 거지가 앉아 있었다.

……대저 거지라 함은 낭만적인 존재이다. 낭만주의란 무엇인가, 물론 의견이 분분한 문제이기는 하지만 적어도 그 한 가지 특징은 중세나 유령, 아프리카나 꿈, 여자의 마음이나 신비로운 무언가에 대한 동경을 들 수 있다. 그렇다면 거지가 회사원보다 로맨틱한 존재임은 당연하다. 그런데 중국의 거지에 이르면, 이런 신비로움이 한두 가지가 아니다. 비가 내리는 거리에서 그냥 자고 있거나, 신문지 한 장을 몸에 걸친 채 석류처럼 안이 썩은 무릎 관절을 날름날름 핥고 있는 다소 미안할 정도로 기이하고 낭만적인 존재들이다. 중국의 소설을 읽어보면 난봉꾼이나 신선이 거지로 변신하는 이야기가 많은데, 이는 중국의 거지로부터 자연스레 발달한 로맨티시즘이 아닌가 싶다. 일본의 거지는 중국처럼 초자연적인 불결함을 갖추고 있지 않아서 그러한 이야기는 생겨나지 않는다. 기껏해야 쇼군 가의 가마로 숨어든다든지, 산속의 찻물을 대접하러 류리쿄[柳里恭][15]를 초대한다든지 하는 정도가 고작이다. ……이야기가 너무 샛길로 빠졌지만, 이 눈먼 나이든

15) 야나기자와 키엔[柳沢淇園](1704-1758)의 본명. 에도시대 중기의 문인이며 화가.

골동품상

거지도 적각선인赤脚仙人이 나 철괴선인鐵拐仙人[16]이 변신한 듯한 모습이다. 특히 그 앞에 있는 바닥을 보니 비참한 그의 일생이 일필휘지 씌어 있는데, 필체가 나보다도 능숙하고 뛰어났다. 나는 누가 이런 대필을 해주는 것일까 궁금해졌다.

그 앞의 골목길로 들어서니 이번에는 골동품 가게가 즐비하다. 어느 가게든 하나같이 청동향로, 말 도자기, 칠보 접시, 용두병龍頭甁, 옥 문진, 자개 찬장, 대리석 벼루, 꿩 박제, 구영仇英[명나라 화가]의 그림 따위가 사방을 가득 메웠는데, 물담배 파이프를 문 중국인 여인이 유유자적한 태도로 손님을 맞이했다. 내친 김에 슬쩍 흥정을 걸어보았더니 5할 정도 깎아준다고 했지만 그리 싼 것 같지는 않았다. 후일 일본에 돌아와서 가토리 호즈마香取秀眞 씨에게 들은 바에 따르면 골동품은 중국보다 도쿄의 니혼바시 언저리를 뒤지는 편이 훨씬 낫다고 한다.

골동품 거리를 빠져나가자 이번에는 커다란 사당廟이 나타났다. 이건 그림엽서에서도 많이 본 성황묘였다. 사당 안에서는 많은 참배객들이 번갈아 자리를 잡고 절을 올렸다. 향을 피우기도 하고 지전을

16) 적각선인은 나체로 명상에 빠진 고대 인도의 행자. 철괴선인은 중국의 여덟 신선 가운데 한 명으로 의술에 능하다.

1920년대 상해의 성황묘

태우기도 한다. 그 연기 때문인지 대들보나 기둥 위의 주렴이 묘하게 번득였다. 그을지 않은 것은 천장에서 아래로 매달린 금은 두 색의 지전紙錢과 나선형의 향뿐일지도 모른다. 이것만으로도 거지와 마찬가지로 옛날에 읽었던 중국소설의 세계를 상상하기에 충분했다. 좌우로 늘어선 판관으로 보이는 상이나 정면을 보고 앉은 성황 상에 이르면, 《요재지이聊齋志異》[17]나 《신제해新齊諧》[18] 같은 책에 나오는 삽화와도 그리 다르지 않았다. 나는 크게 감탄하면서, 요소키 씨가 지겨워할지도 모른다는 생각은 하지도 않고 한참이나 그 자리를 떠나지 않았다.

---

17) 청나라 시대의 포송령蒲松齡이 수집한 괴담을 편찬 번안한 소설집. 아쿠타가와가 어린 시절 즐겨 읽었으며 그의 창작에 큰 영향을 끼쳤다.
18) 원매袁枚가 쓴 괴기소설집. 아쿠타가와가 대학 시절에 애독한 작품이다.

# 성안 下

이제 와서 새삼 말할 것도 없는 일이지만, 기괴한 이야기가 풍부한 중국 소설에서는 성황城隍을 시작으로 허드레꾼 판관이나 귀례鬼隸[명계의 하인 귀신]도 한가하지가 않다. 성황이 처마 밑에서 하룻밤을 보낸 서생의 운세를 열어주면 판관은 온 동네를 휩쓴 도둑을 놀라게 해서 죽게 만든다. ……이렇게 말하면 좋은 일만 있는 것 같지만, 개고기라도 공양물을 내놓으면 나쁜 사람의 편도 들어준다고 하는 적성황賊城隍이 있을 정도이니 인간의 아내를 쫓아다닌 보복으로 팔꿈치가 꺾이거나 머리가 날아가고, 천하에 큰 창피를 알리고 다니는 판관, 귀례도 적지 않다. 이런 것들을 책으로만 읽어서는 줄거리는 이해할 수 있어도 도무지 납득이 가지 않는 부분이 많았는데, 지금 이 성황묘를 눈앞에서 보고 있자니 중국 소설이 다소 황당무계하다 해도 그 상상이 생겨난 인과에 대해서는 과연 하고 고개를 끄덕일 수 있었다. 저런 붉은 얼굴의 판관이라면 불량소년의 흉내 정도는 낼 수 있을 터이고, 저토록 훌륭한 구레나룻 성황이라면 당당한 근위병들에 둘러싸인 채 밤하늘로 올라가도 잘 어울릴 것 같았다.

이런 생각에 잠겼다가 나는 다시 요소키 씨와 함께 사당 앞 쪽에 자리 잡은 잡다한 노점을 구경했다. 양말, 장난감, 사탕수수 줄기, 조개로 만든 단추, 손수건, 땅콩 그밖에도 조금은 불결해 보이는 음식재료들을 파는 가게가 많았다. 몰려든 인파는 일본의 잿날緣日[신불神佛을 공양하고 재를 올리는 날]과 흡사했다. 건너편에서 화려한 줄무늬 양복에 자수정 넥타이핀을 한 중국인 하이컬러가 걷고 있는가 하면 바로 앞에서는 두 세치 정도 밖에 되지 않는 전족 구두를 신은 구식 부인이 손목에 은팔찌를 찬 채 걸어갔다. 이 많은 사람들 속에는 《금병매金甁梅》의 진경제陳敬濟, 《품화보감品花寶鑑》[19]의 계십일谿十一 같은 호걸도 있을 것만 같았다. 하지만 두보杜甫나 악비岳飛, 왕양명王陽明이나 제갈공명 같은 인물은 눈을 씻고 찾아봐도 없을 듯했다. 지금의 중국은 고전 시문에 존재하는 그런 중국이 아니었다. 외설적이고 잔혹하며 식탐 많은 소설 속이 제격인 중국이다. 도기로 만든 모형 정자나 수련, 자수로 놓은 새 같은 싸구려 모조품 오리엔탈리즘mock orientalism은 서양에서도 이제 한물 간 유행이다. 그러니 문장규범이나 당시선唐詩選 외에는 중국을 모르는 고루

성황묘의 명계 그림

19) 청대 화류소설花柳小說의 대표작. 장쑤성 출신의 작가 진삼陳森의 작품이며 총 60회로 되어 있다. 화류계의 실제 인물 들을 모델로 쓴 본격적인 장편소설로 베이징의 배우와 기녀들에 관한 이야기이다. 청년 매자옥梅子玉과 남자 배우인 두금언杜琴言 간의 동성연애 등 외설적인 내용을 다루고 있다.

한 한학 취미는 이제 일본에서도 적당히 소멸하는 편이 좋다.

우리는 되돌아가서 아까 있던 연못 부근의 커다란 찻집으로 들어갔다. 가람伽藍과도 같은 찻집 안에는 의외로 손님이 적었다. 하지만 그곳에 들어서자마자 종다리, 동박새, 문조, 잉꼬 같은 새들이 한꺼번에 짖어대는 소리가 내 귀를 덮쳤다. 고개를 들어 보니 어스레한 천정의 대들보 한 면에 주욱 늘어선 새장이 한 가득이다. 중국인이 작은 새를 사랑한다는 사실은 익히 알고 있었지만 이렇게까지 새장을 늘어놓고 마치 경연이라도 하듯 온갖 새소리를 즐기는 줄은 꿈에도 생각지 못했다. 그러나 나는 새소리를 사랑하기도 전에 고막이 파열되지나 않을까 두려워 재빨리 양쪽 귀를 막지 않을 수 없었다. 그러고는 요소키 씨를 재촉해서 거의 도망치다시피 새소리 충만한 찻집에서 뛰어나왔다.

하지만 이 새들의 울음소리는 찻집 안에만 있는 것이 아니었다. 탈출하듯 밖으로 나와 보니 좁은 길가 좌우에 늘어선 새장에서도 끊임없이 지저귀는 소리가 들려왔다. 그렇다. 이곳은 한가한 사람이 취미로 새를 기르는 곳이 아니었다. 울 수 있는 모든 새를 파는 전문적인 업자(사실을 말하자면 새를 파는 것인지 아니면 새장을 파는 것인지 알 수 없지만)들의 가게가 늘어선 곳이다.

"잠시만 기다리시죠. 새 한 마리만 사올 테니."

요소키 씨는 그렇게 말하고 나서 그 가게 중 한 곳으로 들어갔다. 그곳을 조금 지난 곳에 페인트를 칠한 사진관이 한 채 있었다. 나는 요소키 씨를 기다리며 사진관의 진열장 정면에 있는 매란방梅蘭芳 사진을 바라보았다. 요소키 씨의 귀가를 기다리고 있을 아이들을 생각하면서.

# 극장의 무대 上

상해에서는 두세 번 정도밖에 경극을 구경할 기회가 없었다. 내가 경극을 즐기는 사람이 된 것은 북경에 간 이후부터이다. 하지만 상해에서 본 경극인 중에서도 무생武生[경극에서 무인이나 영웅 역할을 연기하는 배우] 역으로 유명한 개규천蓋叫天[20]이나 화단花旦[젊은 여성역할을 연기하는 배우] 역의 녹모단綠牡丹, 소취화小翠花 같은 당대의 명배우가 있었다. 그러나 배우를 말하기 전에 극장과 무대에 대해 소개하지 않으면 중국의 전통 연극이란 것이 과연 무엇인지 독자에게 명확하게 전달할 수 없을지도 모르겠다.

내가 다녀온 극장 중 한 곳이 천섬무대天蟾舞臺[21]인데, 흰 회반죽 색 벽의 새로 지은 삼층 건물이었다. 이층 삼층에 빙 돌려서 놋쇠 난간을 반원형으로 단 것은 물론 당시 유행하던 서양풍을 흉내 낸 것임에 틀림없다. 천정에는 커다란 전등이 세 개 황황히 매달려 있고, 객석에는 벽돌 바닥 위에 등받이 의자가 늘어섰다. 하지만 중국에서는 의자라 해도 결코 방심해서는 안 된다. 언제가 나는 무라타 군과 이

---

20) 본명은 장영걸張英傑(1888-1971). 당시 경극계의 스타
21) 현재도 경극이 상연되는 상해 인민극장 근처에 있는 무대의 예전 명칭이다. 1912년에 세워졌다.

의자에 앉았다가 저 악명 높은 벼룩들에게 손목을 수차례 물린 적이 있다. 하지만 경극을 보고 있는 동안에는 대체로 불쾌함을 느끼지 않을 정도로 아름다웠다고 해도 좋다.

무대 양측에는 커다란 시계가 하나씩 단정하게 걸려 있고 (다만 하나는 멈춰 섰다) 그 아래에는 조잡한 색감의 담배 광고가 칙칙한 색채를 늘어놓고 있었다. 무대 위 난간에는 회반죽으로 칠한 장미나 입술망초 속에 쓴 천성인어天聲人語라는 큰 글자가 보인다. 무대는 유라쿠쵸有樂座보다 넓은지도 모르겠다. 이곳에도 이미 서양식 풋라이트 장치가 있었다. 막은, 바로 이 막이 문제인데 장章을 구별하는 데에는 전혀 막을 사용하지 않았다. 하지만 배경을 바꾸기 위해서 아니 그보다는 배경 그 자체로서 소주은행蘇州銀行과 삼포대향연三砲臺香烟 즉, 담배회사 쓰리캐슬즈Three Castles의 저속한 담배광고 막을 치기도 했다. 막은 어디나 정중앙으로부터 양쪽으로 젖히게 돼 있는 듯했다. 그 막을 치지 않을 때에는 배경이 뒤를 가려준다. 배경은 우선 유화풍으로 실내나 실외 배경을 그린 신구新舊의 다양한 막이 있었다. 그렇지만 종류가 두세 종뿐이어서 강유[22]가 말을 달릴 때에도 무송[23]이 살인하는 부분을 연기할 때에도 배경에는 별 변화가 없었다. 무대 왼쪽 가장자리에는 호궁胡弓, 월금月琴, 징 따위를 갖고 흥을 돋우는 악공들이 서 있었다. 이들 가운데 한두 명은 사냥모자 도리우찌보를 쓴 마치 선생 같은 이들도 보였다.

경극을 보는 순서를 말하면, 일등석이든 이등석이든 누구든 먼저 들어가 앉으면 그만이었다. 중국에서는 자리를 잡은 후에 극장료를

22) 姜維(202-264). 한말부터 삼국시대의 무장.
23) 武松. 《수호전》이나 《금병매》에 등장하는 협객.

지불하는 것이 관례여서 어찌 보면 간편하고 편리한 점도 있었다. 자리를 잡으면 뜨거운 물수건과 활판으로 인쇄한 프로그램이 나오고, 큰 질주전자에 담긴 차가 나온다. 그밖에 수박이나 막과자 따위는 "뿌야오 뿌야오" 하고 외치면 그만이다. 수건도 옆에 있던 풍모 당당한 중국인이 얼굴을 닦고 나서 코까지 '팽' 푸는 것을 목격하고 나서는 이 또한 '뿌야오' 해야겠다고 생각했다. 계산은 안내인에게 주는 팁을 합해도 일등석이 대체로 2원에서 1원 50전 사이인 듯했다. 정확하지 않은 이유는 내가 계산을 못 하도록 언제나 무라타 군이 돈을 냈기 때문이다.

중국 경극의 특색은 우선 악기의 소란스러움이 상상을 초월한다는 점이다. 특히 무극[武劇]에서는 몸집이 큰 남자들이 진검 승부라도 하는 듯 무대 한 모퉁이를 노려보거나 필사적으로 징을 두들겨 대기 때문에 도무지 천성인어[天聲人語]를 떠올릴 수가 없었다. 실제로도 처음에는 소리에 익숙해질 때까지 양손으로 귀를 막지 않고서는 앉아 있을 수가 없었다. 하지만 우리의 무라타 우코[村田烏江] 군은 이 악기가 조용할 때는 무언가 부족한 기분이 드는 모양이었다. 극장 밖에서도 이 악기 소리가 들려오면 어떤 연극을 하고 있는지 대체로 어림짐작을 할 수 있다고 했다. "저 소란스러운 소리가 아주 매력적이란 말이야……." 무라타 군이 이렇게 말할 때마다 나는 '도대체 이 친구가 제정신인가' 하는 생각이 들었다.

# 극장의 무대 下

그 대신 중국의 경극은 객석에서 이야기를 나누어도, 아이들이 으앙 으앙 울어도 그다지 마음에 두지 않아 좋았다. 이것만은 지극히 편리하다. 중국답게 조금 소란스럽다 하더라도 관람에 지장이 없도록 이런 악기가 생긴 것은 아닌가 생각했다. 실제로 나는 막 중에도 줄거리나 배우의 이름, 노래의 의미 등 이런저런 것을 무라타 군에게 묻곤 했는데 옆에 있던 관객들은 단 한 번도 시끄럽다는 듯한 얼굴을 하지 않았다.

중국 전통 연극의 두 번째 특징은 극단적으로 도구를 사용하지 않는다는 점이다. 물론 배경 등이 있기는 하지만 그것도 최근에 생긴 것에 지나지 않는다. 이들의 본래 무대 도구는 의자와 책상과 막뿐이다. 산, 바다, 궁전, 도로 등 어떠한 장면을 나타내도 원래 배치하는 것 외에는 나무 하나 사용하지 않는다. 배우가 아주 무거운 듯한 몸짓으로 빗장을 풀면 관객은 그 공간에 문이 존재한다는 사실을 알아차려야 한다. 또한 배우가 의기양양하게 채찍을 휘두르면 그 배우의 가랑이 아래에는 고집 센 말이 소리 높여 울고 있다고 생각해야 한다. 하지만 우리의 전통가면극 노[能]를 아는 일본인이라면 누구나 그 요령을 쉬 터득할 수 있다. 의자나 책상을 쌓아놓은 것도 산이라고 생각하면 바로 그렇다고 받아들일 수 있다. 배우가 한쪽 발을 조금 들어 올리면 거기에 안과 밖을 나누는 문지방이 있으리라는 것 또한 쉽게 상상할 수 있다. 뿐만 아니라 사실주의로부터 한 발 떨어진 저 약속된 세계에서 의외의 아름다움을 발견할 수도 있다. 지금도 잊을 수 없지만, 소취화가 《매룡진梅龍鎭》[명나라 시대의 이야기]을 연기할 때 주루酒樓의 여자로 분장한 그는 문지방을 넘을 때마다 반드시 황녹색 바지 아래로 보일 듯 말듯 작은 구두 바닥을 보여줬다. 가공의 문지방이 없다고 한다면 그 작은 구두 바닥이 그토록 가련한 느낌을 불러일으키지는 않았을 것이다.

도구를 사용하지 않는다는 것은 앞서 말한 그대로이지만 전혀 괴롭지 않았다. 오히려 내가 느꼈던 난감함은 쟁반이나 그릇, 손잡이가 달린 촛대라든지 보통 사용하는 소품이 너무도 엉망인 점에 있었다. 예를 들어 지금 상연하고 있는 《매룡진》만 하더라도 명나라 무종武宗이 미행微行 도중 주루의 아가씨 봉저鳳姐를 보고 첫눈에 반한다는 이야기이다. 그런데 이 아가씨가 들고 있는 장미꽃을 그린 도자기 쟁반은 바닥에 은도금을 한 선 따위가 보였다. 어딘가 백화점 진열대에 있던 것이 틀림없었다. 비유하자면, 만약 우메와카 만자부로[24]가 입을 크게 벌리고 삽을 들고 나온다면 그것처럼 어처구니없는 장면도 없지 않겠는가 말이다.

중국 연극의 세 번째 특징은 얼굴 분장의 변화가 많다는 점이다. 경극연구가인 십청화옹辻聽花翁[중국문학자 츠지 조카辻武雄의 호]에 따르면 조조 한 명의 분장이 육십 몇 종류나 된다고 하니 일본 전통무용 이치카와류市川流의 유난도 비할 바가 아닌 듯했다. 또한 얼굴 분장이 대단한 것은 붉은 색이나 남빛, 대자색(갈색을 띤 주황색) 등이 피

24) 우메와카 만자부로梅若萬三郎(1869-1946)는 메이지 시대 3대 명인이라고 불렸던 전통극 노能의 악사이다.

부를 온통 뒤덮고 있어서, 첫 느낌을 말하자면 도무지 이것을 화장이라고 생각할 수 없다는 점이다. 무송 경극에서 장문신蔣門神[25]이 어슬렁어슬렁 나왔을 때에는 아무리 무라타 군의 설명을 들어도 역시 가면을 쓴 것으로밖에는 보이지 않았다. 이른바 화검花臉도 가면이 아니란 것을 간파할 수 있다면, 그 사람은 확실히 어느 정도 천리안에 가까운 것임에 틀림없다.

중국 연극의 네 번째 특징은 격투 장면이 대단히 맹렬하다는 것이다. 특히 단역 배우들의 활동을 보면 배우라기보다는 곡예사라 칭하는 게 더 적절하지 않을까 싶을 정도이다. 그들은 무대 끝에서 끝으로 연속해서 공중제비를 돌거나 정면에 쌓아 놓은 책상 위에서 단숨에 거꾸로 뛰어내리곤 했다. 게다가 이들은 대체로 붉은 바지에 상반신을 벗은 배우들이니 정말 곡마曲馬나 공중곡예 비슷한 것을 보고 있는 듯한 기분이다. 물론 훌륭한 무극 배우 역시 말 그대로 바람을 만들어낼 정도로 능숙하게 청룡도 따위를 휘둘러 댔다. 무극 배우는 본디 힘이 세다지만 이래서는 감기라도 걸려 기력이 빠진 날에는 아예 극장 문을 열 수 없지 않을까 싶었다. 하지만 무극의 명인들은 역시 이런 아슬아슬한 재주 이외에도 무언가 독특한 기품이 풍겼다. 가령 개규천이 갑자기 일본의 마부처럼 홑바지 차림으로 등장하여 무송을 연기하는 장면이 있는데, 무작정 칼을 휘두를 때보다도 아무 말 없이 힐끗 상대를 바라보는 쪽이 얼마나 더 무송답고 사내다운지 모른다. 이것이 바로 명배우가 풍기는 독특한 분위기이다

물론 이러한 점은 중국 전통연극의 특색이다. 신극에서는 얼굴 분장도 하지 않으며 공중제비도 없다. 그렇지만 아직까지 완전히 새로

---

25) 이 부분은 경극《취탈쾌활림醉奪快活林》의 클라이맥스 부분이다.

운 스타일이라고는 할 수 없을 듯했다. 역무대亦舞臺[상하이에 있던 극장의 이름]에서 상연하던 《매신투고賣身投靠》에서 보면, 배우가 불이 없는 양초를 갖고 나와도 역시 관객은 그 양초에 불

1924년 상해에서 공연된 경극의 한 장면

이 붙어 있다고 상상한다. ……다시 말해서 구극의 상징주의는 여전히 무대에 남아 있었다. 신극은 그 후 상해 이외에서도 두세 번 더 봤는데 유감스럽게도 오십 보 백 보라고 할 수밖에 없었다. 적어도 비나 번개라든가 밤이 됐다고 하는 것은 모두 관객의 상상에 의존하는 것뿐이었다.

끝으로 배우에 대해 말하자면, 개규천이나 소취화 등에 대해서는 이미 말했으니 다시 언급할 필요가 없지만 유일하게 남기고 싶은 것은 분장실에서 본 녹모단이다. 내가 그를 방문한 것은 무대 뒤편 분장실에서였다. 아니 분장실이라기보다 그저 무대 뒤편이라 하는 것이 실제에 더 가까운지도 모르겠다. 아무튼 그곳은 무대 뒤 벽의 칠이 벗겨지고 마늘냄새가 심한 정말 허름한 곳이었다. 무라타 군의 이야기에 따르면 매란방이 일본에 왔을 때 그를 가장 놀라게 한 것은 깨끗한 분장실이었다고 하는데, 이런 분장실과 비교해 보면 역시 제국극장의 분장실은 놀라울 정도로 깨끗한 것이 틀림없다. 게다가 중

국의 무대 뒤에는 추레한 모습에 얼굴만 분장을 가득 한 배우들이 분주히 돌아다닌다. 전등 빛 아래로 지독하게 먼지를 맞으면서 오가는 그 모습은 마치 귀신들의 밤나들이 같은 광경이다. 그들이 다니는 곳에서 조금 떨어진 그늘진 구석에는 중국식 가방[겉은 흰 가죽이나 종이 따위로 바른 궤 모양의 나무로 만든 가방]이나 상자가 내던져져 있었다. 녹모단은 그 중국 가방 하나를 지니고 가발만 벗은 상태로, 기녀 소삼蘇三[경극《옥당춘玉堂春》의 주인공 옥당춘의 기명]으로 분한 채 차를 마시고 있었다. 무대에서는 갸름하게 보였던 얼굴이 가까이에서 다시 보니 뜻밖에도 가녀리지 않았다. 오히려 센슈얼한 느낌이 강한, 훌륭하게 자란 청년이었다. 키도 나보다 확실히 오 센티미터는 더 커보였다. 그날 밤도 역시 함께한 무라타 군이 나를 그에게 소개하면서 그 빈틈없는 여장 역할의 배우와 오랜 만에 반가이 이야기를 나누었다. 듣자니 무라타 군은 녹모단이 아직 무명의 아역이었을 무렵부터 밤낮을 가리지 않고 찾을 정도로 열성적인 후원자 중 한명인 모양이다. 내가 녹모단에게《옥당춘》이 재미있다는 말을 전하자 그는 의외로 "아리가토"라고 일본어로 대답했다. 그리해서 —그리해서 그가 어찌했는가. 나는 그 자신을 위해서도 또한 우리 무라타 우코 군을 위해서도 이러한 것을 공공연히 쓰고 싶지는 않지만, 그리 한다면 모처럼 그를 소개한 것이 진정성을 잃어버리고 말 것이다. 그래서는 독자에게도 죄송할 따름이니, 단호히 쓰고자 한다. 인사를 마친 그는 고개를 옆으로 돌리자마자 은실 자수를 한 아름다운 붉은 소매를 휘익 뒤집더니 손가락을 코끝에 대고 멋들어지게 바닥을 향해 팽하고 코를 풀었다.

# 장병린

장병린[26] 씨의 서재에는 어떤 취미에서인지는 모르겠으나 커다란 박제 악어 한 마리가 엎드려 기어가는 자세로 벽에 붙어 있었다. 하지만 책에 파묻힌 서재는 악어가 몸을 비틀 정도로 말 그대로 피부에 스며들 만큼 추웠다. 계절을 표현하는 하이쿠의 첫 구를 차용하자면 그날의 기후는 정말로 살을 에일 듯 추운 우천雨天이었다. 벽돌로 쌓은 방에는 깔개도 없고 스토브도 없었다. 앉을 것이라고는 방석도 없는 네모진 자단 팔걸이의자가 전부였다. 게다가 내가 입은 옷은 얇은 세루[양털을 원료로 한 얇은 모직물] 춘추복이었다. 지금도 그 서재에 앉아 있던 때를 생각하면 감기에 걸리지 않은 것이 정말로 기적이라고밖에 생각되지 않는다.

하지만 장태염章太炎[장병린의 호] 선생은 쥐색 두루마기[大掛兒 남자가 입는 중국 복장의 하나]에 두터운 모피 안감이 달린 검은 마고자馬掛兒[일본의 하오리와 비슷한 상의]를 입고 있었다. 그러니 추울 리가 없었다. 게다가 선생이 앉은 의자는 모피를 씌운 등받이 의자였다. 나는 선생의 웅변에 담배를 피우는 것도 잊은 채 그가 따듯한 듯 유연

---

26) 장병린章炳麟(1869-1936). 청조 말기부터 중화민국 초기에 걸쳐 활약한 학자이며 혁명가이다.

하게 발을 뻗고 있는 모습을 보며 부러움을 금치 못했다.

풍설에 따르면 장병린 씨는 스스로 왕자의 스승을 자처했다고 한다. 그래서 한때 그 제자로 여원홍[27]을 뽑았다. 그러고 보니 책상 옆 벽에는 예의 그 악어 박제 아래에 "남동의 회초리 장태염 선생과 원홍東南撲學'章太炎先生'元洪"이라고 쓴 옆으로 펼쳐진 족자가 걸려 있었다. 하지만 솔직히 이야기 하자면 장병린 씨의 얼굴은 결코 훌륭한 편은 아니었다. 피부색은 누랬고 콧수염이나 턱수염은 안쓰러울 정도로 얇았다. 높이 솟아 우뚝한 이마도 혹시 혹이 아닐까 싶을 정도였다. 하지만 그 실처럼 얇은 눈-품위 있는 테 없는 안경 너머로 언제나 냉담하게 미소 짓고 있는-만은 확실히 도처에 널려 있는 눈들과 달랐다. 이 눈 때문에 원세개袁世凱가 선생을 감옥에 넣어서 고통스럽게 했지만 또한 그 눈 때문에 감금은 했어도 끝내 살해할 수는 없었다고 한다.

장선생의 화제는 철두철미하게 당대 중국을 중심으로 한 정치와 사회 문제였다. 물론 뿌야오라든가 뎅이뎅等一等(좀 기다리다)처럼 인력거꾼을 상대로 한 단어 몇 개 말고는 중국어를 한 마디도 하지 못하는 내가 선생의 격론을 알아들을 리는 없다. 그럼에도 내가 장선생의 논지를 이해하고 때때로 건방진 질문도 할 수 있었던 것은 오로지 주보週報《상해》의 주필 니시모토 쇼조[28] 씨 덕분이다. 니시모토 씨는 가슴을 뒤로 젖힌 채 내 옆 의자에 앉아서 아무리 성가신 토론이 전개돼도 친절하게 통역을 해주었다(당시는 주보《상해》마감일이 다가오던 무렵이어서 나는 그의 노고에 특히 감사할 수밖에 없다).

---

27) 여원홍黎元洪(1864-1928). 청조 말부터 중화민국 초기의 군인 정치가. 제2대, 제4대 중화민국 대총통 역임.

28) 니시모토 쇼조西本省三(1878-1928). 중국연구가. 러일전쟁에 통역으로 종군했고, 신해혁명에 반발해 창립한 주간지《상해》를 간행했다.

"현대 중국은 유감스럽게도 정치적으로 타락해 있습니다. 부정이 공공연하게 횡행하는 것 역시 청조 말기보다도 한층 더 심해졌다고 보입니다. 학문과 예술 방면의 침체는 더욱 심한 듯합니다. 하지만 중국 국민은 본래 극단적으로 나아가는 일이 없지요. 이 특성이 존재하는 한, 중국의 적화赤化는 불가능합니다. 일부 학생은 노농주의를 환영합니다만 학생이 곧 국민은 아닙니다. 그들조차 한번 적화되더라도 반드시 언젠가는 그 주장을 내던지는 날이 올 것입니다. 어째서인가 라고 묻는다면, 중용을 사랑하는 중국의 국민성은 한때의 격정보다도 강하기 때문이라고 말하겠습니다."

장선생은 연신 손톱이 긴 손을 흔들면서 길게 자신의 독특한 의견을 말했다. 그러나 나는 다만, 추울 뿐이었다.

"그렇다면 중국을 부흥시키기 위해서는 어떠한 수단을 써야 할까요? 이 문제의 해결은 구체적으로 무얼 하든지 간에 탁상공론으로는 해법이 나올 리가 없답니다. 옛 사람도 시무時務를 아는 이가 준걸俊傑이라 말했지요. 하나의 주장으로부터 연역하지 말고 무수히 많은 사실로부터 귀납하는 것이 시무를 아는 것입니다. 시무를 알고 계획을 정해 그때그때의 상황에 따라 적절하게 제어한다는 것은 결국 이런 의미에 다름 아닙니다……."

나는 그의 말에 귀를 기울이면서 때때로 벽에 걸린 악어를 바라봤다. 그러고는 중국 문제와는 전혀 상관이 없는 생각을 했다. '……저 악어는 분명 수련 향과 태양 빛과 따듯한 물을 잘 알 것이다. 그렇다면 지금 내가 느끼고 있는 이 추위는 저 악어가 가장 잘 이해할 것이 틀림없다. 악어여, 박제가 된 너는 차라리 행복하구나. 부디 나를 가여워 해주어라. 아직 이렇게 살아 있는 나를…….'

# 서양

**질문** : 상해는 단순히 중국에 속하지 않네. 중국이면서 동시에 또한 서양이니 그것도 충분히 보고 갔으면 하네. 공원公園만 하더라도 일본보다 월등히 진보해 있다고 생각하네만…….

**답변** : 공원도 대충은 봤어. 프랑스 공원[29]이나 제스필드 공원[30]은 산책하기에 안성맞춤이더군. 특히 프랑스 공원에서는, 새잎이 돋은 플라타너스 그늘 아래에서 서양인 어머니와 유모가 아이를 뛰놀게 하고 있는 모습이 대단히 아름다워 보였네. ……하지만 일본에 비해 유별나게 진보해 있다고 생각하지는 않아. 여기 공원이 서양식이라는 것 말고는 다른 것이 없지 않은가? 게다가 서양식으로 만들어 놓았다고 해서 그것을 무조건 진보라 할 수 있는 것도 아닐 터이고.

**질문** : 신공원新公園[31]에도 가봤나?

**답변** : 가더라도 뭐. 그런데 그건 운동장이잖아? 나는 공원이라고 생각하지 않네만.

---

29) 현재의 부흥공원. 상해 서쪽 프랑스 조계 안에 있었다. 1900년부터 의화단 사건 당시 프랑스 군의 주둔지로 사용된 이후 공원으로 조성됐으며 1928년까지 중국인은 입장할 수 없었다.

30) Jesfield Garden. 상해 서쪽 교외에 있는 현재의 중산공원. 1914년에 외국인에게만 개방됐다.

31) 현재 상해시 북구에 있는 루쉰공원과 거의 같은 위치에 있던 공원이다. 영국인 원예가가 설계해 서양식이었으며 1922년에 훙커우공원虹口公園으로 개칭됐다. 1932년 4월 29일 윤봉길 의사의 훙커우 공원 폭탄 투척으로 유명하다.

**질문** : 퍼블릭가든[32]에는?

**답변** : 그 공원은 재미있지. 외국인은 들어가도 되지만 중국인은 한 명도 들어갈 수 없었어. 그런데도 퍼블릭이라고 칭하고 있으니 그 명칭이 꽤나 이상하다고 할 수 있지.

**질문** : 하지만 길을 걷고 있어도 서양인이 많은 곳들은 어딘가 느낌이 좋지 않나? 그것 역시 일본에서는 볼 수 없는 것이네만…….

**답변** : 그러고 보니 나는 최근에 코가 없는 이인異人을 우연히 봤네. 그런 이인과 조우하는 것은 일본에서는 조금 어려울지도 몰라.

**질문** : 그 자를 봤군? 그 자는 유행성 독감이 돌 때 가장 먼저 마스크를 쓴 남자야. ……하지만 거리를 걸을 때 역시 그들 이인과 비교해 보면 일본인은 모두 빈약해 보이네만.

**답변** : 양복을 입은 일본인은 그렇지.

**질문** : 와후쿠和服[기모노를 포함한 일본 전통의상]를 입은 모습은 더욱 곤란하지 않아? 다만 일본인들은 맨살을 다른 사람에게 보이는 것을 아무렇지도 않게 생각하니…….

**답변** : 만약 그렇다고 한다면 그리 생각하는 것이 외설스러운 것이네. 구메久米[일본 나라의 지명]의 신선이라는 사람은 그 때문에 구름에서 떨어지지 않았는가?

**질문** : 그럼 서양인은 외설스럽나?

**답변** : 물론 그 점에서는 외설스럽네. 다만 풍속이라 하는 것은 유감스럽게도 다수결에 따라 결정되는 것이야. 그러므로 조만간 일본인도 맨발로 밖에 나가는 것을 부끄럽게 생각하게 되겠지. 그러니 이

---

32) 현재 상해에서 유명한 관광지인 황푸공원黃浦公園에 해당하지만 그 모습은 완전히 달라졌다고 한다. 1868년 영국이 영사관 앞을 메워서 조성한 공원.

전보다 점차 외설적으로 변해 가지 않을까?

**질문** : 하지만 일본의 게이샤들이 대낮에 거리를 활보하는 것은 서양인 체면에도 부끄러워하잖나?

**답변** : 뭐라고? 그런 것은 안심하시게. 서양인 게이샤도 활보하니 말이야. ……다만 자네가 분간하지 못할 뿐이야.

**질문** : 그건 조금 심하군. 프랑스 조계[租界] 등에는 가봤나?

**답변** : 그 주택지는 유쾌했지. 버드나무에 이미 부옇게 물이 오르고 비둘기가 조용히 울고, 아직 피어 있는 복숭아꽃과 남아 있는 중국의 민가[民家]들…….

**질문** : 그 주변은 거의 서양이나 마찬가지야. 붉은 벽돌이나 흰 벽돌로 지은 서양인의 집도 꽤 좋지 않아?

**답변** : 그렇지 않아. 내가 본 집은 대부분 다 하등한 것뿐이었네.

**질문** : 자네가 그렇게 서양을 싫어하는 사람인 줄은 꿈에서도 생각하지 못했네만…….

**답변** : 나는 서양을 싫어하는 것이 아니라 속악[俗惡]한 것을 싫어하는 것일세.

**질문** : 그건 나도 마찬가지네.

**답변** : 거짓말 하지 마. 자네는 와후쿠를 입는 것보다 서양 옷을 입고 싶다고 생각하지 않나? 대문을 세운 집보다 방갈로에서 살고 싶어 하고, 가마아케 우동[33]을 먹는 것보다 마카로니를 먹고 싶어 하지 않나? 야마모토야마[34]를 마시는 것보다는 브라질 커피를 즐기고…….

**질문** : 하하 이제 알았으니 그만 하게. 하지만 묘지는 나쁘지 않지

33) 釜揚うどん. 삶은 국수를 그 국물과 함께 그릇에 담은 우동.
34) 山本山. 전통 차를 제조하는 일본의 식품 메이커. 창업은 1690년.

1890년대 정안사 앞

않나, 저 정안사[35]로에 있는 서양인 묘지는?

**답변** : 묘지라니 꽤나 궁리를 하셨군 그래. 그래 그 묘지는 꽤 괜찮았어. 하지만 나는 어떤가 하면 대리석 십자가 아래보다는 봉분 아래에 잠들고 싶어. 더구나 이상해 보이는 천사 조각 따위 아래는 딱 질색이야.

**질문** : 그러면 자네는 상해 속의 서양에는 전혀 흥미를 느끼지 못하는 것인가?

**답변** : 아니야, 흥미를 느끼고 있어. 자네가 말하는 것처럼 상해는 아무튼 한편으로는 서양이니 말이지. 좋든 싫든 서양을 보는 것은 흥미로운 일임에 틀림없지 않겠나? 다만 이곳의 서양은 본바닥을 보지 못한 내 눈에도 어딘지 모르게 어색한 것 같다는 기분이 든단 말이지.

---

35) 정안사靜安寺는 불교 사원이다. 1862년 조계 경마장에서 정안사로 이어지는 남경서로南京西路가 만들어져 교통의 중심이 됐다. 서양인 묘지는 남경서로를 끼고 정안사 반대 편 남쪽에 있으며 현재는 정안사공원이 정식 명칭이며, 묘지는 다른 곳으로 이장됐다.

# 정효서

향간에 도는 소문에 따르면 정효서[36] 씨는 유유히 청빈하게 처세하고 있는 듯했다. 그런데 어느 흐린 날 오전 무라타 군, 하타 군과 함께 자동차로 방문해보니 그 청빈하다는 집은 예상 외로 아주 훌륭한 쥐색 삼층 건물이었다. 문 안에는 정원으로 이어진 다소 누런 죽림 앞에 수국이 향을 내고 있었다. 그 정원을 걸으면서 나는 이런 청빈함이라면 언제고 몸을 맡겨도 좋겠다는 생각을 했다.

오분 후쯤 우리 세 명은 응접실에 들어갈 수 있었다. 응접실은 벽에 걸린 족자 외에는 거의 아무런 장식을 하지 않았다. 다만 벽난로 위 선반에 놓인 좌우 한 쌍의 도자기 화병에 작은 황룡기黃龍旗[청조의 국기]가 꼬리를 내리고 있었다. 정 소감蘇戡[정효서의 호] 선생은 중화민국의 정치가가 아니라 대청제국의 신민이었다. 나는 그 깃발을 바라보면서 누군가 정소감을 일러 평하기를 "물러나 은거하지 않은 사람들과는 마땅히 해를 함께 논할 수 없다他人之退而不隱者殆不可同日論"[37]라고 했던 어슴푸레한 기억의 한 구를 떠올렸다.

---

36) 鄭孝胥(1860-1938). 청조 말기의 관료이자 학자 겸 문인으로 주일공사 관원과 고베 영사를 지냈으며, 1924년 만주국 국무원 총리를 맡았으나 1935년 관동군을 비판해서 사임했다.
37) 세상이 어지러운 것을 보고 물러가는 사람과 그대로 있는 사람이 함께 이야기할 수 없다는 뜻이라 볼 수 있다.

그때 조금 살이 찐 청년 한 명이 발소리를 내지 않고 들어왔다. 그가 바로 일본에서 유학했다는 아들 정수[38] 씨였다. 정수 씨와 친한 하타 군이 나를 소개해줬다. 정수 씨는 일본어가 능숙해서 그와 이야기 할 때는 하타와 무라타 두 선생을 괴롭힐 필요가 없었다.

1920년대 정효서

키가 큰 정효서 선생이 우리 앞에 나타난 것은 그로부터 얼마 지나지 않아서였다. 흘끗 보니 선생은 노인이라고 할 수 없을 정도로 혈색이 좋았다. 눈도 거의 청년처럼 쾌청한 빛을 띠고 있었다. 특히 가슴을 뒤로 젖힌 태도나 빈번하게 손짓을 해가며 이야기하는 모습은 아들 정수 씨보다도 오히려 더 젊고 활기차 보였다. 검은 마고자에 약간 남빛 기색이 도는 옅은 쥐색의 두루마기大掛兒[남자가 입는 긴 중국옷의 하나]를 입은 모습은, 역시 그 당시 드문 인재였던 만큼 정말로 재치 있는 풍모였다. 느긋해야 할 노년에도 이토록 쾌활한 것을 보면 강유위[39] 등과 함께 연극과도 같은 변법자강 운동을 펼치며 눈부신 역할을 했을 무렵에 어느 정도로 재기가 환발渙發 했을지 상상하기가 어렵지 않았다.

정소감이 합류하자 우리들은 잠시 중국 문제에 대해 이야기를 나누었다. 물론 나도 주눅 드는 일 없이 신차관단新借款團[40] 성립 이후

38) 鄭垂. 와세다 대학에 유학했다. 아버지와 함께 만주국으로 가서 푸이의 측근이 됐으며 1932년 일만합병사업으로 계획된 만주항공회사의 사장이 됐다.

39) 강유위康有爲(1858-1927)는 청조 말기부터 중화민국 초기의 사상가, 정치가, 서예가이다.

40) 일본은 1915년 대중국 21개조 요구와 1억 7700만 엔에 달하는 니시하라 차관 등으로 중국으로 경제 진출을 노렸지만, 이를 저지하고자 미국은 미, 영, 불, 일 4개국에 의한 은행 신차관단 설치를 요구해 1920년에 이 네 나라에 의한 차관단이 성립됐다.

일본에 대한 중국의 여론이 어떤지, 나와는 크게 상관없는 것에 대해 연신 지껄여댔다. ……이렇게 말하면 꽤나 성실하지 못한 것 같지만, 일부러 엉터리로 그렇게 말한 것은 아니다. 나 자신으로서는 대단히 진지하게 내 의견을 피력했던 것이다. 하지만 지금 와서 생각해보면 아무래도 그때 나는 조금 제정신이 아니었던 듯하다. 다만 욱했던 것은 내 경박한 근성 외에도 확실히 현대 중국 스스로 작금의 사태에 그 절반의 책임을 져야 한다고 생각했기 때문이다. 내가 하는 말이 거짓말이라고 생각한다면 누구라도 중국에 다녀오라고 권하고 싶다. 한 달도 되지 않아 묘하게 정치에 대해 논하고 싶은 기분이 들 터이니. 이것은 지금 중국이 내뿜는 공기가 지난 20년 동안의 정치문제를 내포하고 있기 때문이다. 강남[江南] 일대를 순회하는 동안에도 이런 내 열기는 쉽게 식지 않았다. 누구도 내게 강요하거나 부탁하지 않았지만 나는 예술보다 몇 단계나 하등한 정치에 대한 생각만 했다.

정효서 선생은 지금 중국의 정치현실에 절망하고 있다.

……중국이 공화[共和]에 집착하는 한 영원히 혼란에서 벗어날 수 없다. 하지만 왕정을 행한다 하더라도 당면한 난국에서 헤쳐 나오려면 영웅의 출현을 기다려야 할 따름이다. 그 영웅 또한 작금에는 이해관계가 착종된 국제관계에 직면하지 않으면 안 된다. 그렇게 보자면 영웅의 출현을 기다리는 것은 또한 기적의 출현을 기다리는 것이다…….

이런 이야기를 하는 동안 내가 궐련초를 입에 물자 정소감은 바로 일어나서 성냥불을 붙여줬다. 나는 대단히 송구해 하며, 손님을 응대하는 것을 이웃 나라의 군자와 비교해 보면 아마 일본인이 가장 용졸하지 않을까 생각했다.

홍차를 얻어 마신 후 우리는 선생의 안내를 받아 집 뒤에 있는 넓은 정원으로 갔다. 정원에는 잘 다듬어진 청결한 잔디와 줄기가 흰 백송白松, 일본에서 가져온 벚꽃이 심어져 있었다. 그 건너편에는 또 한 채의 비슷한 쥐색 삼층 건물이 있기에 물어보니 최근에 새로 지은 정수 씨 일가가 사는 집이라 했다. 나는 정원을 걸으면서 울창한 죽림 위로 구름이 갈라진 청공을 바라봤다. 그리고 다시 한 번, 이 정도라면 나도 반드시 청빈하게 살겠노라 생각했다.

정효서 서체

이 원고를 쓰고 있을 무렵 마침 표구점에서 내게 한 장의 족자가 배달됐다. 족자는 두 번째 방문했을 때 정소감이 내게 직접 써준 칠언절구로 만든 것이다.

"나라 잃어 꿈에 옛 임금께 잔을 올리니[夢奠] 어찌 역사를 억지로 기록하리. 오나라가 흥성한 일 지금은 미원장에게 양보하네. 연평의 간장 막야干將·莫耶 합하여 신이함을 자랑하니, 합포의 잃어버린 진주 되찾아 소중히 간직하리 夢奠何如史事强 眞興題識遜元章 延平劒合誇神異 合浦珠還好秘藏"[41]

……글자가 눈꽃처럼 난무하는 듯한 묵적을 보니 그와 대화했던 그 짧은 시간이 아련히 떠올랐다. 나는 잠시 동안 지나간 왕조의 유신遺臣 명사와 대화했던 것만은 아니다. 근대 중국이 낳은 뛰어난 시인《해장루시집海藏樓詩集》의 저자의 헛기침도 접했던 것이다.

---

41) 합포주환合浦珠還은 합포에 진주가 돌아오다라는 뜻으로 잃었던 것을 찾거나 떠난 것이 돌아오는 것을 비유하는 말이다. 여기서는 청조 부흥을 고사에 빗대서 표현하고 있는 것으로 볼 수 있다. 간장 막야干將·莫耶는 중국의 전설에 등장하는 한 쌍의 부부 명검을 통칭하는 것이다.

# 죄악

배계拜啓[절하고 아뢴다는 뜻으로 한문 편지 첫머리에 의례적으로 쓰는 말].

상해는 중국 제일의 '악惡의 도시'라 합니다. 각국의 인간이 모여들어 있는 곳이니 자연히 그렇게 되기 쉬울 것 같습니다. 제가 보고 들은 것으로만 판단하더라도 풍기는 확실히 문란한 듯 했습니다. 예를 들어 중국의 인력거꾼이 일순 강도로 돌변한다는 것은 줄곧 신문에 실릴 정도입니다. 또한 다른 이의 이야기에 따르면 인력거를 타고 있는 동안 뒤에서 모자를 강탈하는 일도 이곳에서는 일상다반사인 듯합니다. 그중 가장 지독한 예는 여인의 귀고리를 훔치기 위해서 귀를 찢기까지 했다고 들은 것입니다. 이러한 자들은 단순히 도둑이라기보다는 Psychopathia sex-ualis[변태성욕]의 일종이라 하는 편이 옳을 것입니다. 그러한 죄악의 예로 연영蓮英을 죽인 사건이 몇 개월 전부터 연극과 소설에까지 소개되고 있을 정도입니다. 이 사건은 지금까지 알려진 바는 탁백당[42]이라는, 이른바 불량 소년단원 중 한 명이 다이아몬드 반지를 빼앗기 위해 연영이라는 기녀를 죽인 사건입니다. 살해 방식이 자동차에 태워 서가회[상해시의 서회구徐匯區] 근처로

42) 柝白黨. 1920-40년대에 걸쳐서 상해에서 암약한 범죄조직으로 그 구성원은 주로 불량소년이었다.

1890년대 상해 복주로 거리 모습. 사진 중앙 상단에 청연각다관의 간판이 보인다.

끌고 가 목을 졸라 죽였다 하니 중국에서는 아무튼 전례가 없는, 지금까지와는 아주 색다른 새로운 방식의 범죄일 것입니다. 여하튼 사람들이 이르기를 -일본에서도 종종 듣는 바입니다만- 탐정물 등의 영화가 악영향을 끼쳤다고 합니다. 다만 연영이라는 기녀는 제가 본 사진에 따르면 의리로라도 미인이라 평할 수는 없었습니다.

물론 매춘도 성행하고 있습니다. 청연각青蓮閣[상해 유수의 찻집 겸 술집]이라는 다관에 가보면 황혼이 지기 시작하면 매음부가 모여들기 시작합니다. 이들을 야치野雉[가창街娼]라 하는데 대강 둘러보니 스무 살을 넘는 것 같지 않습니다. 이들은 일본인 같은 사람을 보면 "아나타, 아나타(당신, 당신)" 하면서 한꺼번에 주위로 몰려듭니다. '아나타'라는 말 외에도 이들은 '사이고, 사이고'라고 하기도 합니다. '사이고'가 무슨 의미인가 하고 생각해보니 일본군이 러일전쟁 출정 중에 중국인 여자를 붙잡아 근처 수수밭인가 어딘가로 끌고 가며 "사아, 이코우(자아 가자)"라고 한 것이 어원이라 합니다. 어원을 들어 보면 마치 만담 같습니다만, 어쨌든 우리 일본인에게는 그다지 명예로운 이야기는 아닌 듯합니다. 밤에는 인력거에 탄 야치 무리가 사마로四馬路 부근에 꼭 몇 명인가 서성대고 있습니다. 이들은 손님이 있으면 그 손님을 인력거에 태우고 자신은 걸어서 집으로 안내해 가는 것이 통례인 듯합니다. 어떤 이유에서인지는 모르겠으나 이들은 대체로 모두들 안경을 쓰고 있습니다. 어쩌면 지금 중국에서는 여자가 안경을 쓰는 일이 일대 유행인지도 모르겠습니다.

아편도 반 정도는 공공연하게 어디서나 피우고 있는 모양입니다. 제가 보러 간 아편굴에서는 희미한 소형 석유램프를 중앙에 두고 매춘부 한 명이 손님과 함께 긴 담뱃대를 물고 있었습니다. 이밖에도 마경당磨鏡黨이나 남당자男堂子라 하는 대단한 것도 있는 모양입니다. 남당자라는 것은 여자를 위해 남자가 아양을 떠는 것이고, 마경당이란 손님을 위해 여자가 색정에 빠진 행위를 보여주는 것인 듯합니다. 그런 이야기를 들으니 거리를 걷는 중국인 가운데도 변발을 한 사드 백작Marquis de Sade이 곳곳에 있을 것 같은 기분이 들었습니다. 아니 실제로 있겠지요. 어느 덴마크 인이 말한 바에 따르면 사천이나 광동에서는 6년을 지내면서도 시간屍姦을 한다는 소리를 듣지 못했는데 상해에서는 근래 한 달 사이에 두 차례나 실제로 이런 사건이 발생

한 모양입니다.

게다가 요즘에는 시베리아 부근에서 괴이한 남녀 서양인이 이곳에 대단히 많이 온 모양입니다. 한 번은 제가 친구들과 함께 퍼블릭가든을 걷고 있을 때 옷차림이 이상한 러시아인이 집요하게 돈을 달라고 치근거렸습니다. 단순한 거지였겠지만 별로 기분이 좋지는 않았습니다. 다만 공부국工部局이 대단히 시끄럽기 때문에, 상해도 대체로는 풍기가 점차 나아지고 있습니다. 실제로 서양인이 하는 엘도라도El Dorado라든가 팔레르모Palermo라는 저속한 카페는 사라졌습니다. 하지만 멀리 교외에 있는 델몬트Castel del monte라는 곳에는 여전히 접대부들이 대거 모여듭니다.

"Green satin, a dance, white wine and gleaming laughter, with two nodding ear-rings these are Lotus."[43]

유니스 티에첸즈[44]가 상해의 창부 로터스(연화)를 읊은 시의 한 구절입니다.

"……화이트 와인과 빛나는 웃음과……."

……이것은 비단 로터스 한 명의 이야기가 아닙니다. 델몬트의 테이블에 몸을 밀착시킨 채 오케스트라에 귀를 기울이고 있는 모든 여자들은 더 이상 나오지 않을 것입니다.

이상.

---

43) 이 뜻은 "녹색의 새틴(수자), 춤, 화이트와인 그리고 빛나는 웃음, 흔들리는 귀고리와 함께, 이것이야말로 바로 고욤."이다. lotus는 연꽃과 관련된 것으로 상해의 창부의 이름 마지막 자가 주로 蓮으로 끝난 것과 관련된다.

44) Eunice Tietjens(1884-1944). 미국의 여류 시인으로 1916년 중국으로 가서 한시에 강한 영향을 받았다.

# 남국의 미인 上

상해에서 미인을 여럿 보았는데 어떤 인연인지 언제나 소유천小有天이라는 술집에서였다. 소유천은 저 유명한 청도인清道人 이서청[45]이 단골로 드나들던 곳이라 한다. "걸어야 할 길은 평범한 곳에 있지 아니하며, 하늘 가운데 진정한 하늘은 이 주루 소유천뿐이다.道道非常道 天天小有天"라는 멋 또한 있으니, 그 후원자라는 이도 적잖은 정성이 들어가 있음이 틀림없다. 다만 이 유명한 문인은 한 번에 게를 일흔 네 마리나 날름 먹어치울 정도로 비범한 위장을 갖고 있었다고 한다.

대체로 상해의 요리점은 자리하고 있을 때 그다지 좋은 기분이 드는 곳은 아니다. 소유천에서도 방과 방 사이의 경계는 풍류를 찾아보기 힘든 판자벽이었다. 게다가 테이블에 올려 놓은 그릇은 일품향一品香이라 해도 일본의 양식洋食 요리점과 조금도 다를 바가 없다. 그 밖에 아서원雅敍園도, 행화루杏花樓도 또한 흥화천채관興華川菜館도 미각 이외의 감각은 그런대로 만족하기보다 충격을 받는 곳이 대부분이다. 특히 하타 군이 아서원에서 요리를 대접해 줬을 때, 종업원에게 화장실이 어디냐고 묻자 가게 안의 식기 씻는 곳에서 보라고 해서 당

---

45) 清道人 李瑞清(1867-1920). 중국 청말, 민국 초의 뛰어난 서예가이다.

황했던 적이 있다. 그런데 더 놀라운 것은 내 앞에서 기름투성이 요리사가 제대로 그 모범을 보여주고 있었다는 점이다. 그것을 보고는 그만 적잖이 질색하고 말았다.

그렇지만 요리는 대체로 일본보다 맛있다. 조금 아는 체를 하자면, 내가 갔던 상해의 찻집은 이를테면 서기瑞記나 후덕복厚德福이라는 북경 찻집보다는 수준이 떨어지지만 그럼에도 도쿄의 중국요리와 비교해 보면 한 수 위이고 주루인 소유천도 그보다는 훨씬 맛이 훌륭했다. 그런데도 가격은 얼추 계산해봐도 일본의 오분의 일에 지나지 않았다.

이야기가 옆길로 좀 샜는데, 내가 미인을 여러 명 본 것은 신주일보神州日報 사장인 여순余洵 씨와 식사를 함께 했을 때였다. 이때 역시 장소는 소유천이었다. 소유천은 상해에서도 특히 북적대는 삼마로三馬路 큰길가와 접해 있어서, 난간 밖에서 울리는 마차 소리가 거의 한 순간도 그치는 일이 없다. 누상에서는 담소하는 소리나, 노래에 맞추는 호궁胡弓 소리가 끊임없이 이어진다. 나는 그렇게 소란스러운 가운데 해당화 차를 홀짝거리면서 여군곡민余君穀民[여순余洵의 호]이 국표局票[46] 위에 건필을 발휘하는 것을 바라보며 찻집에 와 있는 것이 아니라 우체국 걸상에서 차례를 기다리는 듯한 분주함을 느꼈다.

여순 씨는 서양 종이인 국표 위에 구불구불한 글씨로 '기녀를 부른다. 서둘러 삼마로 대무대 동쪽 끝에 있는 소유천의 민채관[복건福建 요리점] 좌석으로 와서, 술시중을 들라. 늦지 말 것.叫一速至三馬路大舞臺東首小有天閩菜館一座侍酒勿延'이라 붉게 쓴 글자를 늘어 놓았다. 분명히 아서원 국표는 구석에 '무망국치毋忘國恥[국치를 잊지 말자]'라는 배일排日의 기염을 토하고 있었지만, 이곳에서는 다행히 그런 구절은 보이지 않았다(국표라는

46) 당시 중국에서 기녀를 부르기 위해 기루妓樓에서 내밀던 명찰.

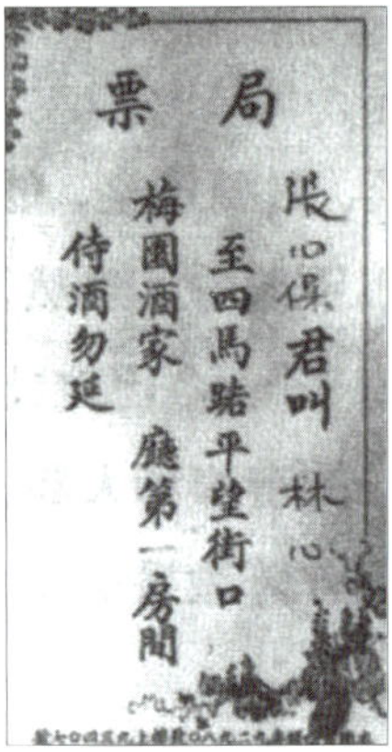


것은 오사카의 호출장[47]과 같이 누군가를 부를 때 주는 편전지이다). 여순 씨는 그 종이 위에 내 성을 쓰고 나서 매봉춘梅逢春[기명이 임대옥林黛玉인 청조 말의 여배우]이라고 세 글자를 적었다.

"이이가 그 임대옥이지요. 이미 올해 쉰여덟입니다. 최근 이십 년 동안 정국의 비밀을 알고 있는 이는 대총통인 서세창[48]을 제외하면, 이 사람 말고는 없다고 합니다. 당신이 부르는 것으로 해두겠으니 참고한다고 생각하고 봐두세요."

여순 씨는 웃으면서 다음 국표를 쓰기 시작했다. 여순 씨가 일본어에 어느 정도 능통하냐 하면, 과거 일중 양국어로 탁상연설인가 뭔가를 했는데 그때 도쿠토미 소호[49] 씨가 대단히 감격했을 정도라고 한다.

그 사이에 여순 씨와 하타 군, 무라타 군과 나를 포함한 우리 테이블에 맨 먼저 애춘愛春이라는 미인이 왔다. 이 기녀는 정말이지 영리해 보이고 조금은 일본 여학생스러운, 기품 있는 동그란 얼굴을 한 여자였다. 차림새는 흰 천에 가문家紋이 들어간 연보랏빛 웃옷에 역시 무언가 모양이 들어간 청자색靑磁色의 쿠즈褲子[바지와 같은 주름 잡힌 의상] 차림이었다. 머리카락은 일본의 양 갈래 머리처럼 머리 밑동을 파란색 끈으로 묶어서 길게 뒤로 늘어뜨리고 있었다. 이마에 앞 머리카락이 내려진 것도 일본 소녀와 흡사해 보였다. 그밖에 가슴에는 비취옥 나비모양 장신구가, 귀에는 금과 진주로 된 귀고리, 손목에는 금시계가 반짝거렸다.

---

47) 오사카 유곽에서 다른 객석에 가 있는 게이샤를 단골손님이 호출할 때 쓰는 표찰.
48) 徐世昌(1855-1939). 청조 말부터 중화민국 초기의 정치가, 학자, 실업가로 제4대 총통이다.
49) 德富蘇峰(1863-1957). 메이지에서 쇼와 시대에 걸친 일본의 저널리스트, 사상가, 역사가, 평론가.

# 남국의 미인 中

나는 대단히 탄복해서 긴 상아 젓가락으로 음식을 집으면서도 유심히 이 미인을 바라보았다. 하지만 식탁 위에 요리가 하나하나 놓이듯 미인들도 속속 들어왔다. 도저히 애춘에게만 감탄하고 있을 수가 없었다. 나는 그 다음에 들어온 시홍時鴻이라는 기녀를 바라봤다.

시홍은 애춘만큼 미인은 아니었다. 하지만 전체적으로 느낌이 강한, 어딘가 전원의 향기를 띤 개성 있는 얼굴이었다. 머리를 양 갈래로 해서 묶은 끈이 분홍빛이라는 점 말고는 애춘과 다르지 않았다. 옷은 보랏빛 단자緞子[연사로 짠 수자직繻子織의 견직물]에 은과 남을 섞어 짠 오부 정도의 가선이 붙어 있는데, 여순 씨의 설명에 따르면 이 기녀는 강서 출신이어서 옷차림이 특별히 시류를 좇지 않고 고풍을 간직하고 있다고 한다. 그러고 보니 연지나 백분도 맨얼굴이 자랑인 애춘愛春보다 훨씬 농염한 자태를 뽐냈다. 나는 그 손목시계와 다이아몬드가 박힌 왼쪽 가슴의 나비 장신구, 알이 굵은 진주로 된 목걸이, 오른쪽 손에 보석이 박힌 반지 두 개를 보면서 제아무리 날리는 신바시新橋의 게이샤라 할지라도 이 정도로 찬연하게 몸치장을 한 여인은 없을 것이라고 혀를 내둘렀다.

시홍 다음으로 들어온 미인은, 아니지 한 명 한 명 다 쓰다보면 아무리 나라고 해도 지치고 말테니, 다음으로는 다만 그 중 두 명만을 잠깐 소개해 보겠다. 그 중 한 명인 낙아洛娥는 귀주의 성장省長인 왕문엽[50]과 결혼을 앞두고 그가 암살 당해 지금도 기녀를 하고 있는 정말로 박복한 미인이다. 그녀는 검은 문양이 들어간 단자에 향 좋은 백란 꽃을 앞가슴에 꽂은 것 말고는 전혀 치장하지 않았다. 나이에 비해 수수한 차림새가 맑고 깨끗한 눈동자와 합쳐져 꽤나 청초한 느낌을 줬다. 또 다른 한 명은 이제 겨우 열 네댓 정도로 보이는 얌전한 소녀였다. 금으로 된 팔찌에 진주 목걸이도 그녀가 하고 있는 것을 보니 완구로밖에는 보이지 않았다. 게다가 무언가 놀림을 당하면 기녀답지 않게 몹시 부끄러움을 탔다. 더욱 신기한 것은 일본인이라면 실소를 금할 수 없는 천축天竺이라는 이름을 가졌다는 점이다.

이러한 미인들이 순서대로 국표에 쓴 손님 이름에 맞춰 우리들 사이에 자리를 잡았다. 하지만 내가 부른 것이 분명한, 교명嬌名을 상해 일대에 떨치고 있다는 임대옥은 쉽게 그 모습을 보이지 않았다. 그 사이에 진루秦樓라는 기녀가 담배를 피우면서 서피조西皮調[경극 레퍼토리 가운데 하나] 가운데 분하만扮河灣이라는 부드럽고 완만하게 춤추는 아름다운 노래를 부르기 시작했다. 기녀가 노래를 부를 때는 호궁의 소리에 맞추는 것이 일반적인 듯 했다. 호궁을 연주하는 남자들은 어째서인지 대체로 대단히 살풍경한 사냥모자나 중절모자를 쓰고 있었다. 호궁은 대나무를 토막으로 자른 몸통에 뱀가죽을 씌운 것이 많았다. 진루가 한곡 뽑고 나자 이번에는 시홍의 차례였다. 그녀

---

50) 王文華(1887-1921). 귀주성 출신의 중화민국 군인으로 손문 지지파였다. 1921년 3월 16일 부하에게 배신당해 자객에게 암살당했다. 아쿠타가와가 중국으로 떠난 것은 같은 3월 19일이다.

는 호궁을 쓰지 않고 직접 비파를 연주하면서 어딘지 모르게 쓸쓸한 노래를 불렀다. 그녀가 태어난 곳은 강서 심양강潯陽江[51] 부근의 평야라 한다. 중학생 같은 감상에 빠져들자면, 가을 낙엽 진 단풍나무 아래 불어오는 그저 쓸쓸한 바람 소리에 강주江州의 사마司馬[지방 군사장관] 백낙천白樂天의 청진青衫[52]을 적신 비파 곡조가 이러했을까 싶을 시홍의 노래가 끝나자 평향萍鄉이 노래를 시작했다. 평향이 노래를 끝내자 무라타 군이 갑자기 일어서더니 "팔월 십오일, 달빛도 밝다"고 하며 서피조의 무가파武家坡[경극의 레퍼토리 중 하나]를 부르기 시작해서 깜짝 놀랐다. 저런 재주가 있지 않다면 혼란한 중국 생활에서 이처럼 태연히 지낼 수 없을지도 모르겠다고 생각했다.

1910년대 주잔에서 활동하던 어린 가기(위)와 상해의 유명 기녀 화단

---

51) 현재 강서성 양자강 부근. 백거이白居易의 〈비파행琵琶行〉의 앞 부분은 "潯陽江頭夜送客 楓葉荻花秋瑟瑟"으로 시작한다.

52) 8품, 9품의 하급 관리가 착용한 푸른색 상의. 이 부분은 백거이의 〈비파행〉의 일부분을 차용한 것이다.

임대옥의 매봉춘이 드디어 우리들 좌석에 합류한 것은 식탁에 오른 상어지느러미탕이 다 헤집어지고 난 후였다. 그녀는 내가 상상한 것보다는 창부 타입에 더 가까운 통통하게 살이 찐 여인이었다. 얼굴도 이제는 그렇게 아름다운 자태를 뽐내고 있다고는 할 수 없었다. 볼연지나 눈썹먹으로 화장을 해도, 과거의 여색을 떠올리게 하는 것은 가느다란 눈 가운데 감도는 아리따운 빛뿐이었다. 하지만 이 여자가 올해 쉰여덟이라니 아무리 생각해도 거짓말 같다는 느낌이 들었다. 언뜻 보기에도 많이 잡아 보아야 그저 마흔 정도로밖에는 보이지 않았다. 특히 손을 보면 어린아이처럼 손가락 마디의 관절이 몽실한 손등에 움푹 들어가 보였다. 차림새는 은으로 테두리를 두른 난초 꽃무늬가 들어간 검은 단자 의상에, 비슷한 칼집 문양의 쿠즈였다. 귀고리에 팔찌에, 가슴에 늘어진 목걸이에는 전면에 금은이 들어가 있고 비취와 다이아몬드가 박혀 있었다. 그 가운데서도 다이아몬드 반지는 참새 알 정도로 컸다. 이런 모습은 거리에 있는 음식점에서 봐야 할 모습이 아니라, 죄악과 호사로움이 뒤섞인 다니자키 준이치로谷崎潤一郎의 〈비로드의 꿈天鵞絨の夢〉[53] 같은 소설 속에서나 나올 법한 장면이었다.

하지만 아무리 나이가 들었어도 임대옥은 과연 임대옥이었다. 그녀가 얼마나 재기 넘치는 사람인지는 말하는 모양만 봐도 바로 상상할 수 있을 정도였다. 그뿐 아니라 몇 분 후, 그녀가 호궁 소리에 맞춰 피리를 부르며 진강秦腔의 노래[54]를 부르기 시작했을 때는 그 목소리와 함께 풍겨 나오는 힘이 과연 다른 기녀들을 제압하고도 남았다.

---

53) 1919년 11-12월에 《오사카아사히신문大阪朝日新聞》에 연재됐다. 비로드veludo는 우단羽緞 곧 벨벳velvet을 말한다.
54) 진강은 현재의 신장위구르 자치지구 등의 서북지구에서 유행하고 있는 오래된 전통극의 명칭이다.

# 남국의 미인 下

"어떻습니까, 임대옥은?"

그녀가 자리를 떠난 후 여순 씨가 내게 물었다.

"과연 여걸이군요. 그리고 이토록 젊어 보이는 데 놀랐습니다."

"저 여자는 젊었을 때 진주 분말을 마셨다고 하더군요. 진주는 불로의 약이니까요. 아편을 하지 않았다면 더 젊어 보였을 겁니다."

그 때는 이미 임대옥의 뒤를 이어 새로 들어온 기녀가 앉은 뒤였다. 이 여자는 피부가 희고 몸집이 작은 부잣집 규수 같은 미인이었다. 여러 가지 보석 모양을 섞어 짠 연보랏빛 단자 의상에 수정으로 된 귀고리를 늘어뜨리고 있는 것도 이 기녀의 품격을 한층 높이는 데 일조하고 있음이 틀림없었다. 이름을 묻자 바로 화보옥花寶玉이라는 대답이 돌아왔다. 화보옥, 이 미인이 자신의 이름을 발음하는 것은 완연히 비둘기가 우는 소리 같았다. 나는 궐련을 집으면서 '포곡최춘종布穀催春種'이라는 두소릉杜少陵의 시[55]를 남몰래 떠올렸다.

"아쿠타가와 선생."

55) 두보의 칠언고시 〈세병마洗兵馬〉 후반 '布穀處處催春種'에 나오는 일구이다. 그 내용은 "딱따구리가 여기저기에서 봄 씨앗을 뿌리라고 알리고 있다"는 뜻이다.

요순 씨는 노주老酒[56]를 권하면서 말하기 어려운 듯 또박또박 내 이름을 불렀다.

"어떻습니까. 중국 여자가? 마음에 드십니까?"

"어디든 여자는 좋아합니다만, 중국 여자도 아름답습니다."

"어디가 좋으십니까?"

"글쎄요, 가장 아름다운 것은 귀가 아닐지요?"

실제로 나는 중국인의 귀에 적지 않은 경의를 표하고 있는 터였다. 일본 여자는 그렇게 보자면 도저히 중국인의 상대가 되질 않는다. 일본인의 귀는 너무 평평한데다 살이 쪄서 두터운 경우가 많다. 그 중에는 귀라기보다 차라리 얼굴에 자라난 버섯처럼 보일 때도 적지 않다. 짐작하거니와 그것은 심해의 물고기가 눈이 먼 것과 같은 이치라고 하겠다. 일본 여인의 귀는 예부터 기름을 칠한 살쩍 뒤에 모습을 감춘 채였다. 하지만 중국 여인의 귀는 언제나 봄바람에 노출돼 왔을 뿐만 아니라, 정성스럽게 장식한 보석 귀고리 등이 늘어져 있다. 그래서 일본 여자의 귀는 오늘날처럼 보잘 것 없어졌지만, 중국 여자의 귀는 자연스러운 보살핌이 닿아서 아름다운 귀가 됐다고 할 수 있다. 실제 이 화보옥을 보더라도 그녀의 귀는 마치 작은 조가비와 같아서 세상 어디에서도 사랑 받을 수 있는 모양을 하고 있었다. 《서상기西廂記》[14세기 초엽 원나라 시대의 희곡]에 등장하는 앵앵鶯鶯에 대한 묘사, "그녀의 비녀는 지친 듯이 늘어져 있고 장신구 옥은 비스듬히 누워 있다. 풍부한 머리채도 전체가 옆으로 누워서, 마치 구름이 흐트러져서 흘러가듯이. 해가 높이 떠도, 전혀 눈을 뜨는 기색이 없는, 아아, 그 얼마나 께느른한 모습인가. 잠시 지나 겨우 몸을

---

56) 대표적인 양조주로 사오싱주紹興酒와 황주黃酒가 있다. 이들 술을 장기간 저장 숙성한 것을 흔히 라오주라고 한다.

일으켜, 몇 번인가 귀를 긁적이며 긴 한숨을 내쉰다.他叙觶玉斜横 髻偏雲亂挽 日高猶自不明眸 暢好是懶懶 半晌擡身 幾回搔耳 一聲長歎"라는 것도 분명히 이러한 귀였을 것임에 틀림없다. 입옹笠翁[57]은 그 옛날 중국 여자의 아름다움을 상세히 설파했지만(《우집偶集》[58] 제3권, 성용부聲容部) 귀에 대해서는 단 한 마디도 하지 않았다. 그 점은 위대한 십종곡十種曲의 지은이라 하더라도 이 아쿠타가와 류노스케에게 그것을 발견한 공을 의당 양보해야 할 것이다.

귀에 대한 설명을 한 후, 나는 다른 셋과 함께 설탕이 들어간 죽을 먹었다. 그 뒤 기관妓館을 구경하고 북적대는 삼마로 큰길로 나갔다. 기관은 대체로 횡으로 끊어진, 돌을 쌓은 길가 양측에 위치해 있었다. 여순 씨는 우리를 안내하면서 헌등軒燈의 이름을 읽다가 이윽고 어느 집 앞에 이르자 재빨리 안으로 들어갔다. 들어간 곳에서는 활기 없는 봉당에 차림새가 허름해 보이는 중국인들이, 밥을 먹거나 무언가를 하고 있었다. 이곳이 기녀들이 기거하는 집이라는 언질을 앞서 듣지 않았다면 모두가 거짓말이라고 생각할 법했다. 하지만 바로 계단을 오르자 아담한 중국식 살롱에 밝은 전등이 빛나고 있었다. 자단으로 만든 의자를 나열해 놓은 것이나, 커다란 거울을 세워 놓은 부분은 역시 일류 기관다웠다. 푸른색 종이를 붙인 벽에도, 유리를 넣은 남종화 액자가 즐비하게 걸려 있었다.

"중국 기녀의 기둥서방이 되는 것도 쉬운 일은 아니지요. 여하튼 이런 가구류까지 모두 사줘야 하니까요."

여순 씨는 우리와 함께 차를 마시면서 화류계에 관한 이런저런 이

---

57) 李漁(1611-1680). 명조 말 청조 초기의 극작가이며 소설가이다.
58) 이어의 수필《한정우기閑情偶寄》

야기를 했다.

"그러니까 오늘 밤 온 기녀들이라면 기둥서방이 될 때까지 적어도 오백 엔 정도는 들어갈 겁니다."

그 사이에 좀 전에 봤던 화보옥이 옆방에서 잠시 얼굴을 내밀었다. 중국의 기녀는 접대를 하러 와서도 오 분 정도 지나면 돌아가 버린다. 그러니 소유천에 있던 화보옥이 여기에 와 있는 것도 이상할 것이 없다. 중국에서 기둥서방이 무엇인지에 대한 상세한 정보는 이노우에 코바이井上紅梅 씨가 쓴《중국풍속 상권 화류어휘支那風俗 卷之上, 花柳語彙》를 참조하기 바란다.

우리는 기녀 두세 명과 함께 수박씨를 떼어내거나 담배를 피우거나 하면서 잠시 동안 실없는 이야기를 나눴다. 쓸데없는 이야기를 했다 할지라도 내가 벙어리처럼 가만히 있었던 것은 변함이 없다. 하타 군이 나를 가리키면서 장난기 있어 보이는 어린 기녀에게, "저 사람은 동양인(통양렌)이 아니야. 광동인(칸통렌)이라니까." 하며 무어라 말했다. 그러자 기녀가 무라타 군에게 정말이냐고 했다. 무라타 군은 "그럼 그럼"하고 대답했다. 이러한 이야기를 들으면서 나는 혼자서 멍청히 쓸데없는 생각을 해봤다. ……일본에는 〈끝까지 해봐라トコトンヤレナ[토코통야레나]〉[59]라는 노래가 있는데, 그 통야레나가 어쩌면 동양인[통양렌]이 변한 것인지도 모른다고…….

이십 분 후, 조금 지루함을 느낀 나는 방 안 여기저기를 걷다가 가만히 옆방을 훔쳐봤다. 그러자 그곳 전등 아래에 아름다운 화보옥이 살이 찐 중년 여성과 함께 저녁 식탁을 둘러싸고 있었다. 식탁에는 그릇이 달랑 하나. 게다가 거기에는 나물밖에 없었다. 화보옥은 그

---

59) 〈トコトンヤレナ〉. 이 노래는 보신전쟁戊辰戰爭 때 불린 행진곡으로 일본의 근대 군가 제1호이다.

1920년대 전형적인 소주 소녀의 모습

래도 열심히 밥공기와 젓가락을 움직이는 것 같았다. 나는 엉겁결에 미소를 지었다. 소유천에 왔던 화보옥은 과연 남국의 미인이라 할만하다. 하지만 지금 여기 있는 화보옥 즉 나물을 씹고 있는 여인은 타락한 사내들이 희롱하도록 몸을 맡기는 미인 이상의 그 무엇이었다. 나는 그때 중국 여인에게 처음으로 여성스러운 친밀감을 느꼈다.

# 이인걸

"무라타 군과 함께 이인걸李人傑(본명은 이서시李書詩 호는 한준漢俊) 씨를 찾아가노라. 이 씨는 아직 스물여덟, 신념을 보자면 사회주의자, 상해의 '젊은 중국'을 대표할 인물이로다[1921년 중국공산당 제1차 전국대표자대회에 상해대표로 참석함]. 도중에 전차의 차창에서 청정한 길가의 나무, 이미 여름을 맞이함을 보노라. 하늘 아래, 드물게 햇빛 있노라. 바람이 불어도 먼지는 날려 올라가지 않는다."

이것은 이인걸 씨를 방문한 후 쓴 비망록이다. 지금 수첩을 열어보니, 붓글씨가 흐려진 것도 적지 않다. 문장은 물론 난잡하다. 하지만, 그때 당시의 마음가짐은 그 난잡함 가운데 확실히 나타나 있는 것인지도 모른다.

"사환 아이가 안내해 우리 일행은 바로 응접실에 이르렀다. 장방형 테이블이 하나, 서양풍 의자가 두셋. 테이블 위에는 접시가 놓여 있다. 도자기에는 과일 무늬가 들어 있다, 배, 포도, 사과. 그 졸렬한 자연 모방 이외에 눈을 즐겁게 해줄 장식은 하나도 없다. 그래도 방에서 먼지를 보지 못했다. 간소함에 마음이 차는 것은 유쾌하도다."

"몇분 후, 이인걸 씨가 왔다. 몸집이 작은 청년. 다소 긴 머리. 갸름한 얼굴. 혈색은 별로 좋지 않음. 재기 있는 눈. 작은 손. 태도는 꽤나 진지하다. 그 진지함은 동시에 예민한 신경을 가늠하게 한다. 찰나의 인상은 나쁘지 않다. 마치 가늘고 강인한 시계의 탄기[彈機]에 닿았을 때와 같다. 테이블을 사이에 두고 나와 마주 앉았다. 이 씨는 쥐색 두루마기 차림."

이 씨는 도쿄대학에 다녀서 일본어가 대단히 유창했다. 특히 번거로운 이론이나 이치 등을 상대에게 확실하게 납득시키는 점에서는 내 일본어보다 더 위일지도 모른다. 그리고 비망록에는 쓰지 않았지만, 우리가 지나온 응접실은 이층의 사다리가 방구석으로 바로 내려와 있는 구조였다. 그 때문에 사다리를 타고 내려오면, 손님은 우선 주인의 발을 먼저 보게 된다. 이인걸 씨의 모습 가운데 가장 먼저 본 것도 중국 신발[60] 차림의 발이었다. 지금껏 나는 이인걸 씨 말고 그 어떠한 천하의 명사라 해도 그의 발부터 상견을 했던 적은 없다.

이인걸 씨가 말했다. 현대 중국을 어떻게 해야 하는가? 이 문제를 해결하는 것은 공화[共和]에 있지 않으며 그렇다고 복벽[61]에 있지도 않다. 저반[여기][62]의 정치 혁명이 중국 개조에 무력한 것은 과거에 이미 증명됐으며, 현재가 또한 그것을 증명한다. 그렇다면 우리들[吾人]이 노력해야 함은 사회혁명 단 한 길뿐이라는 것. 이것은 문화운동을 선전하는 '젊은 중국' 사상가가 큰 소리로 외치는 주장이다. 이인걸 씨는 또 말했다. 사회혁명을 가져오려면 프로파간다에 의존하지 않을 수 없다. 그러므로 우리는 저술한다. 또한 각성하는 중국의 사인[士人]은 새로운 지식에 냉담할 수 없다. 아니, 지식에 굶주려 있다. 그렇지만 이 허

60) 支那靴. 이것은 현재 노북경화[老北京靴]라고 부르는 전통적인 중국 신발을 가리킨다.
61) 復辟. '辟'은 군주라는 뜻으로 한 번 퇴위한 군주가 다시 즉위하는 것을 말한다.
62) 這般. '這'는 송대의 속어로 여기, 이 번, 이 부근 등의 뜻이다.

기를 채울 수 있는 서적과 잡지가 부족한 것을 어찌하는가. 나는 이 씨에게 단언했다. 지금 시급한 일은 저술에 있다고. 어쩌면 이인걸 씨가 말한 대로 되지 않을 수도 있다. 현대 중국에는 민의가 없다. 민의가 없으면 혁명이 일어나지 않는다. 그런 상황에서 어찌 그 성공을 말할 수 있는가. 이인걸 씨가 다시 말한다. 종자種子는 가지고 있으나 만리가 다만 황무지. 노력하더라도 힘이 모자라는 것을 통탄한다. 우리들의 육체가 그 노력에 견딜지 말지, 근심 없음을 얻지 못하는 이유로다, 하고 말하고 나더니 눈살을 찌푸렸다. 나는 그러한 이인걸 씨를 동정한다. 이인걸 씨는 또한 말했다. 최근 주목해야 할 것은 중국은행단의 세력이라고. 그 배후 세력을 묻지 않고, 북경정부가 중국은행단에게 좌지우지되고 있는 경향이 있음은 부정하기 힘든 사안임이 분명하다. 그러나 이것은 반드시 슬퍼할 일만은 아니다. 무슨 일이 생기면 우리의 포화를 집중해야할 표적을, 그 은행단으로 정하면 된다. 나는 말했다. 나는 중국의 예술에 실망했다. 내 눈에 들어오는 소설, 회화 둘 다 아직 논할 정도가 못 된다. 그렇지만 중국의 현재 상황을 보자니, 이 땅에 예술이 흥륭하는 것을 기약하는 것, 그 기약이 오히려 그릇됨과 같다. 그에게 물었다. 프로파간다 수단 외에 예술을 고려할 수 있는 여유가 있는가 하고. 이인걸 씨가 답했다. 없음에 가깝다.

내 비망록은 여기까지이다. 하지만 이인걸 씨가 말하는 것은 자못 시원시원했다. 함께 간 무라타 군이 "이 사내는 머리가 비상하군." 하고 감탄한 것도 이상한 일이 아니다. 뿐만 아니라 이인걸 씨는 유학 중에 내 소설을 한두 작품 읽었다고 한다. 이것도 확실히 이인걸 씨에 대한 호의를 더하게 한 것임에 틀림없다. 나 같은 군자인君子人이라도, 소설가라는 자는 이렇게 허영을 구하는 마음이 크다.

# 일본인

상해방적上海紡績의 고지마小島 씨에게 저녁 식사 초청을 받고 갔을 때, 고지마 씨의 사택 정원에는 작은 벚나무가 심어져 있었다. 그러자 동행한 요소키 씨가 "저길 보세요. 벚꽃이 피어 있어요." 하고 말했다. 그 말투에는 신기할 정도로 기쁜 듯한 기분이 담겨 있었다. 현관에 나와 있던 고지마 씨도 조금 과장되게 말하자면 아메리카 대륙을 발견하고 돌아온 콜럼버스가 토산물이라도 보여주는 듯한 얼굴빛이었다. 그렇지만 벚꽃은 앙상하고 마른 가지에 어딘가 궁색해 보이는 꽃잎밖에는 달고 있지 않았다. 나는 그때 두 사람이 어째서 그토록 크게 기뻐하는지 내심 묘하게 생각했다. 하지만 상해에 한 달 정도 있자 그것은 두 사람만이 아니라 일본인 대부분이 느끼는 감정임을 알았다. 일본인이 어떠한 인종인지 그것은 내 알 바 아니다. 하지만 어쨌든 그들은 해외에 나오면 그것이 야에八重인지 히토에一重인지[벚꽃의 종류, 겹꽃과 외겹 벚꽃]는 가리지 않고 벚꽃을 보기만 해도 금세 행복해지는 인종이라는 점만은 확실하다.

* * * * * * * * *

동문서원同文書院[동아동문서원東亞同文書院. 일본의 동아동문회가 만든 사립학교]을 보러 갔을 때, 기숙사 이층을 걷고 있자니 복도 막다른 곳 창문 너머 푸른 보리이삭의 바다가 보였다. 그 보리밭 곳곳에 평범한 유채꽃이 무리지어 있는 것이 보였다. 그 건너편에 낮은 지붕이 이어진 위로 커다란 잉어드림[일본에서 단오절에 올리는 종이나 천으로 만든 잉어]이 보였다. 잉어는 바람에 흔들거리면서 선명하게 하늘에서 나부끼고 있었다. 이 잉어드림 하나가 금세 풍경을 바꿔놓았다. 나는 중국이 아니라 일본에 있는 것 같은 기분이 들었다. 하지만 그 창가에 다가가자 바로 눈 아래 보이는 보리밭에서 중국의 농민이 일을 하고 있었다. 그것이 내게는 무언가 괴이한 기분을 불러일으켰다. 이 먼 상해의 하늘에서 일본의 잉어드림[단오절에 올리는, 천 또는 종이로 만든 잉어 모형. 이치鯉幟]을 바라보는 것이 역시 조금은 유쾌했던 것이다. 그러니 벚꽃이 불러일으킨 저들의 감흥을 비웃을 수 없을지도 모르겠다.

* * * * * * * * *

상해 일본인 부인클럽에 초대를 받은 적이 있다. 장소는 아마도 프랑스 조계의 마쓰모토松本 부인의 저택이었던 것 같다. 흰 천을 두른 원형 테이블. 그 위에 시네라리아 화분, 홍차와 과자와 샌드위치. 테이블을 둘러싼 부인들은 내가 상상했던 것보다 모두 온화하고 정숙해 보였다. 나는 그러한 부인들과 소설이나 희곡 이야기를 했다. 그러자 어떤 부인이 내게 이런 이야기를 했다.

1910년대 연해주의 일본인 거리에 내걸린 잉어드림

"이번 달《중앙공론中央公論》에 발표하신 〈까마귀鴉〉라는 소설은 대단히 재미있었어요."

"아닙니다. 그것은 악작惡作, 타작墮作입니다."

나는 겸손하게 대답을 하면서도 〈까마귀〉의 작가 우노 코지宇野浩二에게 반드시 이 이야기를 전해주어야겠다고 생각했다.

* * * * * * * * *

난요마루南陽丸 선장 다케우치竹內 씨가 해준 이야기 중에, 한구漢口의 부두를 걷고 있을 때 플라타너스 가로수 아래 벤치에 영국인이나 미국인 선원이 일본인 여자와 앉아 있었다고 한다. 그 여자는 한눈에 보아도 직업을 쉽게 알 수 있었다고 했다. 다케우치 씨는 그 장면을 보고 나서 불쾌한 기분이 들었던 모양이다. 그 이야기를 들은 후에 북사천로北四川路[현재의 사천북로四川北路]를 걷다가 건너편에서 다가오고 있는 자동차 안에 서너 명의 일본인 게이샤가 서양인 한 명을 껴안으면서 줄기차게 떠들어대는 것을 봤다. 하지만 다케우치 씨 같은 불쾌한 기분은 그다지 들지 않았다. 그렇다고 불쾌한 기분이 드는 것을 전혀 이해하지 못하는 것도 아니었다. 아니, 오히려 그러한 심리 기저에 흥미가 일었다. 이 경우는 불쾌한 기분만이지만, 만약 이러한 것을 조금 더 확장시키면 애국적 의분이 되지는 않을까?

* * * * * * * * *

아무튼 X라는 일본인이 있었다. X는 상해에서 20년을 살았다. 결혼을 한 것도 상해에서고, 아이를 가진 것도 상해에서고, 돈을 모은 것도 상해에서다. 그래서인지 X는 상해에 열렬한 애착을 갖고 있다. 가끔 일본에서 손님이 오면 언제고 상해에 대한 자랑을 했다. 건축, 도로, 요리, 오락 이 모든 것에서 일본은 상해에 미치지 못한다. 상해는 서양과 다를 바 없다. 일본에서 안달하지 말고 하루라도 빨리 상해에 오도록 해라. 그렇게 손님을 재촉하기까지 했다. 그러나 그 X가 죽었을 때 쓴 그의 유언장을 보자 의외의 내용이 적혀 있었다.

"유골은 어떠한 사정이 있더라도 반드시 일본에 묻을 것……."

나는 어느 날 호텔 창가에서 불이 붙은 하바나를 입에 물고, 이러한 이야기를 상상했다. X의 모순은 비웃을 만한 것이 아니다. 우리들은 그런 점에서 대체로 X와 동류다.

# 서가회徐家滙

명나라 만력萬曆[63] 연간年間. 담장 밖. 곳곳에 버드나무 입목이 있음. 담장 저편에 천주당의 지붕이 보인다. 그 위로 지는 햇볕에 황금 십자가가 빛나고 탁발승雲水 한 명, 마을 동자와 함께 나타난다.

운수 : 서공徐公[64]의 저택이 저기냐?

동자 : 저기가 맞아요. 하지만 숙부님은 그곳에 가더라도 공양을 얻어먹을 수 없어요. 영주님은 스님을 대단히 싫어하니까.

운수 : 그래 그래. 그건 알고 있어.

동자 : 알고 있으니 안 가면 될 텐데.

운수 : (쓴웃음) 너도 어지간히 입이 험하구나. 탁발을 부탁하러 가는 것이 아니야. 천주 스님과 문답을 하러 가는 게야.

동자 : 그렇군요. 그럼 마음대로 하세요. 가신들한테 두들겨 맞아도 난 몰라요.

동자 자리를 떠난다.

---

63) 명나라의 제14대 황제 신종神宗의 치세 기간인 1573년에서 1620년까지의 47년 간.

64) 徐光啓(1562-1633). 명나라 말의 역수학자曆數學者이다.

운수 : (독백) 저기 큰 건물 지붕이 보이는데 문은 어디쯤에 있으려나.

붉은 머리털을 한 선교사가 한 명, 당나귀에 걸터앉아 지나간다. 뒤에는 시종이 한 명 뒤따른다.

운수 : 여보세요.

선교사가 당나귀를 멈춰 세운다.

운수 : (용맹하게) 어느 곳에서 오는가?

선교사 : (의심스러운 듯) 신자 집에 다녀오는 길입니다.

운수 : 황소黃巢의 난이 지나간 후에, 그대는 하늘에서 떨어진 검을 주웠는가? [《벽암록碧巖錄》의 한 구절]

선교사 : 어리둥절해 한다.

운수 : 지나간 후에 검을 주웠나 안 주웠나? 말해. 말하라고! 말하지 않겠다면…….

운수가 고사리 모양의 불구佛具를 휘둘러 이윽고 선교사를 때리려 한다. 내가 운수를 떠밀어 쓰러뜨린다.

나 : 이 사람은 미쳤습니다. 상관하지 말고 가시지요.

선교사 : 가련하게도, 안 그래도 눈빛이 묘하다 생각했습니다.

선교사 일행이 떠난다. 운수 일어난다.

운수 : 지긋지긋한 외도外道[사도를 신봉하는 사람]로다. 불구佛具마저 꺾여버렸다. 바리때는 어디로 갔는고.

담장에서부터 희미한 찬송가 소리가 들려온다.

* * * * * * * * *

청나라 옹정雍正[65] 연간. 초원. 버드나무 입목이 있음. 그 사이에 황폐한 예배당이 보인다. 마을의 아가씨 세 명 모두 옆구리에 바구니를 낀 채 쑥 따위를 뜯고 있다.

갑 : 종다리 소리가 시끄러울 정도야.

을 : 응. 어머 징그러운 도마뱀이야.

갑 : 너희 언니 아직 시집가지 않았어?

을 : 다음 달에 갈 것 같아.

병 : 어머, 뭐지 이건? (흙투성이인 십자가를 줍는다. 병은 셋 중 가장 나이가 어림) 사람의 형상이 새겨져 있어.

을 : 어디? 잠깐 보여줄래. 이건 십자가라는 거야.

병 : 십자가가 뭐야?

을 : 천주교를 믿는 사람이 갖고 있는 거야. 이건 금이 아닐까?

갑 : 그만 두는 게 좋아. 이런 것을 가지고 있다가 장 씨처럼 또 목이 잘려나갈 거야.

병 : 그럼 원래 있던 그대로 묻어둘까?

갑 : 그치, 그러는 편이 좋지 않을까?

을 : 그렇지. 그러는 편이 틀림없겠지.

아가씨들이 자리를 떠난다. 몇 시간 후, 날이 저물어가는 어스레한 빛이 초원에 깔려온다. 병이 눈먼 노인과 함께 나타난다.

병 : 이 주변이었어요, 할아버지.

노인 : 그래 어서 찾아주렴. 누군가 방해하면 안 되잖니.

병 : 보세요, 여기 있어요. 이거죠?

---

65) 청나라 제5대 황제 세종의 치세 기간으로 1723년에서 1735년까지의 12년 간.

초승달 빛. 노인은 십자가를 손에 올려놓은 채로 천천히 묵도하며 고개를 숙인다.

* * * * * * * * *

중화민국 10[1921]년. 보리밭 안에 화강암 십자가가 있다. 버드나무 입목 위에 천주당의 첨탑이 홀연히 하늘 높이 솟은 것을 본다. 일본인 다섯 명, 보리밭을 누비듯이 오고 있다. 그 중 한 명은 동문서원의 학생이다.

갑 : 저 천주당은 언제 쯤 생긴 것인가요?

갑 : 도광道光[청나라 제8대 황제 선종宣宗 치세인 1820년부터 1850년까지] 말엽인 듯합니다. (안내서적을 펼치면서) 길이 이백오십 피트, 폭 백이십칠 피트에 탑의 높이는 백육십구 피트라고 합니다.

학생 : 저것이 무덤입니다. 저 십자가가……

갑 : 그렇군요. 석주石柱나 석수石獸가 남아 있는 것을 보면 이전에는 더 훌륭했겠어요.

정 : 그렇겠지요. 무엇보다도 대신의 묘였으니.

학생 : 이 벽돌 대좌臺座에 돌이 끼워져 있습니다. 그것이 서광계徐光啓 묘지명입니다.

정 : 명나라의 고故 황태자의 스승으로 사후에 황제의 스승으로 가증加增되었고 예부상서 겸 문연각[자금성 안 서고] 대학사의 관직을 지낸 서문정공의 무덤 앞 십자가(明故少保加贈大保禮部尙書兼文淵閣大學士徐文定公墓前十字記)라고 씌어 있지요.

갑 : 무덤이 따로 있나요?

을 : 그렇죠, 그렇다고 생각합니다만…….

서광계 무덤 앞의 십자가

갑 : 십자가에도 명문이 있군요. 이 성스러운 십자가를 영원히 받들고 존경하리十字聖架萬世瞻依라고.

병 : (멀리서부터 말을 건다) 잠시 움직이지 말고 있게. 사진을 한 장 찍고 싶으니.

넷이서 십자가 앞에 선다. 부자연스러운 수 초 간의 침묵.

# 마지막 일별

무라타 군과 하타 군이 떠난 후 나는 궐련초를 문 채 펑양마루鳳陽丸 갑판으로 나가 봤다. 전등이 밝게 켜진 선창에는 이미 사람의 모습은 거의 보이지 않았다. 그 건너편 길가에는 삼층인지 사층인지 벽돌 건물이 밤하늘에 우뚝 솟아 있다. 바로 다음 순간 쿠리苦力[육체 노동자, 항만 하역 노동자] 한 명이 선명한 그림자를 떨어뜨리면서 눈앞의 선창가를 걷고 있었다. 그 쿠리와 함께 가면 언젠가 호조護照[중국을 여행하는 외국인에게 중국정부가 발급해준 여행허가증]를 받으러 갔던 일본 영사관 문 앞으로 자연히 가게 될 것임이 틀림없다.

나는 조용한 갑판을 걸어 고물 쪽으로 갔다. 거기에서 하류 쪽을 바라보자 부두에 연한 길가에 점점이 등이 빛나고 있다. 소주하蘇州河 입구에 있는, 낮에는 차와 마차가 끊기는 일이 없는 가든브릿지[중국명은 외백도교外白渡橋]가 보일까 모르겠다. 그 다리 곁에 있는 공원은 새싹의 색깔은 알 수 없지만 나무숲이 무성한 것 같다. 최근 그곳에 갔을 때는 하얗게 분수가 뿜어져 나오는 잔디밭에, S·M·C의 붉은색 반피半被[직공 등이 입는 옷]를 입은 곱사등이 같은 중국인 한 명이 궐련초 껍데기를 줍고 있었다. 그 공원 화단에는 지금도 튤립이나 노란 수선화가 전등 빛을 받고 피어 있을까? 건너편으로 빠져나가면 정원이 넓은 영국 영사관이나, 정금은행正金銀行[주식회사 요코하마정금은행]이 보일 터였다. 그 옆으로 강을 끼고 직진해서 왼쪽으로 도는 골목길에 라이슘 극장[66]이 보일 것이다. 그 입구 돌계단 위에는 코믹 오페라의 그림 간판이 있었지만 사람들의 출입은 이미 끊겼을지도 모른다. 자동차 한 대가 곧장 강가를 달려왔다. 장미꽃, 비단, 목걸이 호박琥珀 같은 것이 흘끗 보였다고 생각했을 때 바로 눈앞에서 사라져 버렸다. 그 사람은 칼튼 카페[67]로 무도를 즐기러 간 것임이 분명하다. 그때 한적한 길가에서 누군가 노래를 부르면서 구두소리를 울리며 지나갔다. Chin chin Chairman[68], 나는 어두운 황포강黃浦江 물을 내려다보며 담배를 끄고 천천히 살롱 쪽으로 눈길을 돌렸다.

살롱에도 역시 사람의 모습은 보이지 않는다. 다만 융단을 깐 바닥에 분재한 난잎이 빛나고 있다. 나는 긴 의자에 앉아 막연한 회상에 빠져들었다. 오경렴[69] 씨와 만났을 때 그는 거의 빡빡 깎은 머리에 자색 고약을 붙이고 있었다. 그러더니 그곳이 신경 쓰이는지 줄곧 "부스럼이 생겨서 말이지요." 하고 투덜댔었다. 그 부스럼은 다 나았을까?

취해서 갈지자걸음을 걷는 요소키 씨와 어두운 길가를 걷고 있을 때, 마침 우리들 머리 위로 정사각형의 작은 창문이 하나 보였고 창문은 비구름이 드리워진 하늘로 비스듬히 빛을 반사하고 있었다. 그리고 작은 새처럼 젊은 중국 여인 한 명이 그곳에서 눈 아래 있는

66) Lyceum Theater. 현재 상해에 있는 극장 난심대희원蘭心大戲院의 영문 표기.
67) Calton Cafe'는 중국명으로는 영파로반점寧波路飯店이다.
68) "chin-chin"은 건배 인사를 할 때 쓰는 말이지만 여기에서는 중국인을 멸시할 때 쓰는 말이다. "Chairman"도 마찬가지의 의미를 갖는다.
69) 吳景濂(1875-1944) 중화민국 국민당의 정치가.

우리를 내려다보고 있었다. 요소키 씨는 그 여자를 가리키며 "저런 여자지요. 칸톤삐는[70]." 하고 가르쳐줬다. 어젯밤에도 저 여자는 저곳에서 변함없이 얼굴을 내밀고 있었는지 모른다.

수목이 우거진 프랑스 조계에서 경쾌한 마차를 타고 달리고 있을 때 저 앞에서 중국인 마부가 백마 두 마리를 끌고 가고 있었다. 그런데 어째서인지 말 한 마리가 갑자기 땅 위로 자빠졌다. 그러자 동승하고 있던 무라타 군이 "저 말은 등이 가벼워서 저렇지." 하고 내 궁금증을 풀어줬다. 그런 것들을 떠올리며 나는 담배를 꺼내기 위해서 간복間服 주머니에 손을 넣었다. 그런데, 꺼낸 것은 노란 색 이집트 담배갑[카멜]이 아니라 어젯밤 잘못 넣은 중국 연극 티켓이었다. 그와 동시에 티켓 안에서 무언가가 바닥에 톡 떨어졌다, 무언가가. 그리고 나는 바싹 마른 백란화(빠레에호오)를 주워들었다. 백란화 향을 맡아보았지만 향은 이미 흔적조차 남아 있지 않았다. 꽃잎도 갈색으로 변해 있었다. "빠레에호오(백란화), 빠레에호오" 하며 꽃을 팔던 꽃장수의 목소리를 들은 것도 어느덧 추억에 불과하고, 남국 미인의 가슴에서 향을 뿜던 이 꽃을 바라보던 때 역시 지금 생각하니 꿈만 같다. 나는 값싼 감상벽에 빠져들 듯한 위험을 느끼면서 바싹 마른 백란화를 바닥에 내던졌다. 그리고 궐련초에 불을 붙이고 나서, 떠나기 전 고지마 씨가 보내준 매리 스톱스[71]의 책을 읽기 시작했다.

---

70) 廣東娼. 광동의 매춘부.
71) Marie Charlotte Carmichael Stopes(1880-1958). 영국의 생물학자 성과학자.

2부

# 강남을 떠돌며 남기다

## 江南遊記

# 머리말

어제 아침에 나는 혼고다이本鄕臺에서 아이소메바시藍染橋를 향해 빈둥빈둥 언덕을 내려가고 있었다. 때마침 젊은 신사 두 명이 반대로 그 언덕을 올라오고 있었다. 나도 그들도 한심스럽게 상대가 여성이 아니라면 좀처럼 지나가는 사람에게 주의를 기울일 스타일이 아니었다. 하지만 그때는 어째서인지 아직 십 미터 가량 거리가 있을 때부터 상대의 풍채에 신경이 쓰였다. 특히 그 중 한 명이 파르스름한 양복에 레인코트를 걸치고 오똑한 코에 희고 갸름한 혈색 좋은 얼굴로 가느다란 은색 손잡이의 지팡이와 함께 산뜻한 멋을 내고 있음을 느꼈다. 둘은 이야기를 나누면서 천천히 발길을 옮겨 다가왔다. 마침내 서로 엇갈릴 무렵 내 귀에 갑자기 의외의 말인 '아이요우噯喲'라는 감탄사가 들려왔다. '아이요우!' 순간 나는 갑자기 마음이 설레는 것을 느꼈다. 그것은 이 두 사람이 특별히 중국인이어서 그런 것은 아니다. 우연찮게 들려온 '아이요우'라는 말로 인해 잊고 있던 내 이런저런 기억이 불현듯 되살아났기 때문이다.

'아이요우'라는 말을 들으면서 나는 북경의 자금성을 생각했다.

1910~20년대 광주에서 활동한 기생 백장미

동정호洞庭湖에 떠 있는 군산君山을 생각했다. 남국 미인의 귀를 떠올렸다. 운강雲崗이나 용문龍門의 석불을 생각했다. 경한철도京漢鐵道의 빈대를 생각했다. 여산廬山의 피서지, 금산사金山寺의 탑, 소소소蘇小小[5세기말 명기]의 무덤, 진회秦淮[남경에 있던 운하]의 요리점, 호적 선생[72], 황학루黃鶴樓, 전문패前門牌[牌는 印이라는 의미. 중국제 담배 브랜드], 매란방梅蘭芳의 항아嫦娥[73]를 생각했다. 또한 위염 때문에 세 달 정도 중단했던 내 기행문에 대해서도 생각했다.

나는 그들을 뒤돌아 봤다. 그들은 무언가 이야기하면서 유유히 서리 맞은 언덕을 올라갔다. 하지만 내 귓가에는 여전히 '아이요우'라는 소리가 남아 맴돌았다. 그들은 어느 하숙에서 나와 어디로 외출하는 중일까? 어쩌면 그들 중 한 명은 《유동외사留東外史[74]》의 장전張全처

---

72) 胡適. 1891-1962. 중화민국의 학자, 사상가, 외교관. 청말인 1910년 미국에서 유학하며 《신청년》 등에 글을 기고해서 문학혁명의 불을 지폈다. 1946년에 북경대학 학장에 취임 했으나, 1949년 공산당이 국공내전에서 승리하자 미국으로 망명했다. 아쿠타가와와는 북경 체재 중에 호적과 만났다.

73) 매란방(1894-1961)은 청말 중화인민공화국 시기를 살았던 유명한 경극 배우이다. 항아는 진나라 시대의 경극 《항아분월嫦娥奔月》의 여주인공.

74) 이 책은 1916년에 중국인 유학생의 적나라한 사생활을 중국인이 직접 쓴 통속소설이다.

럼 도야마가하라[75]의 잡목림으로 여학생을 꾀어내려는 것인지도 모른다. 그러고 보니 또 한 명의 유학생도 같은 소설에 나오는 왕보찰王甫察처럼 친숙한 게이샤 한 명쯤은 있을 것만 같다. 이처럼 그들에게 실례가 되는 상상을 하며 걷다가 아이젠바시藍染橋 정류장에 이르자 나는 다바타田端의 집으로 돌아가기 위해 도자카動坂 행 전차에 올랐다.

집에 돌아와 보니 오사카 신문사에서 전보가 와 있었다. 내용은 "원고를 부탁합니다."였다. 나는 우스다[76] 씨에게 폐를 끼치고 있는 것을 늘 죄송스럽게 생각했다. 하지만 솔직히 고백하자면 거듭 황송해하면서도 위장 상태가 나쁘다거나 수면 부족이 매일 계속되고, 무엇보다도 감흥이 없어서 펜을 들지 못하는 경우가 적지 않았다. 그런 미안함이 있어서인지 이번 전보를 받고 나서는 내일이라도 당장 서둘러서 《상해유기》의 속편을 써야겠다는 생각이 들었다. '아이요우!' 이 소리가 내 귓가에 잊을 수 없는 울림을 남긴 것은 우스다 씨를 위해서나 나를 위해서 뜻밖의 행운이었음이 틀림없다. 내가 알고 있는 중국어는 모두 다 해야 겨우 스물대여섯 개 정도밖에 되지 않는다. 그 중에 하나가 우연히 내 귓가에 들려왔을 뿐만 아니라, 어쨌든 무언가를 일깨워줬다는 것은 조금 과장해서 말하자면 천혜天惠라고 하겠다. 천혜가 아니라 천재天災라고 생각한다면 독자들 또한 포기하기가 쉽겠지만……. 아무튼 '아이요우'라는 소리를 들은 것은 우스다 씨나 나나 서로 감사해야만 할 일이다. 본문으로 들어가기 전에 머리말을 써두는 이유이다.

---

75) 戶山ケ原. 제2차세계대전 때까지 육군의 시설물이 있던 땅으로 현재 신주쿠구의 오쿠보 지역에 해당한다.
76) 오사카마이니치신문사 학예부 부장인 우스다 준스케薄田淳介로 시인이기도 하다.

# 기차 안

항주杭州 행 기차에 오르자 차장이 차표를 검사하러 왔다. 차장은 올리브색 양복에 금줄이 들어간 커다란 검정색 모자를 쓰고 있었다. 일본의 차장과 비교해 보면 어딘가 민활한 느낌이 조금 떨어졌다. 하지만 이렇게 생각하는 것은 우리들의 편견일 터이다. 우리는 차장의 풍채에서조차, 우리가 생각하는 사물의 표준을 잠정하고 일방적으로 휘두르기 쉽다. 존 불John Bull[전형적인 영국인을 상징하는 가공의 인물]은 점잔을 빼지 않으면 신사가 아니라고 생각하고, 엉클 샘Uncle Sam[미국인을 상징]은 돈이 없으면 신사가 아니라고 생각한다. 잽JAP[일본인에 대한 서양인의 멸칭]은 적어도 기행문을 초하는 이상, 여수旅愁의 눈물을 흘리거나 풍경의 아름다움에 홀리지 않고 나그네의 포즈를 만들지 않으면 신사가 아니라고 생각한다. 그러나 우리는 어떠한 경우에도 이런 편견에 사로잡혀서는 안 된다. 나는 이 느긋한 차장이 차표를 검사하는 동안 이런 내 편견론을 발표했다. 다만 중국인 차장을 상대로 기염을 토한 것이 아니라 안내역으로 동행한 무라타 우코[77] 군에게 말을 해댔을 뿐이다.

---

77) 무라타 우코村田烏江. 오사카마이니치신문 기자로 당시에는 상해지국장이었다. 본명은 무라타 시로村田孜郎이다.

기차 창밖은 때때로 맷돌질을 하는 오두막집이나 양이 가끔 보이기도 했지만, 가도 가도 야채나 자운영이 가득한 들판뿐이었다. 그때 커다란 물소가 느릿느릿 논두렁을 걷고 있는 모습이 눈에 들어왔다. 오륙일 전 무라타 군과 상해 교외를 걷고 있을 때 갑자기 물소 한 마리가 길을 가로막은 적이 있다. 동물원 울타리 안에 있는 녀석이라면 몰라도, 바로 눈앞에서 이런 괴물과 조우한 것은 처음이라서 그만 놀란 나머지 나도 모르게 반보 정도 뒷걸음질을 쳤다. 그러자 곧바로 무라타 군이 "겁이 많으시군."하고 경멸하는 듯한 말을 내뱉었다. 물론 오늘은 그렇게 놀라지 않았다. 하지만 조금 신기했기에 "저기 물소가 있네." 하고 말하려다 곧 태연히 입을 다물었다. 무라타 군도 분명히 이 순간을 보고 내가 이제 꽤나 중국통이 됐구나 하며 탄복하고 있을 것임에 틀림없다고 생각했다.

기차는 한 칸에 여덟 명이 들어갈 수 있게끔 작은 방으로 나뉘어져 있지만 이 객실에는 우리 두 사람 말고는 아무도 없다. 객실 한가운데 있는 테이블 위에는 질주전자와 찻잔이 놓여 있고, 푸른 옷을 입은 급사가 때때로 뜨거운 수건을 가져왔다. 승차감은 그다지 나쁘지 않았다. 우리가 타고 있는 열차칸은 일등칸이다. 일등칸이라고 하니 언젠가 가마쿠라에서 일등칸을 탔다가 과분하게도 어느 황족과 단 둘이만 있게 되어 황송해서 어쩔 줄을 몰라 했던 기억이 났다. 어찌나 황망했던지 그때 갖고 있던 티켓이 흰색이었는지 적색이었는지 그것조차도 지금은 확실치가 않다.

# 기차 안 —앞의 글 이어받음

그 사이에 기차는 가흥嘉興[절강성浙江省 동북부에 위치한 도시]을 지났다. 잠시 창밖을 내다보니 물가에 인접한 집들 사이로 높이 아치를 그린 석교가 보인다. 수면에는 양쪽 기슭의 흰 벽들이 뚜렷이 비친 듯 했고, 남종화에 나오는 듯한 배들 두세 척이 물가에 줄지어 떠있다. 움이 튼 버드나무 건너편의 이런 경치를 바라보다가 나는 불현듯 이 모든 풍광이 참으로 중국답다는 생각이 들었다.

"저기 봐, 다리가 있네?"

나는 아주 으스대며 이렇게 말했다. 다리라면 느닷없이 물소를 마주쳤을 때처럼 경멸당하지 않을 것이라 생각했기 때문이다.

"응, 다리가 있군. 하지만 저런 다리는 감탄할 정도는 아니지."

무라타 군도 바로 정정했다.

하지만 그 다리가 보이지 않게 되자 이번에는 뽕밭 일대 저편에 광고 투성이 성벽이 보였다. 고색창연한 성벽에 생생하게 페인트칠 광고를 하는 것은 현대 중국의 유행이다.

'무적패아분無敵牌牙粉[치약 상표]'이나 '쌍영해향연雙瓔孩香烟[트윈 엔젤즈-담배 상표]' 같은 광고는 철로변의 거의 모든 정류장에서 볼 수 있었다.

절강성 가흥의 수로와 가옥들

중국은 대체 어느 나라에서 이런 광고를 배운 것일까? 이런 물음에 대답을 하는 것은 사방에 늘어서 있는 라이온 치약이나 은단 등 대단히 속악한 광고들 뿐이다. 달리는 기차의 창밖은 변함없이 유채 밭이나 뽕밭, 자운영 밭이다. 때때로 송백松柏 사이로 고분이 보일 때도 있다.

"저기 봐. 무덤이 있어."

그러나 무라타 군은 다리에 보였던 반응과는 달리 이번에는 내 관심사에 아예 대답도 하지 않는다.

"우리가 동문서원에 있을 때에는 저런 무덤이 무너져서 때때로 해골을 훔쳐왔지."

"훔쳐서 뭐에 쓰나?"

"장난감으로 삼았지."

우리는 차를 홀짝거리면서 뇌수를 태운 것은 폐병 약이라든지 인육 맛은 양고기 같다는 둥 야만적인 이야기를 나눴다. 기차 밖에는 어느새 기름을 다 짜내고 꼬투리만 남은 유채 위로, 붉게 타오르는 석양이 흘러가고 있었다.

# 항주의 하룻밤 上

항주의 정차장에 도착한 것은 이래저래 오후 일곱 시였다. 정차장 울타리 밖에는 어스레한 전등불 아래에서 세관원이 기다리고 있었다. 나는 붉은 가죽가방을 세관원 앞에 놓았다. 가방 안에는 책, 셔츠, 본본BONBONS 주머니 등 이런저런 물건이 어지럽게 가득 들어 있었다. 세관원은 안됐다는 듯이 셔츠를 다시 접어주고, 주머니 안에서 빠져나온 것들을 챙기는 등 정리까지 해주었다. 아니, 적어도 그렇게 보일 정도로 검사를 마치고 나서 보니 가방 안이 제법 가지런해졌다. 나는 그가 내 가방 위에 백묵으로 원을 그려줬을 때 "다오시에多謝"라는 중국어로 예를 표했다. 하지만 그는 무표정하고 지친 표정으로 다른 가방을 정리하면서 내게는 눈길조차 주지 않았다.

그곳에는 세관원 외에도 유객꾼이 많이 모여 있었다. 그들은 우리 모습을 보자 제각기 무어라 아우성치며 작은 기를 흔들거나, 색종이 전단지를 들이밀거나 했다. 하지만 우리가 머물기로 한 신신여관新新旅館[지금의 항주신신반점杭州新新飯店] 깃발은 아무리 찾아봐도 보이지 않았다. 그러자 넉살 좋은 유객꾼들이 거침없이 무어라 소리

1920년대 신신여관을 담은 사진엽서

를 늘어놓으면서 우리 가방을 잡으려고 했다. 무라타 군이 아무리 화를 내도 조금도 난처해하는 기색이 없었다. 물론 그때도 나는 참새언덕[78]의 나폴레옹처럼 유유히 그들을 흘겨보기만 했다. 하지만 몇 분 지나지 않아 어설픈 양복을 입은 신신여관 유객꾼이 겨우 우리 앞에 나타났을 때, 겉으로 티를 내지는 않았지만 솔직한 심정으로 매우 기뻤다.

우리는 유객꾼의 지시대로 정거장 앞 인력거에 탔다. 인력거는 손잡이를 위로 올리자마자 갑자기 좁은 길로 뛰어들었다. 길은 이제 어두컴컴했다. 포석을 깐 길이 울퉁불퉁해서 인력거의 흔들림 역시 보통이 아니었다. 가는 길에 극장에서 흘러나오는 요란한 징소리를 잠깐 들었지만 그곳을 지난 후부터는 사람 소리 하나 들리

78) 참새언덕Воробьёвы горы은 러시아 모스크바 강 기슭에 있으며 모스크바 전체를 내려다볼 수 있는 명소. 나폴레옹은 이 언덕 위에서 러시아의 초토작전을 바라봤다고 전해진다. 이 장면은 톨스토이의 《전쟁과 평화》에 그려져 있다.

지 않았다. 뜨뜻미지근한 밤거리에는 우리가 타고 있는 인력거 소리만 났다. 나는 엽궐련을 물고 아라비안나이트 같은 로맨틱한 기분을 만끽하기 시작했다.

그 사이 길이 넓어지자 출입구에 전등을 켜놓은 흰 벽의 저택이 드문드문 보였다. 아니 이렇게 표현하는 것으로는 의미 전달이 충분하지 않겠다. 처음에는 그저 어둠 속에서 몽롱하게 흰 물체가 떠올라 다가왔다. 그러다가는 별이 없는 밤하늘에 우뚝 솟은 흰 벽이 됐다. 그러더니 별안간 벽을 오려낸 좁고 긴 출입구가 나타났다. 출입구에는 붉은 표찰 위로 전등 빛이 빛나고 있었다. 출입구 안쪽에서도 전등이 켜진 방들이 보였다. 좌우로 쌍을 이룬 족자, 유리등, 화분에 심은 장미와 더불어 때때로 사람 모습도 보였다. 얼핏 눈에 들어오는 이 저택 내부만큼 신비롭고 아름다운 것은 본적이 없다. 그곳에는 무언가 내가 알지 못하는 비밀스러운 행복이 있는 듯한 기분이 들었다. 수마트라의 물망초[인도네시아 수마트라 섬에 피어 있다고 하는 전설의 꽃], 아편에 취해 꾸는 꿈에 보이는 흰 공작. 왠지 그런 것들이 있을 것 같은 기분이 들었다. 예로부터 중국 소설에는 늦은 밤, 길 잃은 외로운 길손이 으리으리한 저택에서 머무는 호의를 입는 경우가 많다. 하지만 다음날 아침이 되면 대하고루大廈高樓라고 생각했던 집은 풀이 무성한 옛 무덤이거나, 깊은 산의 그늘진 곳에 만들어진 여우 구멍이라는 식의 이야기 말이다. 나는 그 동안 이런 종류의 귀호담鬼狐譚은 그저 책상 위의 공상이라고만 생각했다. 그런데 직접 중국에 와서 보니, 그것이 설령 공상이라 할지라도 중국의 도시나 전원의 밤 풍경에 걸맞게 형성된 것임을 알게 되었다. 밤의 바닥에서 올라오는 등불로 가득 찬 흰 벽의 저택. 그 꿈과 같은 아름다움에 고금의 소설가들도 나와 마찬가지로 초자연적인 어떤 것을 느꼈을 것임에 틀림없다. 그러고 보니 지금 본 저택의 출입구에는 농서隴西 출신의 이 씨 성을 가진 이의 집이라는 표찰이 달려 있다. 어쩌면 저 집 안에는 옛날 그대로의 이태백이 환영인 모란을 바라보면서, 옥으로 만든 잔을 기울이고 있을지도 모르겠다. 만일 그와 만난다면 나는 하고 싶은 이야기가 대단히 많다. 무엇보다도 그는 그 많은 《태백집太白集》 가운데 도대체 어느 판본이 정확한 것이라고 할까? 주디스 코티에[79]가 번역한 프랑스어 〈채련곡采蓮曲〉을 보고 웃음을 터뜨릴까 아니면 화를 낼까? 호적 씨라든가 강백정[80] 씨 같은 현대 시인의 백화시에는 어떤 견해를 갖고 있을까? 이런 터무니없는 것들을 생각하는 사이에 인력거는 금세 골목을 돌아 별안간 터무니없이 폭이 넓은 도로로 나갔다.

주디스 코티에

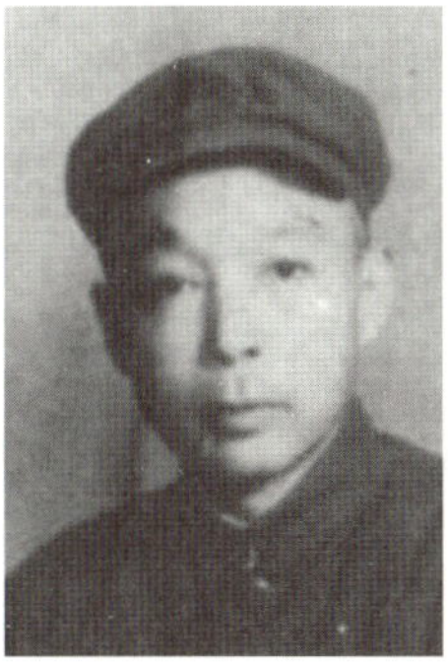

강백정

호적

79) Judith Gautier(1845-1917). 프랑스의 작가. 중국과 일본을 중심으로 한 동양문화에 조예가 깊었다. 이백과 두보의 시 번역과 일본미술에 대한 해설서를 썼다.
80) 康白情(1895-1959). 시인으로 호적 등의 영향을 받았고 1919년 5.4운동에 참가했다.

# 항주의 하룻밤 中

도로 양측에는 불을 환하게 밝힌 가게들이 늘어서 있는데 사람들의 왕래가 뜸해서 그런지 조금도 밝은 기분이 들지 않았다. 거리는 도로의 폭이 넓어서 자못 중국의 신개지척지다웠다. 묘하게 쓸쓸한 기분이 들 뿐이었다.

"이게 성외 마을이고, 저기 길이 막힌 곳이 바로 서호西湖라네."

뒤쪽 인력거에 타고 있던 무라타 군이 내게 말을 했다. '서호!' 나는 도로의 구석을 바라보았다. 하지만 아무리 서호라고 해도 깜깜한 밤에 갇혀서는 어찌할 도리가 없었다. 다만 인력거 위의 내 얼굴로 그 아득한 어둠 속 호수에서 시원한 바람이 불어왔다. 나는 무언가 쓰키시마月島 부근에 달맞이라도 하러 온 듯한 기분이 들었다.

인력거는 다시 한참을 내달린 후 마침내 서호 근처로 나갔다. 그곳에는 전등을 줄지어 밝혀 놓은 커다란 여관이 두세 곳 있었다. 하지만 그곳도 방금 전 가게들처럼 밝은 빛과는 달리 어딘지 모르게 쓸쓸함을 더할 뿐이었다. 서호는 희끄무레한 도로 왼쪽으로 어두운 수면을 펼쳐 놓은 채 한없이 고요했다. 그저 넓기만 한 도로 역시 우리가 탄 인력거 외에는 강아지 한 마리 보이지 않았다. 나는 대낮처럼 밝은 여관 이층에 오가는 사람들의 그림자를 바라보면서 정갈한 저녁식사나 침대, 신문 등 이른바 '문명'이 그리워지기 시작했다. 하지만 인력거꾼은 그저 계속해서 달릴 뿐이다. 길에도 행인이 없어서 어디를 가더라도 이 적막이 끝날 것 같지 않았다. 여관도, 아니 여관은 이미 아주 멀어졌다. 지금은 다만 호수 가장자리에 머리를 풀어헤친 듯한 나무들만이 늘어서 있다.

"이봐, 신신여관은 아직 멀었나?"

나는 무라타 군을 돌아봤다. 그러자 무라타 군의 인력거꾼이 어떻게 그 말뜻을 파악한 것인지 그에 앞서 대답을 했다.

"십 리! 십 리!"

나는 갑자기 슬픈 기분이 들기 시작했다. 아직도 십 리나 남았다고 하니, 신신여관에 도착하기도 전에 날이 밝아올 것이 틀림없었다. 그렇다면 오늘 밤은 단식이란 말인가? 나는 다시 한 번 무라타 군에게 내가 생각해도 처량한 목소리로 말을 걸었다.

"십 리라니 놀라워. 나는 배가 고파오기 시작했어."

"나도 배가 고파."

무라타 군은 인력거 위에서 팔짱을 낀 채 태연하게 중국산 담배를 물었다.

"십 리 정도는 아무 것도 아니야. 중국식으로 십 리[청나라 시대의 계산에 따르면 1리는 576미터]니까."

나는 그제야 겨우 안심했다가 금세 또 다시 낙담했다. 아무리 일 정町 일 리라고 해도 십 리라면 육십 정[1정은 109미터] 아닌가. 허기진 배를 부여잡고 십 리 거리를, 그것도 심야에 인력거를 타고 흔들리면서 간다는 것은 누구에게도 그리 기쁜 여행길은 아니다. 나는

실망감을 누그러뜨리기 위해서 예전에 배웠던 독일어 문법의 규칙을 하나하나 입 속에서 반복하기 시작했다.

그것이 명사로부터 시작해서 강변화强變化 동사에 이르렀을 때 문득 주위를 바라보자, 어느새 좁아진 길 좌우로 수목이 무성했다. 특히 신기한 것은 이 수목 사이로 날고 있는 커다란 반딧불이의 빛이었다. 반딧불이라고 하면 하이카이俳諧[發句 곧 俳句·連句의 총칭, '俳諧連歌'의 준말]에서도 여름의 계절 제목으로 유명하지만 지금은 아직 사월이라서 묘하다고밖에 달리 생각할 수가 없었다. 게다가 주위의 어둠이 깊어서인지, 번쩍하고 밝아질 때마다 그 빛의 테두리가 꽈리 정도의 크기는 될 것 같았다. 나는 그 푸른빛에서 도깨비불을 보는 듯한 으스스함을 느끼면서도 동시에 다시 한 번 로맨틱한 기분에 젖었다. 하지만 정작 중요한 서호의 밤 색깔은 그늘인지 무엇인지에 여전히 숨어 있는 것 같았고, 길 왼편의 수목 저편은 줄곧 흙담이었다.

"여기가 일본영사관이에요."

무라타 군의 목소리가 들렸을 때, 인력거는 갑자기 나무 사이를

1920년 무렵의 서호 전경. 사진 왼쪽으로 보석산 보숙탑이 보인다. 사진 상으로 호수 중앙의 가로 제방이 백제이고 우측에 상하(동서)로 길게 이어지는 제방이 소동파가 쌓은 소제이다. 호수 아래쪽(북쪽)으로 일본 영사관과 영국 영사관으로 추정되는 건물들이 보인다.

지나 완만한 언덕을 내려가기 시작했다. 그때 순식간에 우리 눈앞에 희미한 수면이 나타났다. 서호! 나는 실제로 그 순간, 그 광경이 참으로 서호답다는 생각이 들었다.

망망히 부옇게 흐린 물 위로 구름 갈라진 하늘에서 실타래를 풀어 놓은 듯한 달빛이 흐르고 있었다. 그 물을 비스듬하게 가로지르는 것은 저 유명한 제방 소제와 백제[81]가 틀림없다. 제방 한 곳에는 전에 봤던 삼각형 모양의 안경교眼鏡橋가 솟아 있었다. 그 아름다운 은색과 검은색은, 일본에서는 도저히 볼 수 없는 광경이다. 나는 흔들리는 인력거 위에서, 나도 모르게 몸을 고쳐 세운 채 넋을 놓고 한없이 서호를 바라보았다.

---

81) 소제蘇堤는 서호의 서부를 남북으로 가로지르는 제방이며, 백제白堤는 서호의 북부에 동서로 쌓은 제방이다.

# 항주의 하룻밤 下

신신여관에 도착한 것은 그 후 십 분이 채 지나지 않아서였다. 그곳은 신신新新이라고 부를 만큼 어쨌든 서양풍의 호텔이었다. 하지만 중국인 종업원과 함께 좁은 뒤편 계단을 올라 방에 가보니, 동양인(통양렌)이라고 깔봐서 그런 것인지 그다지 편안한 이층 방이 아니었다. 우선 좁은 방 안에 침대를 두 개 늘어놓은 것부터가 그야말로 중국의 숙소다웠다. 게다가 방의 위치도 호텔 뒤편 구석인지라 침대나 의자에서 서호를 바라보는 호화로운 꿈은 애당초 불가능했다. 하지만 인력거와 허기와 로맨티시즘에 지칠 대로 지친 나는 이런 방이나마 의자에 앉자, 겨우 인간다운 마음가짐이 들었다.

무라타 군은 종업원에게 바로 식사를 주문했다. 하지만 이미 식사 시간이 끝나서 서양요리는 안 된다고 했다. 어쩔 수 없이 중국요리를 먹게 됐는데, 급사가 가져온 접시를 보니 아무래도 먹다 남은 것이나 그 비슷한 것처럼 보였다. 가이라쿠엔偕樂園 주인[82]의 설명에 따르면 특히나 전가보全家福라는 중국요리는 먹다 남은 것의 집대성이라고 했다.

---

82) 사사누마 겐노스케笹沼源之助(1886-1960). 일본 최초의 고급 중화요리점인 가이라쿠엔을 연 사사누마 겐고笹沼源吾의 장남. 아쿠타가와의 중학교 선배이며, 타니자키 준이치로의 죽마고우다.

나는 기분이 좋지 않아서 방금 나온 중국요리 가운데 전가보가 있는지 물어봤다. 그러자 무라타 군이 전가보는 이런 것이 아니라며 물소 사건 이후 다시 나를 경멸하는 듯했다.

종업원은 그 사이에 신기한 듯 우리 얼굴을 들여다보면서 끊임없이 요설을 늘어놓았다. 무라타 군이 통역해준 바에 따르면, 구멍 뚫린 은화가 있으면 하나 달라는 내용이었다. 그 은화로 무엇을 할 것이냐고 묻자, 조끼의 단추를 만들려고 한다고 했는데 매우 재미있는 생각임에 틀림없었다. 그 말을 듣고 보니, 과연 종업원의 조끼 단추는 모두가 구멍 뚫린 은화였다. 무라타 군은 맥주를 마시면서, 일본에 그 조끼를 가져가면 분명히 오십 전은 충분히 받을 것이라며 보증을 서기까지 했다.

식사를 마친 후 우리는 아래층 살롱으로 내려갔다. 하지만 그곳에는 사진 액자나 싸구려 가구가 늘어서 있는 것 외에 손님은 한 명도 보이지 않았다. 현관 앞으로 나가니 석단 위 테이블 주변에 양키 남녀 대여섯 명이 벌컥벌컥 술을 마시면서 큰 소리로 노래를 부르고 있었다. 특히 대머리가 벗겨진 남자는 여자의 허리를 안은 채 흔들며 노래하다가 몇 번이고 의자와 함께 넘어질 뻔했다.

현관 밖에는 문 왼쪽으로 해당화가 핀 울타리가 있었다. 우리는 그 아래를 배회하며 가느다란 잎 사이에 모여 있는 붉은 꽃을 올려다봤다. 꽃은 멀리 있는 전등 빛에 겨우 향기를 뿜고 있는 듯했다. 꽃들이 어딘가 반들반들 젖어 있는 것 같다고 생각했을 때 어느새 어두운 하늘에서 보슬비가 내리기 시작했다. 해당화, 보슬비, 외로운 길손의 마음. 여기까지는 시가 될지도 모르겠지만, 코앞에 있는 현관에서는 술 취한 양키들이 소란을 피우고 있다. 나는 그 광경을 보며

〈비로드의 꿈〉의 작가처럼 로맨틱해질 수는 없겠다고 생각했다.

그때 문밖에서 네 명의 가마꾼이 멘 비에 젖은 가마 두 대가 조용히 들어와 현관에 멈춰 섰다. 가마에서 제일 먼저 나온 이는 중국 전통복장 차림을 한 품위 있는 노인이었다. 그 다음으로 현관에 내린 이는, 군계일학이라고 말하고 싶었지만 실제로는 오히려 추한 소녀였다. 하지만 청자색의 단자 옷차림에 수정 귀고리가 반짝이는 모습만은 확실히 돈이 있어 보였다. 소녀는 노인의 지시대로, 마중 나온 숙소의 지배인과 함께 호텔 안으로 들어갔다. 노인은 뒤에 남아 때마침 나와 있던 예의 그 종업원에게 가마꾼의 품삯을 지불하고 있었다. 그 광경을 바라보면서 나는 마음을 바꿔 다시 한 번 생각했다. 어쩌면 다니자키 준이치로처럼 로맨틱하게 되는 것도 그럭저럭 가능할지 모르겠다는 기분이 들었다.

하지만, 운명은 끝내 내 로맨티시즘에 잔혹했다. 그때 갑자기 현관에서부터 비틀비틀 돌계단을 내려온 자가 있었는데 바로 그 대머리 양키였다. 그는 일행이 뭐라고 말을 하자 묘한 손짓을 해보이며 블러디bloody라고 했는지 뭐라고 대답을 했다. 상해의 이인異人은 베리very 대신에 종종 이 가공할 '블러디'라는 말을 쓴다. 그것만으로도 이미 유쾌하지 않았는데, 그는 위태로워 보이는 모습으로 멈추어서는 뒤돌아서서 방약무인하게도 현관에서 선 채로 소변을 보기 시작했다.

로맨티시즘이여, 안녕. 나는 거나한 무라타 군과 함께 인기척 없는 살롱으로 되돌아갔다. 미토水戶의 낭인보다 열 배는 더 양이攘夷 정신에 활활 타오르면서.

# 서호 ―

호텔 앞 잔교에 아침 햇살에 비친 회화나무 잎사귀의 그림자가 넘실댔다. 그곳에는 우리를 태우기 위한 화방畵舫[그림으로 장식한 놀잇배] 한 척이 매여 있었다. 놀잇배라고 하니 대단한 풍류가 있는 것 같지만, 도대체 무엇이 화방의 화畵를 뜻하는지는 알 수가 없다. 그저 흰 무명실로 된 차양을 쳐 놓거나 놋쇠로 된 손잡이를 달아 놓는 등 평범하기 그지없는 작은 배일뿐이다. 그 놀잇배, 어쨌든 화방이라고들 하니 앞으로도 역시 그렇게 부를 예정인데 이 화방은 우리를 태우더니 호인처럼 보이는 뱃사공의 손에 의해 호수를 향해 유유히 나아갔다.

수심은 생각했던 것보다 그리 깊지 않았다. 부평초가 떠 있는 수면에서 연꽃의 싹이 난 물밑이 다 보였다. 처음에는 물가에서 가까워서인가 하고 생각했지만 가도 가도 똑같았다. 우선 대체적인 감상을 말하자면 호수라기보다는 물이 많이 담겨 있는 전답에 가까운 느낌이었다. 듣자니 서호는 본래 자연의 흐름에 맡겨두었는데 금세 물이 다 말라버려서 더 이상 물이 밖으로 빠져나가지 않게끔 이런저런 궁리를 했다고 한다. 나는 뱃전에 몸을 기댄 채 얕은 물밑 바닥에 무라타 군의 지팡이를 찔러보고는, 때때로 수초 사이로 헤엄쳐오는 망둑어와 같은 물고기를 희롱하기도 했다.

화방 건너편에는 일본영사관 부근부터 호수 가운데에 있는 고산孤山[서호 북부에 있는 낮은 산]에 이르기까지 긴 제방이 이어져 있었다. 서호 전도全圖를 살펴보면 이는 필시 그 옛날 백낙천이 쌓은 백제白堤가 분명하다. 다만 석판 인쇄의 그림지도[畵圖]를 보면 제방에 버드나무인가 뭔가가 그려져 있는데 다시 손볼 때 다 잘라냈는지 지금은 그저 쓸쓸한 모래제방沙堤일 뿐이다. 그 제방에 다리가 두 개 있는데 고산에 가까운 것을 금대교錦帶橋라 하고, 일본영사관에 가까운 것을 단교斷橋라 한다. 단교는 서호 10경 가운데 잔설殘雪의 명소라서 선인들의 시도 적지 않다. 실제로 다리 근처에 있는 잔설정殘雪亭에는 청나라 성조聖祖인 강희제康熙帝의 시비가 세워져 있다. 그밖에 양철애[83]가 "단교 자락에서 기울이는 붉은 포도주段家橋頭猩色酒"라 읊은 것도, 장승길張承吉이 "단교 부근에는 이끼가 가득해서 지나갈 수가 없다斷橋荒蘚澁"라고 한 것도 모두 이 다리에 관한 것이다.

이렇게 말하면 무척 박학다식해 보이지만, 사실 이것은 이케다 도센의 《강남의 명승사적》[84]에 이미 다 나와 있으니 특별히 자랑할 것이 못 된다. 우선 이 단교에서는 아하 이것이 단교인가 하며 아득한 경의만 표하고 결국 배를 가까이 대지는 못했다. 하지만 부평초가 드문드문 떠 있는 호수 가운데로 백제白堤가 이어져 있는 것은 특이했다. 특히 그곳에 다가갔을 때 변발을 늘어뜨린 노인 한 명이 버드나무 지팡이를 채찍 삼아 유유히 말을 끌고 가던 모습은 옛 시에나 나

83) 양철애楊鐵崖(1296-1370). 명나라 시대의 시인, 학자.

84) 이케다 도센池田桃川(1889-1935). 중국문학연구자로 《강남의 명승사적江南の名勝史蹟》은 상해일본서점에서 1921년 간행됐다.

올 법한 풍경이었다. 백낙천의 서호 시 중에 "반쯤 취해서 호수 동쪽으로 한가로이 걸어가다 말채찍을 치고 올라가니 고삐가 비치네. 만 그루 소나무가 푸른 산 위에 있으니. 십리 모랫둑 밝은 달 가운데일러라半醉閑行湖岸東 馬鞭敲燈響玲瓏 萬株松樹青山上 十里沙隄明月中" 등등은 설령 낮과 밤을 달리한다 해도 눈앞에 생생하게 떠오를 것만 같은 기분이 들었다. 물론 이 시도 단교와 마찬가지로 이케다 씨의 책에서 재인용한 것이다.

화방은 금대교를 빠져나가자 진로를 오른 쪽으로 잡았다. 왼쪽은 고산이다. 이 또한 서호 십경 가운데 하나로 평호平湖의 추월秋月이라 함은 바로 이 부근의 경치라고 들었으나, 늦봄 오전이라 그것을 확인할 도리는 없었다. 고산에는 부자의 저택으로 보이는 커다랗고 속악한 문이나 흰 벽이 이어져 있었다. 한참을 걸려 그곳을 통과하자 뜻밖에도 품격 높은 삼층 누각이 나타났다. 물에 접한 문도 보기 좋았지만, 좌우로 늘어선 한 쌍의 조각상도 아름다웠다. 누구의 거처인가 생각해보니 바로 건륭제乾隆帝의 행궁으로 유명한 문란각文瀾閣이다. 이곳에는 금산사金山寺의 문종각文淙閣[진강鎭江 소재], 대관당大觀堂의 문회각文匯閣[양주揚州 소재]과 함께 사고전서가 한 질씩 보관돼 있다[이 세 곳을 강절삼각江浙三閣이라 한다]. 정원이 훌륭하다 해서 한 번 둘러보려고 언덕에 올랐지만, 어느 쪽도 범인에게는 보여주지 않았다. 우리는 어쩔 수 없이 물가를 따라 예전의 고산사, 지금의 광화사廣化寺를 잠깐 보고 나서 유루兪樓로 갔다.

유루는 유곡원[85]의 별장이다. 상당히 남루했지만, 그렇다고 아주 형편없는 주거라고 할 수도 없었다. 소동파蘇東坡의 옛터를 따랐다고

---

85) 유곡원兪曲園의 본명은 유월兪 (1821-1907)이다. 청나라 말기의 고증학자이다.

1900년대 초반의 유루

하는 반파정伴坡亭 뒤편도 대나무나 소엽맥이 무성한 가운데 수초가 많은 오래 된 연못이 하나 있어 꽤나 한적한 느낌이 들었다. 연못을 따라 올라가 보니 이른바 구불구불한 복도가 끝나는 곳에 벽에 새겨 넣은 석각이 나타났다. 그것은 유곡원을 위해 그린 팽옥린[86]의 매화 그림이라기보다 도쿄 혼고의 아케보노쵸曙町에 있는 다니자키 준이치로의 집 이층에 걸려 있는 매화 그림의 원형 같았다. 구불구불한 복도 위의 작은 처마와 편액 하나를 보고 뒤이어 벽하서사碧霞西舍를 본 후 우리는 다시 한 번 산 아래 반파정으로 내려갔다. 반파정 벽의 한 면 전체에는 유곡원이나 주회암朱晦庵, 하소기何紹基, 악비岳飛 등 다양한 탁본이 걸려 있었다. 탁본이 이렇게 많이 있으니 뜻밖에도 어느 것 하나 갖고 싶은 마음이 별로 들지 않았다. 정면에는 액자

86) 팽옥린彭玉麟(1816-1890). 청나라 말기의 군인. 태평천국의 난이나 청불전쟁 당시의 명장으로 글에도 조예가 깊었다.

유곡원

에 넣은 수염 긴 유곡원의 사진이 진기하게 장식돼 있었다. 나는 집 주인이 가져온 차를 한 잔 마시면서 유심히 유곡원의 인상을 바라보았다. 장병린 씨의 유선생전俞先生傳에 따르면 (이것은 재인용을 하는 것이 아니지만), "그의 사람됨은 본래 화려한 기생이나 여색을 선호하지 않으며, 일찍이 어머니와 아내를 잃고 그 후 절의를 지켜 고기를 입에 대지 않았다雅性不好聲色旣喪母妻終身不肴食"고 한다. 역시 그러한 점이 전혀 보이지 않는다고는 할 수 없지만, "그 문하생 중에는 훌륭한 문사도 많았지만 때로는 잡다한 무리들도 있었다. 실로 그것이 선생의 결점이다雜流亦時時至門下此其所短也"라고 한 것을 보면 다소 속된 기운도 있었던 듯했다. 그러나 어쩌면 유곡원은 그런 속된 기운 덕분에 이런 별장을 마련해준 훌륭한 제자를 얻었는지도 모르겠다. 실제로 한 점 속된 기운도 띄지 않는 영롱한 구슬과 같기를 바라는 우리는 별장은커녕 매문을 해서 이슬 같은 목숨을 이어가고 있을 따름이니 말이다. 나는 해당화가 들어 있는 찻잔을 앞에 두고 턱을 괸 채로 잠시 멍하니 생각에 잠겨 음보蔭甫 선생[음보는 유곡원의 별칭]을 희롱했다.

# 서호 二

유루를 나와 소소소의 무덤에 가봤다. 소소소는 전당錢塘[항주의 옛 이름]의 명기이다. 다만 당대 이후로는 기생이라 하지 않고 그저 소소라고 칭했을 정도이니 무덤도 예전부터 평판이 높았다. 그런데 지금 참배하고 보니 이 당나라 시절의 미인 무덤은 기와로 지붕을 이고 회반죽인가 무언가를 바른 듯해서 시적이라거나 그런 분위기는 찾기 힘든 봉분이었다. 더구나 무덤 주위는 서령교西冷橋[87] 다리 수리 때문에 제멋대로 파헤쳐져서, 삭막함이 더욱 극에 달하고 있었다. 잠시 애독하던 손자소孫子瀟[원나라 시대의 산수화 거장]의 시 중에 "단가교 밖에는 저녁 빛이 일몰이 되고, 꽃다운 풀은 처연히 희미한데, 악왕岳王의 조상을 마치고 와서 너를 조상하니, 현달한 관리의 무덤보다 더 낫구나段家橋外易斜曛 芳草凄迷錄似裙 弔罷岳王來弔汝 勝他多少達官墳"라고 하는 구절이 있다. 하지만 지금은 어디를 보아도 치맛자락 닮은 풀빛과는 거리가 멀었다. 파헤쳐진 흙 위로 애처로운 햇빛이 흐른다. 게다가 서령교 근처 길에는 중국인 중학생 두세 명이 배일排日과 관련된 노래

87) 원문에는 '西冷橋'로 나와 있는데, 이는 오자이다. 고산 남쪽 산기슭에 있는 다리를 말한다.

같은 것을 부르고 있었다. 나는 무라타 군과 서둘러서 추근秋瑾[88] 여사의 무덤을 둘러본 후 물가에 있는 화방으로 돌아왔다. 화방은 악비岳飛의 사당[89]으로 가기 위해 다시 한 번 서호를 향해 나아갔다.

칼을 든 추근

"악비 사당은 좋다네. 고색창연함이 넘치는 곳이야."

무라타 군은 나를 달래려는 듯이 예전 방문했을 때의 기억을 말해줬다. 하지만 나는 어느새 서호에 살짝 실망감을 갖기 시작했다. 서호는 생각했던 만큼 그리 아름답지 않았다. 적어도 지금의 서호는 떠나기에 아쉬움이 그지없는 그런 곳은 아니었다. 수심이 얕은 것이야 앞서 이야기했지만, 서호의 자연은 가경도광嘉慶道光[1796년부터 1850년까지의 시기] 시기의 모든 시인들이 노래했듯이, 섬세한 느낌이 지나치게 넘쳤다. 거칠거칠 자연에 질려버린 중국의 시인 묵객들은 어쩌면 이곳이 좋은지도 모르겠다. 하지만 우리 일본인은 섬세한 자연에 익숙해져 있는 만큼 일단은 아름답다고 생각하더라도 다시 보면 불만스럽게 생각하고 만다. 그럼에도 불구하고 불만이 그 정도로 그친다면 서호는 어쨌든 봄추위를 무서워하는 중국의 미인[서호를 지칭]을 볼 수 있는 경치만은 있을 것이다. 하지만 이 중국의 미인은 가는 곳마다 세워진 호반의 적색과 쥐색의 가공할 벽돌 건물들 때문에 빈사의 병근病根이 깊다. 아니, 이는 서호만이 아니다. 이런 천박한 벽돌 건물은 커다란 빈

88) 추근(1875-1907). 청나라 말기 여성 혁명가로 무장봉기를 계획하다 발각돼 참수형에 처해졌다.
89) 1221년에 세워졌다. 악비(1103-1141)는 남송 시대의 무장으로 재상 진회秦檜)의 모략에 걸려 옥사했다. 후에 그의 공덕이 인정돼 악왕鄂王의 호칭을 얻었다. 중국에서는 신격화의 대상이다.

대처럼 대부분의 고적과 명승지는 물론이고 강남일대에 만연해서, 거의 모든 풍경을 파괴하고 있었다. 방금 전 나는 추근 여사의 무덤 앞에서도 역시 이런 벽돌 문을 봤는데, 서호를 위해서만 불만이었던 것이 아니라, 여사의 영혼을 위해서도 불만이었다. "가을바람 가을비 근심 속에 죽는구나秋風秋雨愁殺人"라는 절명시와 함께 혁명을 위해 순사殉死한 감호추녀협鑑湖秋女俠[감호는 추근의 원적지인 소흥紹興의 호수 이름]의 무덤 문치고는 너무 딱하다는 생각이 들었다. 게다가 서호의 속물화는 점점 더 심각해지고 있었다. 아무래도 앞으로 십 년만 지나면 호반에 세워진 서양관 안의 방마다 양키들이 만취해 있고, 그 앞에서는 양키들이 한 명씩 서서 소변을 싸대는 꼴이 일상이 될 것만 같다. 언젠가 소호蘇峰 선생이 쓴 《중국만유기支那漫遊記[90]》를 읽고 있자니, 그는 항주에서 영사라도 돼서 유유히 여생을 보낼 수 있다면 큰 행복이라고 했다. 하지만 나는 영사는 물론 절강浙江 독군督軍[신해혁명 후 성장省長과 함께 각 성에 배속된 군정 장관]에 임명된다고 하더라도 이런 흙탕물 연못을 보고 있기보다는 일본의 도쿄에서 살고 싶을 뿐이다…….

내가 서호를 타박하고 있는 사이 배는 과홍교跨虹橋를 빠져나가서 역시 서호십경 중 하나인 곡원풍하曲院風荷[91] 부근으로 접어들었다. 부근에는 벽돌로 지은 건물도 보이지 않았고 흰 벽을 둘러싼 버드나무 안에 아직 복숭아꽃이 남아 있었다. 왼쪽에 보이는 조제趙堤 나무그늘에 푸른 이끼 무성한 옥대교玉帶橋가 어렴풋이 물가에 비치고 있는 것도 남전南田[92]의 그림 속 경치와 비슷한지 모른다. 나는 그곳에 배가

90) 도쿠토미 소호德富蘇峰(1863-1957)가 펴낸 이 기행문은 1906년의 중국 기행과 1917년의 중국 및 조선행을 기록한 것이다. 1918년에 민우사民友社에서 출판됐다.

91) 중국 항주 서호의 아름다운 풍경을 묘사한 문장이다. 여름에 술을 만들기 위해 만든 곡원曲院이라는 집 주변의 서호에 피어난 연꽃이 바람에 흔들리는 것을 표현한 시이다. 서호 십경 중 하나이다.

92) 운수평惲壽平(1633-1690)은 청나라 전기의 화가이다. 남전은 그의 호이다. 아쿠타가와는 그를 좋아해서 자신의 작품에도 등장시켰다.

도착했을 때 무라타 군의 오해를 사지 않기 위해서 내 서호론을 덧붙였다.

"다만 서호가 시시하다고 해도 모든 것이 그렇다는 것은 아닐세."

화방은 곡원풍하를 지나자 악왕묘岳王廟 앞에서 멈췄다. 우리는 서둘러 배를 뒤로 하고 《서호가화西湖佳話》[청나라 초기에 나온 단편소설집] 이후 익숙한 악비 장군의 넋을 기리기 위해 올라갔다. 사당은 팔할 정도 새로운 벽을 드러낸 채, 진흙과 자갈이 산더미처럼 쌓인 가운데 수리 중인 모습을 드러내고 있었다. 그러니 예전 무라타 군을 기쁘게 했던 그 고색창연한 경치 따위는 지금 눈앞 어디에도 남아 있지 않았다. 불타고 남은 듯한 경내에는 인부나 미장이만이 서성대고, 무라타 군은 카메라를 꺼낸 채 낙담한 듯 발길을 멈췄다.

"이건 좋지 않아. 이렇게 되면 이미 형체도 없는 것이야. 자아, 무덤에라도 가보세."

무덤은 소소소蘇小小의 무덤처럼, 회반죽을 바른 봉분이다. 다만 이 무덤은 명장의 것이니, 소씨 집안의 미인보다 상당히 규모가 컸다. 무덤 앞에는 붓글씨로 송악악왕지묘宋岳鄂王之墓라고 쓰고, 태흔반반苔痕斑斑이라는 비가 세워져 있다. 뒤쪽에 대나무가 함부로 자라 있는 것도 악비의 자손이 아닌 우리로서는 그저 시정을 느낄 따름이며, 슬프다는 생각은 들지 않았다. 나는 무덤 주위를 걸으면서, 나도 모르게 회고하는 듯한 마음이 들었다. 악왕분상초처처岳王墳上草萋萋[악왕의 묘 위로 잡초만 무성하구나].[93] 누군가가 지은 이러한 구절도 읽었던 기억이 났다. 하지만 이것은 재인용이 아니라 도대체 누구의 시인지조차 확실하지가 않다.

93) 이 구절은 남송 시대 말부터 원나라 초기의 문인인 조맹부趙孟 (1254-1322)가 지은 시의 한 구절이다.

# 서호 三

악비의 무덤 철책 앞에는 진회秦檜, 장준張俊[94] 등의 철상鐵像이 있다. 철상의 모습을 보면 그들이 면박을 당하고 있음을 한눈에 알 수 있다. 여하튼 그곳에 참배하러 온다는 것은 달리 말하면 그들의 악행을 증오하기 위함이기도 한데, 중국인들은 심지어 이들 철상에 소변까지 뿌리고 간다고 한다. 그러나 지금은 다행스럽게도 어느 철상도 젖어 있지 않았다. 다만 그 주위에 쉬파리가 몇 마리 앉아 있어서, 그것이 멀리서 온 내게 약간의 불결함과 더불어 중국인들의 분노를 암시해줬을 따름이다.

예부터 악인이 많다고는 하나 진회만큼 미움을 받은 인물도 흔치 않다. 상해 근처에서는 어디를 가나 유작괴油炸塊[기름으로 튀긴 빵과 같은 음식]라는 막대기 같은 유부를 판다. 그것도 무나카타 고타로宗方小太郎 씨의 일설에 따르자면 '진회의 유부'라고 했지만, 유작괴라는 명칭이 본명인 듯 했다. 본디 민중은 단순한 것밖에는 이해하지 못한다. 중국에서도 관우라든지 악비라든지, 민중의 신망을 모으

94) 진회(1090-1155)는 남송의 재상으로 악비를 죽게 해서 후일 매국노라는 오명을 뒤집어썼다. 장준(1097-1164)은 남송의 정치가로 악비와는 사이가 좋지 않았으며 악비에게 죄를 뒤집어씌운 것 때문에 진회와 더불어 매국노라는 오명을 뒤집어썼다.

악비의 묘 앞에 무릎 꿇려 있는 진회의 철상

는 영웅은 모두가 다 단순한 인간들이다. 이러한 점을 갖추지 않는 한 아무리 불세출의 영웅이라 해도 객석에서는 인기를 끌지 못한다. 예를 들면 이이 나오스케井伊直弼[1815-1860. 오미 히코네 번의 제15대 번주이자 에도 막부의 다이로. 미일수호통상조약을 독단적으로 추진한 여파로 사쿠라다몬 사건 때 미토 번의 존왕양이파 낭인들에게 암살 당했다]의 동상이 세워지는 데는 사후 몇십 년이 필요했지만, 노기乃木[러일전쟁 당시 '상처뿐인 영광'이라 할 여순전투를 지휘한 군인으로, 1912년 메이지 천황이 죽자 부인과 함께 할복자살했다] 대장이 신이 되는 데는 채 일주일도 걸리지 않은 것과 같이 말이다. 그만큼 적이 되면, 더구나 이러한 영웅의 적은 만인의 증오의 대상이 되기도 쉽다. 진회는 어떠한 악연인지, 그 중에서도 가장 불리한 역을 뽑고 말았다. 그 결과는 보는 그대로, 중화민국 10년인 지금도 지독한 취급을 받고 있는 것이다. 나도 새해 《개조改造》지에 〈장군將軍〉이라는 소설을 발표했지만 일본에서 태어난 덕분에, 거리의 유부가 되는 쓰라림도 맛보지 않았고 오줌세례를 맞지도 않았다. 다만 소설의 일부분이 복자伏字 처리되고 잡지 편집자가 두 번 정도 당국의 불평을 들었던 것이 전부다.

중국에서 진회라고 하면 도대체 어느 정도 증오의 대상이 되는지, 그 간의 소식을 전할 수 있는 콩트를 하나 소개하겠다. 이것은 청나라 사람인 경성표景星杓가 쓴《산재객담山齋客談》중에 나오는 내용이다.

* * * * * * * * *

"몇 년이나 됐지요? 제가 강상江上[양쯔강 주변]의 어느 절에서 독서를 하며 살던 시절입니다. 갑자기 옆집의 노파에게 귀신이 씌었습니다."

엄효창嚴曉蒼이 말하기 시작했다.

"노파는 흰 눈을 치켜 올린 채 일가一家의 남녀를 째려보면서 수시로 이렇게 저주를 하는 겁니다. "이 몸은 명도압사冥道押使[명계의 관직명]로다. 지금 진회의 혼을 누르면서 염라대왕의 부府에 들렀다 돌아오는 길인데, 도중에 그곳을 지나갈 때 죽지 못하고 살아남은 노파 때문에 더러워진 물이 옷에 뿌려졌다. 어떻게든 해주면 좋지만, 그렇지 않으면 이 노파를 염라대왕 앞에 끌고 가마."

"일가의 남녀는 깜짝 놀랐습니다. 하지만 노파에게 씌인 것이 실제로 저승사자인지 무엇인지 그것을 우선 확인하기 위해 이런저런 문답을 해보았던 모양입니다. 그러자 노파는 변함없이 거만한 모습으로 정면을 보면서 무엇이든 시원시원하게 대답을 했습니다. 그러고 보니 저승사자임이 틀림없다, 이런 형국이 됐으니 일가 남녀는 우선 지전紙錢에 불을 붙이고 땅에 술을 뿌리는 등 백방으로 기원을 했습니다. 아시는 것처럼 저승의 말단도 인간계의 말단과 마찬가지로 뇌

물을 쓰기만 하면 무사합니다.

—노파는 잠시 후 '털썩' 하고 그 자리에 쓰러졌습니다. 그리고 곧 바로 다시 일어났을 때는 이미 저승사자도 떠난 후였는지 다만 두리번거리기만 할 뿐이었습니다. 귀신에 씐 것은 그다지 신기한 일도 아니지요. 하지만, 노파에게 씐 귀신은 일가 남녀의 질문을 받자 유령에 대해 다음과 같이 말했던 모양입니다.

—질문 : 진회는 도대체 어떻게 됐나요? 가능하면 좀 알려주세요.

—대답 : 진회도 지금은 윤회의 끝에 금화金華[절강성의 지명]에서 여자로 태어났다. 그런데 그자가 이번에 대담하게도 남편을 속이는 죄를 저질러서 책형에 처해졌다.

—질문 : 하지만 진회는 송나라 사람이 아닙니까? 금나라 원나라 명나라 삼 대 왕조가 지난 후에야 겨우 죗값을 묻는다는 것은 너무 늦은 듯합니다만…….

—대답 : 회檜라는 그 도둑놈은 방자하게도 화의和議를 제창해서 멋대로 충량한 사람을 도륙했다. 흉악하기 그지없다. 염라대왕은 분노한 나머지 책형磔刑[기둥에 묶고 찔러 죽이는 형벌]을 서른여섯 번, 참수형을 서른두 번 판결했다. 합계 예순 여덟 번의 형이 그렇게 쉽게 끝나는 것은 아니다.

"우선, 그러한 형국입니다. 진회의 죄를 미워함이 마땅하다 해도 불쌍하지 않습니까?"

엄효창은 엄호정嚴灝庭 선생의 증손이다. 결코 거짓말을 할 사람이 아니다.

# 서호 四

악왕묘를 참배한 후 우리는 다시 배를 띄워서 고산 동쪽 기슭으로 돌아갔다. 그곳에는 회화나무나 벽오동 그늘에 루외루樓外樓라는 깃발을 내건 여관이 있다. 《요미우리신문》에 나온 기사에 따르면 신혼여행을 온 다케바야시 무소안武林無想庵 씨 부부가 루외루에서 식사를 했던 모양이다. 우리도 뱃사공의 추천대로 이 가게 앞 회화나무 아래에서 중국식 점심을 먹기로 했다. 하지만, 지금 내 앞에 앉아 있는 이는 일찍이 오시카와 슌로押川春浪의 모험소설을 애독한 결과 중학생 시절에 집을 나와 군함의 급사가 되었다가, 8월 10일 여순 해전의 포화 속에서 용케 빠져나왔다고 하는 야만스러운 인품의 어기찬 무라타 군이다. 나는 요리를 기다리면서 무라타 군에게는 비밀이었지만 은밀히 무소안 씨를 동경했다.

우리 테이블은 앞에 이야기한 대로 가지를 뻗고 있는 회화나무 아래였다. 앞쪽으로는 바로 발밑에 서호의 물이 빛나고 있고, 그 물이 끊임없이 출렁대며 물가를 막은 돌 사이로 소리를 내고 있는 것도 어딘가 온화한 기분이 들었다. 물가에는 푸른 옷을 입은 중국인이 세 명. 한 명은 털을 뽑은 닭을 씻고 있고, 또 한 사람은 오래된 무명옷을 세탁하고 있고 나머지 한 사람은 조금 떨어진 버드나무 뿌리 부근에서 유유히 낚싯대를 드리우고 있었다. 그런데 갑자기 이 남자가 낚싯대를 높이 들어올렸다. 낚싯줄에 달린 붕어 한 마리가 공중에서 펄떡펄떡 튀어 오르고 있었다. 이러한 풍경은 봄 경치 가운데에서도 특히 한가한 기분을 안겨줬다. 그들 건너편으로는 광활한 서호가 펼쳐져 있다. 나는 한순간이지만 확실히 붉은 벽돌집들을 잊어버리고 평화로운 눈앞의 경치에서 소설 속과 같은 흥취를 느낄 수 있었다.

석갈촌石碣村[수호전의 무대] 버드나무 우듬지에는 늦봄 응달이 져 있다. 완소이阮小二[수호전의 인물]는 그 뿌리 부근에 앉은 채 방금 전부터 낚시에 여념이 없다. 완소오는 닭을 다 씻자, 식칼을 가지러 집 안으로 들어갔다. "머리에는 석류꽃을 꽂고, 가슴에는 푸른 표범의 문신을" 한 저 사랑스러운 완소칠은 오래된 무명옷을 씻고 있다. 그때 느릿느릿 다가온 이는 지다성智多星 오용吳用[수호전의 인물]도 그 누구도 아닌, 팔뚝에 커다란 바구니를 걸친 대단히 산문적散文的인 막과자 상인이었다. 그는 우리 쪽으로 오더니 카라멜인가 무언가를 사달라고 했다. 이런 말을 들으면 감흥은 이미 끝이다. 나는 수호전의 세계에서 나와 벼룩처럼 춤추기 시작했다. 천강지살天罡地煞 백팔 명[수호전에 등장하는 호걸의 숫자] 가운데 카라멜을 파는 호걸은 단 한 명도 없지 않은가. 뿐만 아니라, 지금은 호수 위에서 네다섯 명의 여학생이 새하얗게 칠한 보트 한 척을 저어서 호심정湖心亭 쪽으로 나아가고 있다.

십여 분 후, 우리는 오래된 술을 홀짝이며 생강을 넣어 삶은 잉어 요리를 젓가락으로 찔러보거나 하고 있었다. 그때 화방 한 척이 그늘로 들어와 정박했다. 언덕에 오른 손님들을 보니 남자 한 명에 여자가 세 명이고 사내아이인지 여자아이인지 분간할 수 없는 작은 갓난

아기가 한 명이다. 여자 가운데 한 명은 옷차림을 보니 유모 아니면 하녀인 듯했다. 남자는 금테 안경을 쓴 (자못 신기한 인연이지만) 무소안 씨와 닮은 덩치 큰 사내였다. 뒤에 남겨진 여자 두 명은 분명 자매임에 틀림없다. 둘 다 똑같은 분홍색과 남색 줄무늬로 된 세루[소모사] 의상을 입었는데, 미모도 어제 봤던 소녀보다는 훨씬 뛰어났다. 나는 젓가락을 움직이면서, 때때로 옆 테이블의 그들을 바라봤다. 그들은 주문한 요리가 나오기를 기다렸다.

그런데 자매는 무언가 소곤소곤 말하면서 우리 쪽으로 곁눈질을 보내고는 했다. 그러나 이러한 관심은 식사하는 모습을 찍는 무라타군의 카메라에 대한 주목이어서 그다지 자랑할 것은 못 되었다.

"자네, 저 여자는 유부녀일까?"

"유부녀지."

"나는 도무지 모르겠어. 중국 여자는 서른을 넘기지 않는 한 모두 아가씨로 보인다니까."

이런 이야기를 하고 있는 사이, 옆 테이블의 그들도 식사를 하기 시작했다. 푸른 가지가 늘어진 회화나무 아래에서 이 하이컬러 중국인 가족이 문자 그대로 즐겁게 식사를 하고 있는 모습은 보는 것만으로도 흥미로웠다. 나는 궐련에 불을 붙이면서 계속 그들을 바라봤다. 단교, 고산, 뇌봉탑雷峰塔[95]. 이것에 대해 미를 논하는 것은 소봉 선생에게 일임하는 것이 좋겠다. 명미한 산수보다는 역시 인간을 보고 있는 편이 얼마나 유쾌한지 모른다.

하지만 언제까지고 그들이 식사하는 모습에 경의를 표하고 있을

---

95) '雷峰'은 언덕의 이름이다. 먼 옛날 뇌 씨가 암자를 세워서 뇌봉이라 불렀다고 한다.

식당 루외루에서 식사를 하고 있는 아쿠타가와 옆 테이블에 글 속의 중국인 가족이 보인다. 루외루는 현재도 서호 호반의 같은 자리에서 같은 상호로 운영하고 있다.

수만은 없는 노릇, 우리는 계산을 마친 후 삼담인월三譚印月[96]을 보러 가기 위해 서둘러 화방에 올랐다. 삼담인월은 고산에서 보니, 마침 건너편 언덕에 가까운 섬 근처에 있었다. 섬 이름을 뭐라고 하는지는 서호 전체 지도에도 이케다 씨의 안내기록에도 나와 있지 않았다. 다만 이 섬 근처에 소동파가 항주의 벼슬아치였을 때 세웠다고 하는 석등이 세 개 남아 있었다. 그 석등이 달 밝은 밤에는 수면에 세 개의 그림자를 드리워서 그렇게 명명했다고 하는 것만은 명확하다. 배는 꽤 긴 시간 동안 조용히 호수를 저어 나아가, 간신히 버드나무와 갈대가 우거진 퇴성암退省庵 앞 잔교에 도착했다.

96) 서호 십경 중 하나이다. 삼담인월은 인공섬 소영주 남쪽에 세운 세 개의 석등인데, 배를 띄우고 불이 켜진 석등을 바라보면 달이 세 개로 뜬 것처럼 보인다 해서 이름 붙여진 장소이다.

# 서호 五

잔교를 지나자 문이 나왔다. 문 안쪽의 물 맑은 연못에는 판자를 지그재그로 이어놓은 다리가 걸려 있다. 유루兪樓의 복도가 곡곡랑曲曲廊이라면 이것은 곡곡교曲曲橋라 해도 좋을 듯하다. 이 다리 곳곳에 멋진 정자가 세워져 있는데, 다리를 건너 반대편으로 가자 눈부신 서호 수면 위로 석탑이 세 개 보였다. 범梵 자를 새긴 뭉우리돌에 삿갓을 입힌 석탑이라서 석등롱石燈籠과 큰 차이가 없었다. 우리는 정자 안에서 석탑을 바라보면서, 중국 궐련을 두 대 피웠다. 그리고 러시아의 소비에트 정부에 대해 이야기를 나눴지만, 소동파에 대해서는 이야기하지 않았던 것 같다. 지그재그로 놓은 다리를 건너 원래 있던 곳으로 돌아오다 네댓 명의 젊은 중국인과 마주쳤다. 그들은 모두 멋지게 몸치장을 하고 있었고, 호궁과 피리를 지니고 있었다. 어쩌면 장안의 귀공자라 하는 이들은 이러한 치들인지 모르겠다. 엷은 청색이나 녹색 두루마기, 반지 위에서 빛나는 다양한 보석. 나는 그들과 스쳐 지나가면서 몸치장을 다시 한 번 살펴봤다. 마지막으로 지나쳐간 남자의 얼굴은 고미야 토요타카小宮豊隆[97] 씨와 거의 흡사했다. 그 후로도 경한철도京漢鐵道[북경과 무한을 잇는 길이 1,220km의 철도노선]의 종업원 중에서 우노 코지宇野浩二와 똑같이 생긴 남자를 봤고, 북경의 연극 잡역부 가운데에는 난부 슈타로南部修太郎와 닮은 남자가 있었다. 그러고 보니 일본의 문인들은 어째서 중국인과 닮은 사람이 유독 많은지 모르겠다는 생각이 들었다. 그래서인지 아직 초면이어서 남남인데도 얼굴이 닮았다는 이유로 고미야 씨 선조 중에서도 분명히 한 명은…… 따위의 실례되는 상상을 했다.

이러한 이야기를 쓰고 있으면 대단히 태평스러워 보이겠지만, 나는 지금 침상에서 38도 6분의 열을 내고 있다. 머리는 빙빙 돌고 목이 아파 거의 죽을 지경이다. 그러나 내 머리맡에는 두 통의 전보가 펼쳐져 있다. 내용은 둘 다 별 차이가 없다. 요컨대 원고 독촉이다. 의사는 안정을 취하고 자라 하고, 친구들은 요즘 자네 창작열이 보통이 아닌데 하며 놀린다. 하지만 내친걸음에 정말로 고열이 나지 않는 한 나는 어쨌든 기행문을 계속 써야만 했다. 이후 몇 회인가의 강남유기는 이런 사정 아래에서 쓴 것이다. 아쿠타가와 류노스케를 한가로운 사람이라고 생각하는 독자가 있다면 하루 빨리 그 생각을 고쳤으면 한다.

우리는 퇴성암을 잠깐 본 후 잔교로 돌아갔다. 잔교에는 중국인 노인 한 명이 어람魚籃[물고기를 담는 바구니]을 앞에 두고 앉아서 화

---

97) 고미야 토요타카(1884-1996)는 일본의 독문학자 이자 문예평론가이다. 나쓰메 소세키의 문하생으로 소세키에 대한 연구서를 많이 남겼다. 소세키의 〈산시로〉의 모델로 알려져 있다.

무너지기 몇 해 전인 1920년 무렵의 뇌봉탑

방 뱃사공과 대화를 나누고 있었다. 어람 안을 들여다보니 뱀이 한 가득이다. 듣자니 일본에서 거북이를 방생하는 것과 마찬가지로 이 노인은 돈을 받고 뱀을 한 마리씩 놓아준다고 한다. 아무리 공덕이 된다 하더라도 뱀을 놓아주기 위해 비용을 치르는 일본인은 한 사람도 없을 것이라 생각했다.

화방은 다시 우리를 태우고 섬 언덕에 연해서 뇌봉탑 쪽으로 나아갔다. 언덕에는 갈대가 무성한 가운데, 냇가의 버들이 몇몇 살랑대고 있었다. 그 수면에 무언가가 꿈틀거리는데 가만히 보니 모두 커다란 자라였다. 아니, 자라만 있었다면 그리 크게 놀라지는 않았으리라. 수면 조금 위쪽으로 적갈색의 번들번들한 뱀 한 마리가 반신을 버들가지에 감고 반신은 공중에서 꿈틀대고 있었다. 나는 순간 등이 간지러운 듯한 기분이 들었다. 물론 이렇게 말하는 내 기분이 유쾌할 리는 없었다.

그 사이에 화방이 섬의 모퉁이를 돌자 신록 우거진 언덕에 높이 솟은 뇌봉탑이 보였다[98]. 우선 눈앞에서 올려다본 느낌은 마치 하나야시키花屋敷[99]에서 서성대다가 느닷없이 12층 건물[료운카쿠凌雲閣][100]과 맞닥뜨린 듯한 느낌이었다. 다만 이 탑은 붉은 벽돌 한 면이 만초에 휘감겨 있을 뿐만 아니라, 잡목 따위도 윗부분이 옆으로 휘어졌는데 그것이 햇볕에 흐릿하게 환영처럼 우뚝 솟은 것을 보면 누가 뭐라 해도 웅대했다. 붉은 벽돌도 이렇게 된 이상 부족하지 않다. 안내책자에는 뇌봉탑이 왜 붉은 벽돌로 지어졌는지 그 이유를 설명한 그럴듯한 이야기가 실려 있었다. 나는 그것을 쓴 후 펜을 내던질 요량이었는데, 이렇게 머리가 휘청대서야 도저히 한 장도 더 쓸 용기가 나질 않는다. 다음은 또 내일에, 아니 이렇게 양해를 구하는 글을 쓰는 것도 귀찮다. 폐렴이라도 걸리는 날에는 끝장이다.

---

98) 아쿠타가와가 서호를 방문한 해는 1921년이며 3년 후인 1924년 9월 뇌봉탑은 완전히 붕괴되었다가 2002년에야 복원되었다.

99) 도쿄 아사쿠사에 있는 유원지로 현재는 아사쿠사 하나야시키가 정식 명칭이다. 1853년에 문을 연 일본에서 가장 오래된 유원지이다.

100) 원문에는 12층 건물이라고만 나와 있다. 메이지에서 다이쇼 시기까지 아사쿠사에 있던 12층 건물인데 관동대진재 당시 파괴돼 해체됐다.

# 서호 六

안내 책자인 《항주여행안내Hangchow Itineraries》에 따르면 지금으로부터 370년 전, 이 서호 부근으로 종종 왜구倭寇가 쳐들어왔다고 한다. 그때마다 왜구들은 뇌봉탑을 눈엣가시처럼 여겼다. 중국의 관헌이 탑 위에 경비를 세워 두어서 항주성에 다가가기도 전에 왜구의 일거수일투족이 늘 중국 측에 알려지고 말았던 까닭이다. 그러자 언제인가 일본 해적들은 뇌봉탑 근처에 불을 놓아서 사흘 밤낮으로 화공火攻을 했다고 한다. 그로 인해 뇌봉탑은 일찍이 불길에 휩싸인 붉은 벽돌 탑으로 변했다는 것이다. 대강 이러한 내용이지만 물론 그 진위는 확인할 길이 없다. 뇌봉탑을 잠시 올려다본 후 우리는 신신여관으로 향했다.

오늘은 어제에 비해 열이 조금 내렸다. 아프던 목도 좀 좋아진 것 같다. 이런 상태라면 이삼일 동안 책상에 앉아 있을지도 모르겠다. 하지만 기행문을 계속 연재한다는 것은 여전히 성가신 일이라는 기분이 들었다. 그 기분을 누르고 쓰는 것이니 어차피 제대로 쓸 것 같지는 않았다. 그럭저럭 하루에 한 회 정도만 끝낼 수 있다면 그만한 다행도 없을 듯하다. 아무튼, 다시 한 번 반복하지만 뇌봉탑을 잠시 올려다본 후 우리는 신신여관 쪽으로 천천히 화방의 머리를 돌렸다.

서호는 지금 우리 앞에 동쪽 연안 전체를 열어놓고 있다. 건너편, 신신여관 위로 녹음이 우거진 석산은 갈홍葛洪[101]의 연단煉丹과 관련된 장소라고 평판이 높은 갈령葛嶺에 있다. 산 정상의 사당은 마치 때마침 날아오르려고 하는 작은 새처럼 처마 끝 기와지붕을 뒤로 한껏 젖히고 있다. 그 오른쪽으로 이어지는 산은 서호 전체 지도를 보니 보석산寶石山으로 화사한 보숙탑保俶塔의 모습도 보였다. 이 탑이 가느다랗게 높이 솟은 모습은 노승과도 같은 뇌봉탑에 비교해보면, 실로 옛 사람들이 말하던 그대로 미인이 서 있는 듯한 느낌이다. 게다가 갈령의 날씨가 흐렸음에도 불구하고 보석산 정상의 풀에는 산뜻한 햇볕이 비치고 있었다. 이런 산자락 부근에는 우리들이 묵었던 호텔을 시작으로 붉은 벽돌로 지어진 건물들이 없지 않지만 모두가 멀리 떨어져서인지 그다지 눈에 띄지 않아 다행이었다. 다만 산이 기울어진 곳에 흰 선이 하나 이어져 있는 것은 오늘 아침 지나쳐온 흰 제방임이 틀림없다. 왼쪽으로 흰 제방이 끝난 곳에 루외루 깃발은 보이지 않았지만, 신록이 우거진 고산이 가로놓여 있었다. 이러한 경치는 누가 뭐라 해도 아름답다는 것을 부정하기가 힘들다. 특히 지금은 마른 잎이 점점이 떠 있는 수면조차, 수심이 얕은 것을 속이려는 듯 은근한 은색으로 빛나고 있다.

"이번에는 어디로 가나요?"

"방학정放鶴亭에 가보죠. 임화정林和靖[102]이 거처하던 곳이니."

"방학정이라고요?"

---

101) 갈홍葛洪(283~343?)은 중국 동진東晉 때의 문학가이자 도교 이론가·의학가·연단술가煉丹術家로, 자는 치천稚川이며 자호는 포박자抱朴子이다. 도교 경전인 《포박자抱朴子》를 펴낸 것으로 유명하다. 연단은 중국의 선술仙術이다.

102) 임포林逋(967-1028)를 말하며 북송 초기의 시인이다. 방학정은 임포의 거처이다.

1920년대에 만들어진 서호 그림지도

"고산에 있어요. 신신여관 바로 앞에 있는……."

방학정에 도착한 것은 그리고 이십 여분 후의 일이다. 화방은 이번에도 금대교 아래를 빠져나가서 호수 뒤편[서호에서 육지 측의 호수를 말한다. 현재의 북리호北里湖]을 가로질렀다. 우리는 푸른 매화 잎사귀 사이에서 방학정을 구경하고 난 뒤 그 위에 세워진 임포의 거처와 후일 세워진 역시 커다란 봉분 무덤인 '송림처사묘宋林處士墓' 따위를 보면서 주변을 거닐었다. 임포는 고결하게 살았음에 틀림없다. 하지만 일본의 어느 소설가만큼 빈핍하게 살지 않았음에도 틀림없다.

임포의 7세손, 홍洪이 기록한《산가청사山家清事》에 따르면 홍의 은둔생활은 "집에는 건물이 세 채. 그 중 하나에는 침실이 하나, 서재가 하나, 치료에 쓰는 특별한 방이 하나. 또한 안채 뒤로 두 채가 있는데 그 중 한 채는 술이나 곡물을 저장하고, 농기구나 산에서 일을 할 때 쓰는 도구를 놓는 곳이다. 또 한 건물에는 하인들이 사는데, 그곳을 자기 집 주방이라 칭하고 있다. 하인과 하녀가 각 한 명, 정원사가 두 명, 개가 열두 마리, 나귀가 네 마리, 소가 네 마리"였다고 한다. 임화정林和靖[임포의 시호] 선생도 이와 비슷했다면, 한 달에 오십엔 짜리 셋집에 사는 것보다 훨씬 윤택했다고 말할 수밖에 없다.

나도 하코네 부근에 안채 하나, 창고 하나, 서재, 침실, 하녀방 등을 완전히 갖춘 집을 한 채 짓고 서생 한 명, 하녀 한 명, 노복 두 명을 써도 좋다면 임 처사 흉내를 내는 것도 그리 어렵지 않겠다고 생각했다. 물가의 매화에 학이 춤을 추게 하는 것도, 학만 승낙해 준다면 어렵지 않지 않은가. 하지만 그렇게 말하더라도 "개 열두 마리, 나귀 네 마리, 소 네 마리"는 어찌 쓸 방도가 없어 그대로 자네에게 줄 터이니, 원하는 대로 써주시게. 나는 방학정을 한 번 둘러본 후 정박한 화방으로 돌아가면서 이처럼 그럴싸한 이야기를 생각해냈다. 강기슭에서 버들개지가 솜처럼 흩날리는 사이로 흰 옷에 검은 스커트를 입은 중국인 여학생 이삼십 명이 줄을 지어 서령교를 향해 걸어가고 있었다.

# 영은사靈隱寺

나는 누추한 신신여관 이층에서 몇 장인가 그림엽서를 보고 있다. 무라타 군은 이미 잠들었고, 어두운 유리창 한 귀퉁이에는 신기할 정도로 선명한 도마뱀붙이 한 마리가 달라붙어 있다. 그것을 보기 싫어서 나는 부러 곁눈질을 하지 않은 채 슥슥 만년필에 속도를 붙였다.

도요시마 요시오豊島與志雄[103]에게

오늘 영은사로 가는 도중에 청련사淸漣寺라는 절에 잠시 들러 둘러보니 커다란 직사각형 연못 안에 보통 잉어와 관상용 잉어가 굉장히 많이 있었네. 그곳은 옥천어약玉泉魚躍[서호의 삼대 샘물의 하나로 물고기를 감상하는 유명한 장소]이라 칭하는 다섯 가지 색깔 잉어로 유명한 절이라 하더군. 그렇지만 다섯 가지 색깔이라는 것은 거짓말로 겨우 세 가지 색뿐이었네. 연못에 면한 정자 안에는 등받이 의자나 테이블이 놓여 있었지. 그곳에 앉아 있자 중이 차나 과자를 가져오더군. 가져왔다고는 했지만 공짜는 아니네. 중은 잉어를 기르고 있는데 실제로는 잉어가 중을 부양한다고 해야 할 옳을 것이야. 자네는 소메

103) 도요시마 요시오(1890-1955)는 불문학자이며 작가. 아쿠타가와와 함께 제3차 《신사조》를 간행했다.

이染井 낚시 못에서 밤을 새워 낚싯대를 드리우는 호걸이니, 이 절의 잉어를 보기만 한다면 낚시를 하고 싶어 할 것이 틀림없어.

### 오아나 류이치小穴隆一[104]에게

영은사에 왔네. 도중에 소석교小石橋가 있었지. 다리 아래 물은 마치 패옥佩玉을 울리는 듯, 양쪽 기슭은 모두 유죽幽竹. 빗줄기는 비취색. 거의 사람에게 교태를 부리는 것과 비슷하니 석곡石谷[105]의 화경에 가까운 것인가. 내 시흥을 강하게 불러왔지. 그렇기는 하지만 여행 주머니에 《원기활법圓機活法》[명나라 시대의 시작詩作을 위한 사전으로 전체가 24권]이 없네. 종내 시 한 편 없는 이유일세. 없는 편이 행복할지도 모를 일이네만.

### 가토리 호쓰마香取秀眞[106] 씨께

영은사는 꽤나 큰 절입니다. 총문總門으로 들어서 조금 가자 인도의 영취산靈鷲山[고대 인도 마갈타국摩竭陀國의 왕사성 동북쪽에 있는 산]이 날아왔다고 하는 내봉來峯이라 부르는 산이 있더군요(사실은 산이라기보다 큰 바위라고 하는 편이 좋습니다만). 그곳의 석굴에 있는 불상은 송나라와 원나라 시대의 불상이라고 합니다. 하지만 저는 어떤 불상이 좋은 것인지 나쁜 것인지 알 수 없습니다. 다행스러웠다고 느낀 것은 오직 하나입니다. 다만, 연일 내린 비로 석굴의 한 부분에서 물이 새고 있어서 안쪽으로는 들어가지 않았습니다. 오늘도 때때로 비가 오고 있습니다. 높게 솟은 삼나무와 노송나무, 이끼 낀 석교. 뭐 이 절의

---

104) 오아나 류이치(1894-1966)는 서양화가로 아쿠타가와의 절친이었다. 아쿠타가와의 단행본 장정을 맡기도 했다. 아쿠타가와가 자살할 결심을 처음으로 알린 인물이다.

105) 석곡(1632-1717)은 청나라 시대의 화가이다.

106) 가토리 호쓰마(1874-1954)는 도쿄미술학교(현재 도쿄예술대학)의 교수로 가인歌人이다.

대체적인 감상은 중국의 고야산高野山이라고 생각하면 좋겠지요.

### 코스기 호안小杉未醒[107] 씨께

영은사를 보았습니다. 삼나무 줄기로 다람쥐가 뛰어 올라가는 모습 등은 참으로 산사다운 한적한 풍경이었습니다. 우천이었던 탓인지, 붉은 안료를 바른 벽이 있는 대웅보전大雄寶殿 등도 상당히 차분한 느낌이 들었습니다. 낙빈왕駱賓王[당나라 시대 저명한 시인]이 있었다고 하는 것은 전설인지도 모르지만, 일단 그럴 듯한 느낌이 듭니다. 그곳의 공기는 어딘가 낙빈왕과 잘 어울리는 곳입니다. 어떻게 생각하시나요? 또 하나 그 다음으로 말씀드리고 싶은 것은 이 절의 오백개 아라한입니다. 이것도 물론 보셨다고 생각합니다만, 적어도 이백개 정도는 거의 코스기 씨 당신과 닮았습니다. 농담을 하는 것이 아니라 실제로 꼭 닮았답니다. 듣자하니 이 오백 아라한 가운데는 마르코 폴로 상이 있는 모양입니다만, 설마 당신의 먼 선조가 마르코 폴로였다는 얘기가 되는 것은 아니겠지요. 하지만 저는 만 리 이역에서 당신과 만난 것과 같은 유쾌한 기분이 들었습니다.

### 사사키 모사쿠佐佐木茂索[108]에게

영은사를 참배하고 돌아오던 길에, 봉림사鳳林寺 일명 희작사喜鵲寺에 들렀네. 조과도림鳥窠道林[109] 선사가 있던 절이야. 절은 그다지 볼 것은 없네. 다만 장례葬禮 불공인가 무언가가 있는지, 쥐색 가사에 거무스름한 적갈색 장삼을 입은 중 몇 명인가가 경을 외면서 걷고 있었네. 백

107) 코스기 호안(1881-1964)은 서양화가이다.
108) 사사키 모사쿠(1894-1966)는 소설가이며 출판인이다. 문예춘추사 편집장을 거쳐 1946년에는 사장이 됐다. 마해송과도 관련이 있는 인물이다.
109) 원문은 烏窠禪師. 조과도림(741-824)은 당나라 시대의 선승이다.

낙천이 조과도림에게 물었네. 불법의 대의라는 것이 어찌된 일인가. 조과도림이 답하길, 제악막작諸惡莫作 중선봉행衆善奉行이라 하네. 백낙천이 말하네. 삼척동자도 그것을 알지. 조과도림이 웃으며 말하길 삼척동자가 알더라도 나이 팔십 먹은 노옹도 그것을 행하기는 힘든 것. 백낙천은 바로 승복했지. 이렇게 가볍게 승복한 날에는, 조과도림도 기분이 나빴을 것이야.

절문 앞에 중국의 어린이들이 많이 있었네. 능라綾緞를 꽃과 새 모양으로 잘라서 만든 조화를 가지고 놀고 있었지. 비가 온 후의 석양은 사랑스럽다네.

편지를 다 쓰고 나자 다행히 도마뱀붙이도 사라지고 없었다. 내일은 항주를 떠날 예정이다. 용금문湧金門, 회회당回回堂[110]은 볼 여유가 없을지도 모른다. 나는 조금 쓸쓸한 기분을 느끼면서, 셔츠 한 장만을 걸치고서 침대 모포 속으로 들어가려 했다. 하지만 엉겁결에 홱 비켜서며 "이런 젠장" 하고 큰 소리로 외쳤다. 하얀 침대 베개 위에 바둑돌 크기만 한 거미가 꼼짝도 않고 있다! 이것만으로도 서호는 과연 만만찮은 곳이다.

---

110) 회회당은 항주의 중산중로에도 현존하고 있는 이슬람교 모스크의 별칭이다. 당나라 시대에 건립돼 원나라 초기에 페르시아인이 재건했다고 전해진다.

# 소주 성안 上

나귀는 나를 태우자마자 쏜살같이 달리기 시작했다. 장소는 소주의 성안. 좁은 길가 남측에는 예전과 같이 간판이 드리워져 있다. 간판들만으로도 꽤 비좁은 곳을 나귀가 지나가고 가마도 지나갔다. 물론 사람들의 통행도 적지 않아서 나는 고삐를 당기고 나서, 엉겁결에 잠깐 눈을 감았다. 나귀에 올라탄 채 이런 돌이 깔린 중국의 길을 달린다는 것은 예사롭지 않은 모험이기 때문이다. 이런 위험한 경험을 꼭 해보고 싶은 독자가 있다면 벌금을 각오하고서 도쿄의 아사쿠사 사찰 상점가나, 오사카 신사이바시心齋橋 상점가를 자전거를 타고 전속력으로 달려보면 될 것이다.

나는 시마쓰 요소키[111] 씨와 함께 지금 막 소주에 도착했을 뿐이다. 원래대로라면 오전 중에 상해에서 출발할 예정이었지만, 아침에 그만 늦잠을 자버려서 낮 기차를 탈 수 없었다. 기차를 한 대만 놓친 것이 아니라 도합 세 대나 보내고 나서 탔다. 시마다 타이도[112] 등

111) 시마쓰 요소키島津四十起(1871-1948)는 가인으로 1900년부터 상해에 살면서 상해 안내기 등을 썼다. 태평양전쟁 패전 후 일본으로 귀국했다.

112) 시마다 타이도島田太堂는 시마다 카즈오島田數雄(1866-1928)의 호. 시마다는 메이지에서 다이쇼 시기에 신문사에서 일했으며, 1900년에 상해에서 중국어 신문《아주일보亞洲日報》를 창간했다. 후일《상해일보上海日報》의 주필이 돼 활약했다.

이 그때 정거장에 왔었다고 하니, 지금 떠올려도 창피해서 어쩔 줄을 모르겠다. 게다가 나를 배웅하기 위해서, 칠언절구 시 한 수를 지어준 것까지 생각하면 더욱 황송하기 그지없는 일이다…….

지금 내 앞에는 시마쓰 씨가 나귀를 타고 의기양양하게 내달리고 있다. 다만 시마쓰 씨는 나처럼 처음 나귀를 타는 것이 아니어서 허리를 내려놓는 방법부터가 다르다. 나는 시마쓰 씨를 모범으로 삼았지만 내심 몇 번이고 마음을 졸이면서, 승마술에 대해 여러모로 생각해봤다. 그러나 잠시 후 낙마한 것은 엉뚱하게도 제자인 내가 아닌 스승인 시마쓰 씨였다.

좁은 길가 좌우에 무엇이 있는지 처음에는 보이지도 않았다. 하지만 몇 분이 지난 후에는 불교 관련 가게나 보석 가게 등이 제법 눈에 들어왔다. 불교 관련 가게에는 산수화나 화조화 등 표장表裝 중인 그림이 나란히 있는 것이 보였다. 보석 가게에는 비취나 옥이 은으로 된 장신구 등과 함께 반짝였다. 모두 고소성姑蘇城[소주의 다른 이름]다운 우아한 기분을 불러일으켰다. 나귀 등 위에서 불안하게 흔들리지만 않았다면 이 우아한 기분은 더욱 기쁘게 다가왔을 것임에 틀림없다. 실제로도 자수 가게를 지나면서 모란이나 기린 따위를 수놓은 붉은 직물이 벽에 매달려 있는 것을 보고는, 자세히 살펴보려다가 하마터면 호궁을 켜는 맹인과 충돌할 뻔했다.

나귀를 내달리는 것도 편평한 돌길이라면 영 참지 못 할 일은 아니다. 그런데 다리를 건너게 되자 (모든 다리가 예전에 쌓았던 홍예교인 까닭에) 올라갈 때는 엉덩방아를 찧을 듯 했고 내려갈 때는 당장이라도 나귀 머리를 넘어서 앞으로 고꾸라질 것만 같았다. 게다가 다리는 또 얼마나 많은지 고소姑蘇 성안에 다리가 삼천육백 개, 오문吳門

북사탑 앞의 아쿠타가와

[고소 성안을 빼고]에 삼백구십 개라는 표현이 말 그대로는 아니라 해도 정녕 거짓말도 아닌 것 같았다. 나는 어쩔 수없이 다리를 건널 때는 고삐를 잡아끄는 대신에 당나귀 안장에 매달렸다. 그래도 다리를 건널 때는 더러운 흰 벽들 사이로 가느다랗게 흐르는 푸른 운하의 빛나는 물이 선명히 눈에 들어왔다.

그런 길을 계속해서 달린 후에 마침내 우리가 도착한 곳은 북사北寺[113] 탑 앞이다. 듣자하니 소주 칠탑七塔 가운데 직접 올라가서 주변 경관을 볼 수 있는 곳은 오직 이 탑 하나뿐이라고 한다. 탑 앞 초원에는 바구니를 든 노파들이 나물 뜯기에 여념이 없다. 안내서적에 따르면 이 초원은 옛날에 사형장이었다 하니 풀도 사람의 피를 빨아먹고 자란 것인지 모르겠다. 하지만 흰 벽에 햇빛을 받은 구층탑이 솟아 있는 앞에서 푸른 옷을 입은 노파들이 삼삼오오, 조용히 나물을 뜯는 모습은 제법 유유한 풍경이었다.

우리는 나귀에서 내리자, 탑의 제일 아래에 있는 입구로 갔다. 중

113) 소주에서 가장 오래된 절로 소주 역 가까이에 있다. 오나라 손권이 어머니의 은혜를 갚을 목적으로 건립했던 통현사通玄寺가 원래 이름이다. 당나라 시기 이후 몇 차례 재건되었다.

국인 불목하니 하나가 격자문 안에서 대기하고 있었다. 그는 이십경二十鏡 은화를 받더니 재빨리 커다란 자물쇠를 열고는 어서 들어오라는 손시늉을 한다. 탑의 이층으로 올라가는 곳에는 먼지 냄새 나는 어둠 속에 칸델라[휴대용 석유등] 하나가 켜져 있었다. 하지만 사다리를 오르자 이미 그 빛은 사라졌다. 게다가 위쪽 부분을 잡자, 이 탑에 참배하러 온 선남선녀 수만 명의 손때가 남아 있을 부분이 섬뜩하리만큼 차가워서 놀랐다. 하지만 이층으로 올라가자 사방에 손잡이로 쓸 만한 것이 붙어 있어서 어두워도 더 이상 곤란하지는 않았다. 탑 내부는 구 층 모두 분홍빛 벽 사이에 금색 부처상이 안치돼 있었다. 분홍색과 금색의 색 배합은 묘하게 육감적인 부분이 있는 만큼, 정말이지 현대의 남국南國다웠다. 나는 어째서인지 이 탑 위에는 중국 요리라도 있을 것 같은 기분이 들었다.

십분 후, 우리는 탑 정상에서 소주 시가지를 내려다봤다. 시가지는 검은 기와지붕 사이로 선명한 흰 벽들이 보였는데 생각보다 넓게 펼쳐져 있었다. 그 건너편에는 안개를 머금은 듯한 또 다른 높은 탑이 보였는데, 삼국시대 오나라 손권이 세웠다는 그 유명한 서광사瑞光寺 고탑이다(물론 지금은 중수重修에 중수를 거듭한 탑이다). 도시 밖은 어디를 보더라도, 물빛과 초록이 보이지 않는 곳이 없다. 나는 난간에 몸을 기댄 채 탑 아래에서 풀을 뜯고 있는 작은 나귀 두 마리를 내려다봤다. 나귀 옆에는 나귀를 끄는 아이 둘도 돌 위에 앉아 있었다.

"얘들아."

나는 큰 소리로 불러봤다. 하지만 아이들은 뒤돌아 볼 생각도 않는다. 높은 탑 위에 서 있는다는 것은 어딘가 쓸쓸한 것이다.

# 소주 성안 中

우리는 북사 탑을 본 후 현묘관玄妙觀[서진西晋 시대에 창건된 도교 사원]을 보러 갔다. 현묘관은 좀 전에 지나갔던 보석 가게가 많은 길가에서 골목 안쪽으로 조금 들어선 곳에 있다. 현묘관 앞 광장에 노점이 많은 것은 상해의 성황묘城隍廟와 다를 바가 없다. 우동, 만두, 감자줄기, 밤들을 파는 식당 사이로 완구점이나 잡화점도 보이고 인파도 상당하다. 하지만 상해와 다른 점은 이렇게 끝없이 사람이 행진하고 있는데도 양복을 입은 사람이 거의 없다는 것이다. 그리고 장소가 넓어서 그런지, 왠지 상해와 같이 부산한 쾌활함은 없다. 화려한 양말이 늘어서 있어도, 부추 냄새 나는 탕이 끓어 넘쳐도, 아니 칠흑 같은 머리가 빛나는 젊은 여자 두세 명이 황록색이나 연보랏빛 옷의 끝부분을 부러 흔들며 걷고 있어도, 어딘가 궁벽한 쓸쓸함이 묻어났다. 문득 예전에 피에르 로티Pierre Loti[114]가 아사쿠사 관음에 참배하러 갔을 때 이런 기분이 들지 않았을까 하고 생각했다.

그 인파 사이를 걷자 막다른 곳에 커다란 불당이 보였다. 규모는

---

114) 피에르 로티는 루이스 비오Louis Marie-Julien Viaud(1850-1923)의 펜네임이다. 비오는 함대 근무 중이던 1885년과 1900년 두 번에 걸쳐 일본을 다녀간 소설가이다. 《국화부인》을 쓴 것으로 유명하며 이 소설은 후일 《나비부인》으로 존 루터 롱에 의해 번안된다.

중국에서 가장 크고 오래 된 도교 사원인 소주 현묘관 앞의 1920년대 풍경

켰지만 기둥의 붉은 도료는 벗겨져 있고, 흰 벽도 먼지투성이다. 게다가 참배객들마저 불당 안에는 가끔 들어갈 뿐이니 황폐한 분위기가 더욱 짙었다. 안으로 들어가자 한 면에 석판이나 목판, 육필 등 어느 것 할 것 없이 싸구려 족자들이 칙칙한 색채를 드러냈다. 그렇다고 해서 봉납한 서화도 아니다. 모두 새롭게 산 것들이다. 불당을 지키는 사람이 어디 있는지 살펴보니 어둑어둑한 불당 한 구석에 작은 체구의 노인이 앉아 있었다. 하지만 족자 외에 어디에도 향화香花의 모습은 보이지 않았다.

불당을 뒤로하고 통과하자 이번에는 군중들 속에서, 웃통을 벗어젖힌 남자 둘이 각기 칼과 창을 들고 시합을 하고 있었다. 퍼렇게 날이 세워진 것은 아니지만, 붉은 영纓[천으로 된 끈 묶음]이 달린 창이나, 갈고랑이처럼 앞이 휘어진 칼이 번쩍이며 햇볕을 반사하고, 불꽃을 튀기며 맞부딪쳐 싸우는 것은 굉장한 볼거리였다. 그 중 변발을 한 몸집이 큰 남자가 상대 공격에 창을 떨어뜨리고 칼끝을 피하고 또 피하다 순간적으로 상대의 옆구리를 걷어찼다. 상대방은 두 자루의 칼을 쥔 채, 뒤로 자빠지면서 넘어졌다. 그러자 주위에 있던 구경꾼들이 기쁜 듯이 와아 하고 소리를 내질렀다. 병대충설영病大蟲薛永이나 타호장리충打虎將李忠[두 인물 다 《수호전》에 나오는 양산박 호걸 중 한 명]이라는 호걸은 이런 사람들이었음이 틀림없다. 돌계단 위에서 그들의 격투를 보면서 마치 수호전 속에라도 들어와 있는 것 같은 느낌이 강하게 들었다.

아니 수호전 같다는 것만으로는 충분히 뜻이 통하지 않을지도 모른다. 도대체 수호전이라는 소설은, 일본만 해도 교쿠테 바킨曲亭馬琴의 《난소사토미핫켄덴南總里見八犬傳》을 시작으로 《신토스코덴新稻水許傳》이라든지 《혼초스코덴本朝水滸傳》이라든지 이런저런 비슷한 작품이 많이 나왔지만 수호전 같은 분위기는 이들 작품 어디에도 잘 나타나지 않는다. 그러면 '수호전 같다'고 하는 것은 무엇인가, 그것은 중국사상의 번뜩임이다. 천강지살天罡地煞 백팔 명 호걸은 바킨曲亭馬琴 등이 생각했던 것처럼, 충신의사忠臣義士 집단이 아니다. 오히려 그 수를 보고 말하자면, 무뢰한의 결사다. 그렇지만 그들을 규합한 힘은 악을 사랑하는 마음이 아니다. 무송武松[《수호전》에 나오는 양산박 호걸 중 한 명]이 했던 말이라 생각되는데, '호걸 무사가 사랑하는 것은 방화와 살인'이라는 부분이 있다. 하지만 이것은 엄밀히 말하자면 방화살인을 즐겨야만 호걸이라 할 수 있다는 것이 아니라 이미 호걸 무사가 된 이상, 구구한 방화살인 같은 것은 문제가 되지 않는다는 뜻이다. 즉 그들 사이에는 선악을 발밑에서 유린할 만한 호걸이라는 의식이 흐르고 있다. 규범적인 군인인 임충林冲도 전문적인 노름꾼인 백승白勝[둘 다《수호전》에 나오는 양산박 호걸 중 한 명]도 이런 마음을 갖고 있는 한, 실로 형제라고 해도 좋다. 이런 마음, 이를테면 일종의 초도덕적인 사상은 단지 소설 속 인물들만의 마음이 아니다. 일본인과 비교해 볼 때 고래古來로 중국인의 가슴에 훨씬 뿌리 깊게 박혀 있는 등한시 할 수 없는 마음이다. 천하는 한 사람의 천하가 아니라 하지만 그것을 말하는 자들은, 그저 어리석은 군주 한 명의 천하가 아니라고 하는 것에 지나지 않는다. 사실은 모두가 가슴 속에 어리석은 군주 한 명의 천하 대신에 그들, 즉 호걸 한 명의 천하로 만들자는 생각을 갖고 있는 것이다. 또 하나 '영웅이 고개를 돌리면 곧 신선'이라는 말이 있다. 물론 신선은 악인이 아니지만, 동시에 선인도 아니다. 선악의 피안에 길게 낀 안개만을 먹는 존재이다. 방화와 살인을 개의치 않는 호걸은 확실히 이 점에서는 고개 한번 돌리면 신선의 동료가 되고 만다. 만약 이것이 거짓말이라고 생각하는 사람은 니체가 쓴 책을 한번 펼쳐보는 것이 좋다. 독약을 쓰는 짜라투스트라는 곧 체사레 보르자Cesare Borgia이다. 수호전은 무송이 호랑이를 죽이거나 이규李逵가 큰 도끼를 휘두르거나 연청燕青이 씨름을 해서 일반인들이 애독한 것이 아니다. 그 안에 있는 방박磅礴하고 대담한 호걸의 마음이 바로 읽는 사람을 취하게 했던 것이다

……순간 나는 벽력같은 무기 소리에 눈을 크게 떴다. 눈앞의 두 호걸은 내가 수호전을 떠올리고 있는 사이에 어느새 한 명은 청룡도를 또 한 명은 폭이 넓은 칼을 치켜들고서 두 번째 대결을 시작하고 있었다…….

# 소주 성안 下

공자묘孔子廟[115]에 도착한 것은 저녁때였다. 지친 나귀를 타고 납작한 돌 사이로 드문드문 풀이 난 공자묘로 들어서자, 쓸쓸한 길가 뽕밭 위로 희끄무레하게 서광사瑞光寺 폐탑廢塔이 보였다. 탑 한층 한층에 담쟁이덩굴이나 풀이 무성했다. 하늘에는 이 지역에 많은 까치가 점점이 난비했다. 실제 나는 이 순간 창망만고蒼茫萬古[눈에 보이지 않는 무언가가 무한한 저편까지 영원히 펼쳐져 있는 것]를 떠올리며 서글프면서도 한편 기쁜 마음이 들었다.

이 창망만고라는 뜻은 다행히도 계속 배반당하지 않았다. 문밖에서 나귀를 내린 후 길인지 모를 의심스러운 풀 속을 걸어가니, 어두운 떡갈나무나 삼나무 사이로 남경수초南京藻가 떠 있는 연못이 있다. 연못 가장자리에는 붉은 줄무늬 모자를 쓴 병사 한 명이 갈대와 부들을 좌우로 밀어 헤치면서, 족대로 물고기를 뜨고 있다. 이곳은 메이지 7년[1874]에 재건되었다고는 하나, 송나라의 명신 범중엄范仲淹[116]이 건립한 강남 제일의 문묘文廟이다. 그것을 생각하면 이 황폐함은

115) 송나라 시기인 1035년 교육행정의 일환으로 창건된 강남 최대의 공주묘로 소주문묘蘇州文廟라고도 한다.
116) 범중엄(989-1052)은 소주 출신으로 북송의 명신이다.

곧 중국의 황폐함이 아니겠는가? 하지만 적어도 멀리서 온 내게는 이 황폐함이라도 있기에 회고하는 시흥이 일어났다. 도대체 나는 탄식해야 하는가, 아니면 기뻐해야 하는가? 이런 모순을 느끼면서 이끼 무성한 석교를 건넜을 때 내 입가에서는 어느새 이런 구절이 아련히 흘러나왔다. "말을 마치되 이것은 사람의 국가로구나. 나 역시 서생인지라 때를 느끼길 좋아하네言竟是人家國 我亦書生好感時" 다만 이 구절의 작자는 내가 아니다. 북경에 있는 이마제키 덴포今關天彭[117] 씨다.

검은 예문禮門[공자 사당에서 가장 바깥에 있는 출입문]을 지나 좌우로 늘어선 조각상 사이를 잠시 걷자, 작은 통용문通用門이 나왔다. 그 문을 열기 위해서는 푸른 옷을 입은 문지기 아낙네에게 은화 이십 전을 쥐어줘야만 했다. 하지만 그 가난해 보이는 아낙네가 마맛자국이 있는 열 살 정도의 여자아이와 함께 안내하기 위해 걷는 모습은 가련했다. 우리는 그들 뒤에서 삼백초 꽃만이 희부연 저녁 무렵의 습기 찬 납작한 돌을 밟으며 걸어갔다. 납작한 포석이 끊어진 곳에는 극문戟門[공자묘 안의 정문]이 우람하게 솟아 있었다. 그 유명한 천문도天文圖나 중국전도全圖가 새겨진 돌도 여기에 있는데, 습하고 어두운 희미한 빛 속에서는 비의 표면을 명확히 볼 수가 없었다. 다만 그 문을 들어서니 북이며 종이 늘어서 있었다. 심하도다 예악禮樂의 쇠퇴여. 지금 생각해보면 우스꽝스럽지만 나는 이 먼지투성이의 고풍스러운 악기를 바라보면서 그런 감개가 들었다.

극문 안의 돌층계에도 풀이 망망히 자랐다. 돌층계 남쪽에는 옛 문관시험 장소였던 지붕이 계속 이어진 주랑 앞으로 굵은 은행나무

---

117) 본명은 이마제키 토시마로今關壽麿(1882-1970)로 중국 연구자로 조선총독부 촉탁 등을 거쳐서 1918년 북경에 중국문화학술연구소를 설립했다.

1920년대 소주 공자묘 내의 대성전

몇 그루가 서 있다. 우리는 문지기 아낙네와 그 여식과 함께 돌층계 끝에 있는 대성전大成殿의 돌계단을 올라갔다. 대성전은 공자묘의 성전成殿이라서 규모가 상당히 웅대했다. 석단의 용, 노란 벽, 군청색 바탕에 하얗게 전명殿名을 쓴 황제의 필적으로 보이는 정면의 편액. 나는 전각 밖을 한 번 둘러본 후, 어둑어둑한 전각 안을 들여다봤다. 그러자 높은 천정에서 비라도 떨어지는 것이 아닌가 싶을 정도로 쏴아 하는 소리가 전해져왔다. 동시에 무언가 이상한 냄새가 내 코를 훅 찔렀다.

"뭐죠 이건?"

나는 바로 뒤로 물러서며 시마쓰 요소키 씨를 돌아봤다.

"박쥐랍니다. 여기 천정에 둥지를 틀었지요."

시마쓰 씨는 싱겁게 웃고 있었다. 납작한 돌 한 면에도 검은 똥이 가득 떨어져 있었다. 저 날개 소리를 듣고 이 엄청난 똥을 보면서 얼마나 많은 박쥐가 대들보의 암흑 속으로 날아다니고 있는지 생각하는 것만으로도 순간 기분이 음습해졌다. 나는 졸지에 회고의 시경으로부터 고야Goya y Lucientes의 화경으로 굴러 떨어지고 말았다. 이렇게 된 이상 창망함을 논할 때가 아니다. 완연한 괴담의 세계였다.

"공자도 이 박쥐들한테는 질렸겠지요?"

"무슨 그런 말씀을. 복蝠[박쥐]은 복福과 같은 음이라서 중국인은 박쥐를 보면 기뻐합니다."

나귀 등에 탄 후 우리는 이미 저녁 안개가 내린 어둑어둑한 작은 길을 지나가면서 이런 이야기를 나누었다. 일본에서도 에도 시대에는 박쥐를 기분 나빠하기보다 의기의 상징이라 여겼던 모양이다. 고모리야스蝙蝠安[118] 문신 따위가 확실히 그 좋은 증거이다. 하지만 서양의 영향은 어느새 염산처럼 본래의 에도를 변질되게 만들었다. 그러고 보니 앞으로 이십년만 지나면 "박쥐가 나오고 물가의 저녁 바람을 쐬네."라는 노래에 보들레르에게서 받은 감화가 있다는 식의 이야기를 하는 비평가가 나올지도 모르겠다. 나귀는 그 사이에 잰걸음으로 목에 달린 방울을 울리고 또 울리며, 신록 내음이 떠도는 인적 없는 길 위를 서둘러 달렸다.

118) 고모리야스는 가부키의 주인공 이름으로, 왼쪽 뺨에 박쥐 문신을 그려 넣은 모습으로 알려져 있다.

# 천평天平과 영암靈巖 上

천평산天平山 백운사白雲寺에 가보니 산에 근접한 정자 벽에 배일排日 관련 낙서가 아주 많았다. 그중에는 "여러분! 거기 있는 당신 말입니다! 이런 중대한 시기에 저 굴욕적인 21개조를 잊어서는 안 됩니다!"[119]라는 것과 "개와 일본 놈은 벽에 낙서하지 말 것"이라는 것도 있었다. (그러나 시마쓰 씨는 태연하게 층운파層雲派[120]의 하이쿠 제목을 짓고 있었다) 더욱 맹렬한 것 중에는 "아득히 망망하게 펼쳐진 이 대지 대하 그것이 어두워져 가는 그곳에 저절로 근심이 일어선다. 도대체 당신들은 어디에서 온 것인가? 불구대천의 원수여! 한스러운 것은 지금 이 나라에 십만 개의 횡마검橫磨劍이 없는 것. 아아! 일본놈을 죽이고서야 처음으로 나는 평온한 휴식을 취할 수 있을 텐데!"라는 격렬한 명시도 있었다. 이 시의 머리말에는 천평산으로 참배하러 가는 도중에 일본인과 싸움을 했는데, 수가 많은 그들에게 세력이 없이 싸우다 패해 원통하고 분함이 그치지 않는다고 씌어 있다. 듣자니 배일을 위한 지주비指嗾費[배일운동을 지하에서 하기 위해 중화민국 정

119) 1차세계대전에서 패한 독일의 산동성에 관한 권익을 일본이 계승하는 내용의 대화21개조요구對華21ヶ 要求를 말한다.

120) 자유 율격 하이쿠를 지향한 모임. 잡지 《층운》을 발행했다.

부가 비밀리에 마련한 비용(1는 삼십만 엔 내외라는데 그 정도로 효과가 있다면 일본 상품을 몰아내는 데는 오히려 싼 광고비라 생각했다. 나는 난외欄外에 있는 젊은 단풍나무 가지가 우기를 머금고 늘어져 있는 것을 보면서 젊은 불목하니가 가져온 불교 내음 물씬한 차를 마시거나, 딱딱한 대추 열매를 베어 먹고 있었다.

"천평산은 생각한 것보다 좋군요. 조금 더 정갈했다면 더욱 좋았겠지만. 아 참 이 산 아래 사당에 있는 미닫이에는 유리가 들어 있나 보죠?"

"아니 그건 조개랍니다. 가로 세로로 짠 격자 부분에 한 장씩, 이름이 뭐더라 조개 얇은 것을 유리 대신에 붙이는 겁니다. 천평산에 대해서라면 언젠가 다니자키 씨도 쓴 적이 있지 않습니까?"

"네. 소주기행에서 그랬죠. 다만 천평산 낙엽보다는 도중에 있던 운하가 더 흥미로웠던 모양입니다."

우리는 영암산靈巖山에 오르기 위해 오늘도 나귀 등에 올라타서 왔다. 초여름 운하에 연한 고소성姑蘇城 밖 시골길은 아름다웠다. 흰 거위가 떠 있는 운하에는 역시 북 모양으로 위로 굽은 오래된 석교가 걸려 있었다. 수면에 선명하게 그림자를 드리운 길가의 회화나무나 버드나무, 혹은 푸른 보리밭 사이로 붉은 해당화가 핀 시렁과 흰 벽의 농가들이 보였다. 특히 그런 농가를 지나갈 때마다 창 안을 들여다보면, 아낙네들이 자수를 놓고 있었는데 젊은 여자들도 적지 않았고 운치도 있었다. 애꿎게 하늘이 흐렸지만, 만약 개었다면 저들의 창 너머에는 영암, 천평의 푸른 산이 그림처럼 수 놓였을지도 모른다.

"다니자키 씨도 걸식 때문에 애를 먹었던 모양이지요."

"그거야 누구나 그렇지요. 하지만 소주의 걸식은 그래도 나은 편

영암산 등천평로의 용문 일선천

입니다. 항주 영은사에 가게 되면……."

나는 엉겁결에 웃기 시작했다. 영은사 걸식의 유난스러움은 일본인으로서는 도저히 상상할 수 없는 까닭이다. 과장되게 가슴을 탕탕 친다든지, 바닥에 머리를 계속해서 찧거나, 발목이 없는 다리를 위로 올려서 보여주는데, 우선 걸식의 기교라는 점에서는 세상 그 어느 곳보다 진일보한 면모이다. 하지만 우리가 보기에는 약을 조금 세게 쓴 나머지, 연민의 정을 불러일으키기보다는 외려 그 지나친 허풍스러움에 웃음이 터지고야 만다. 그것을 생각하면 소주의 걸식은 그저 울음소리를 내는 정도라서 적선을 하는 기분도 상쾌했다. 하지만 사자산獅子山 자락인가 어딘가 쓸쓸한 마을을 지날 때 무심코 일전을 던져 주었다가 마을 어린이와 여자들이 일제히 손을 내밀며 나귀 주위를 둘러싸서 당황한 적도 있었다. 아무리 버드나무 가지가 늘어져 있거나, 여인이 자수를 놓고 있다 해도 탄복만 하고 있을 수만은 없다. 마을 안에서는 갓 둥지를 튼 제비와도 같은 사바세계의 괴로움이 자맥질하고 있을 것이다.

"그럼 산 위로 올라가 볼까요?"

시마쓰 씨는 나를 재촉하면서, 정자 뒤로 나 있는 산길을 오르기 시작했다. 윤기 나는 어린잎들 속으로 붉은 흙이 보이는 산길이 실처럼 바위를 누비고 나아가는 길은 어딘가 즐거웠다. 그 길을 비스듬히 올라가서 꼭대기에 오르자, 이번에는 병풍을 세워놓은 듯한 큰 바위가 있는 곳으로 이어졌다. 그곳이 막다른 곳인가 생각했지만, 바위와 바위가 바싹 붙어 있는 사이로 몸을 기울이지 않으면 거의 통과할 수 없을 작은 통로가 나 있었다. 아니 나 있는 것이 아니라 곧장 천상으로 향하고 있었다. 나는 바위 아래에서 서성대며, 나뭇가지와 담쟁이덩굴에 얽혀 있는 먼 청공을 우러러 보았다.

"탁필봉卓筆峰이나 망호대望湖臺는 이 산 위에 있습니까?"

"글쎄요. 아마 그렇겠지요?"

"그렇군요. 이건 그야말로 등천평로登天平路[121] 같습니다."

---

121) 천평산에 오르는 길이라는 뜻이지만, 여기서는 하늘로 올라갈 것만 같은 길이라는 뜻.

# 천평天平과 영암靈巖 中

만홀조천萬笏朝天이라는 이름의 산 정상에 무리 지어 있는 바위에 오른 후 다시 산길을 내려오니, 앞서 지나갔던 정자로 나가기 전 옆으로 꺾인 복도가 보였다. 내친 김에 그곳을 돌아보니 용의 수염이나 의보주擬寶珠 같은 기둥 위에 쓰는 장식물로 둘러싸인 작은 연못이 나왔다. 그 연못에 아연으로 만든 송수관에서 졸졸 떨어지는 물이 바로 저 유명한 오중제일천吳中第一泉이다. 연못 주위에는 백운천白雲泉이나 어락魚樂 등 이런 저런 이름을 새겨 넣고 정성껏 색을 칠한 크고 작은 비석이 여럿 늘어서 있다. 그러나 이것은 오중제일천이라 하기에는 너무나 물이 더러워서, 흙탕물 연못이라고 오해하지 않도록 미리 광고를 하는 듯했다.

하지만 그 연못 앞의 견산각見山閣이라는 곳은 중국의 등롱燈籠[처마 밑이나 기둥 외부에 거는 등기구燈器具의 일종]이나 새로운 비단 이불이 있어서 반나절 정도 뒹굴며 쉬기에는 안성맞춤인 곳이었다. 창가에 다가가서 보니 산 등나무가 옆으로 휘어진 절벽 중간에 대숲이 우거져 있다. 그보다 더 아래 연못물이 빛나고 있는 곳은 건륭제가 명명한 고의원高義園의 임천林泉[천평산 기슭에 있는 임천식 정원]일 것이다. 다시 그 위를 올려다보니 지금 올라온 산 정상의 일부가 희미한 안

개를 밀어내고 있었다. 나는 창문에 기대어 내 자신이 남종화나 무언가의 화중 인물이 된 것 같은 자세를 취해 봤다.

"천평지평天平地平 인심불평人心不平 인심평평人心平平 천하태평天下泰平"

"뭐죠 그건?"

"방금 지나온 벽에 쓰여 있던 것이죠. 배일 낙서의 하나겠지요. 대단히 말솜씨가 좋지 않습니까? 천평지평, 인심불평이라……."

천평산을 한 번 다 둘러본 후 우리는 다시 나귀를 몰아 영암산 변방의 영암사靈巖寺로 향했다. 영암산은 전설도 많고, 서시탄금西施彈琴 바위는 물론 범려范蠡[춘추 시대 월나라 정치가]가 유폐된 석실도 있는 곳이다. 어렸을 적 《오월군담呉越軍談》[122]을 애독한 후로 서시나 범려는 이미 내가 친애하는 인물이어서 그러한 고적은 꼭 봐두고 싶었다. 뿐만 아니라, 신문사의 요청을 받고 온 이상 기행문을 써 보내려면 영웅

122) 1703년에 쿄치 이리츠清地以立가 쓴 역사소설《춘추열국지전春秋列國志傳》을 번안한 것.

과 미인의 사연이 있는 곳은 일부러라도 한두 곳 봐두는 것이 만사에 좋으리라는 약삭빠른 계산 또한 했다. 이런 궁리는 상해에서 강남 일대에 이르는 동안에도 항상 따라다녔고, 동정호洞庭湖를 건넌 후에도 사라지지 않았다. 그렇지 않았다면 내 여행은 좀 더 중국인의 생활과 밀접한, 한시나 남종화의 퀴퀴한 냄새가 없는 소설가다운 것이 됐을지도 모른다. 하지만, 지금은 빈둥대며 지정거릴 때가 아니다. 어쨌든 영암산으로 향했다. 그런데 백 미터도 가지 않았는데, 불현듯 길이 사라졌다. 주변은 풀과 키 작은 잡목이 무성한 습지였다. 이상하다고 생각하고 있을 때 나귀를 끌고 나타난 아이 두 명도 그곳에서 발길을 멈춘 채 어딘가 불안하다는 듯이 떠들어댔다.

"길을 모르는 건가요?"

나는 시마쓰 씨에게 말을 걸었다. 그는 내 코앞에서 야윈 나귀를 탄 채 넓은 습지에 빠진 항우項羽처럼 주위의 경치를 둘러보고 있었다.

"잘 모르겠는 모양입니다. ……어 저기 농부가 있군요. 이봐요, 몬몬케[좀 묻겠습니다]!"

다만 이 몬몬케라는 말은 나귀를 끄는 아이에게 한 말이다. 이미 농부가 있는 것을 봤으니 그것은 분명 그 농부에게 길을 물으라고 아이에게 한 말임에 틀림없었다. 내 추측이 틀리지 않다면, 몬은 문답의 문이다. 나는 그렇게 생각한 후 나를 따라온 나귀 끄는 아이에게도 바로 같은 명령을 내렸다.

"몬몬케! 몬몬케!"

몬몬케는 비밀스러운 주문처럼 바로 길이 어딘지를 알려줬다. 나귀를 끄는 아이가 복명한 바에 따르면, 오른쪽으로 곧장 가면 영암산 기슭으로 간다는 것이다. 우리는 바로 그곳을 향해 나귀의 머리

방향을 돌려서 갔다. 하지만 한 이백 미터 정도 가자, 본래의 길로 가기는커녕 더욱 쓸쓸한 골짜기로 들어서고 말았다. 돌무더기가 쌓인 사이로 조그만 소나무만이 살아 남아 있었다. 게다가 물난리 후인지 소나무도 뿌리째 뽑힌 것들이 있고, 산 중턱의 흙이 무너져 내린 것도 보였다. 더욱 곤란한 것은 잠시 계곡을 따라 올라가자, 더 이상 나귀가 움직일 수 없었다는 점이다.

"곤란한데……."

나는 산을 올려다보면서 한숨을 쉬지 않을 수 없었다.

"뭘 그래요. 이런 것도 재미있습니다. 저 산은 분명히 영암산이고, 그렇지. 어쨌든 저 산을 올라 봅시다."

시마쓰 씨는 내 마음을 북돋우려 그러는지 일부러 그러는 것인지 알 수 없을 정도로 쾌활함을 내보였다.

"나귀는 어쩌죠?"

"나귀는 여기에 묶어 두고 기다리게 하면 그만입니다."

시마쓰 씨는 나귀에서 내리더니, 아이 하나와 나귀 두 필을 소나무 사이에 남겨둔 채 맹렬하게 산허리를 향해 오르기 시작했다. 물론 오르기 시작했다고는 하지만 길 따위가 있을 리 없었다. 찔레나무나 작은 대나무를 젖히고 밀며 경사진 산을 타고 올랐다. 나는 나귀 끄는 아이 한 명과 함께 질세라 시마쓰 씨의 뒤를 쫓았다. 하지만 병을 앓고 난 후여서 숨이 찼다. 게다가 이십 미터 정도 올랐을까 뭔가 뚝 하고 차가운 것이 얼굴에 떨어졌다. 그 순간 산에 있는 나무들이 아스라이 살랑대기 시작했다. 비. 나는 구두가 미끌어지지 않게 하려고 얇은 대나무 가지를 잡으면서 발아래 계곡을 내려다 봤다. 저 멀리 계곡 밑에는 나귀와 아이가 비를 맞고 있었다.

# 천평天平과 영암靈巖 下

가까스로 영암산에 도착해 보니 고생고생 해서 온 것이 바보스러울 정도로 쓸쓸한 민둥산에 지나지 않았다. 서시西施의 탄금대彈琴臺나 유명한 관왜궁지館娃宮趾라는 것은 벌거숭이 바위가 산재한 풀도 변변히 없는 산 정상에 지나지 않았다. 이래서는 아무리 시인인 체해도 도저히 이태백처럼 "궁녀가 꽃과 같이 봄 대궐에 가득하니宮女如花滿春殿"[123]라는 식으로 회고의 정에 빠져들 것 같지가 않았다. 게다가 날씨라도 좋다면, 아득히 태호太湖 수면에 반사하는 빛이나 무어라도 멀리 내다볼 수 있으련만, 애꿎게도 오늘은 어디를 보더라도 그저 희뿌연 구름과 연기가 떠돌 뿐이다. 나는 영암사 낡은 복도에서 쓸쓸한 빗소리를 들으면서, 칠층 폐탑廢塔을 올려다보며 옛 사람의 명구를 떠올리는 대신 배가 고픈 것을 절실하게 느꼈다.

우리는 사찰의 방 한 곳에 들어가 비스킷만으로 점심을 때웠다. 일단 허기는 가렸지만 체력은 조금도 회복되지 않았다. 나는 먼지 냄새 나는 차를 마시면서 묘하게 쓸쓸한 마음이 들었다.

---

123) 이 시는 이태백의 〈越中賢古〉의 한 부분으로, 전문은 "越王勾踐破吳歸 義士還家盡錦衣 宮女如花滿春殿 只今惟有鷓鴣飛"이다. 해석은 "월왕 구천이 오나라를 치고 돌아오니 의사(승전용사)가 집에 돌아오매 모두 비단 옷을 입었네 궁녀가 꽃과 같이 봄 대궐에 가득하니 지금은 오직 자고새가 나네"이다.

1920년대 영암사 경내와 뒤로 보이는 7층탑

"시마쓰 씨. 이 절의 중에게 말씀을 해주시지 않겠습니까? 백설탕이 조금 필요합니다만……."

"백설탕이요? 백설탕을 뭐하려고 그러죠?"

"핥으려고 합니다. 백설탕이 없으면 누런 설탕이라도 좋습니다."

그러나 작은 접시에 고봉으로 가득 담은 거무칙칙한 설탕을 핥아먹은 후에도 기력은 돌아오지 않았다. 비는 좀처럼 그칠 것 같지 않았다. 소주까지는 일본식으로 계산해도 사오 리 정도 떨어진 거리이다. 그런 생각을 하자 마음이 더욱 더 내려앉았다. 어쩐지 늑막염이 재발할 것만 같은 기분이 들었다.

이 울적한 기분은 영암산을 내려가는 동안에도 더 하면 더 했지 결코 사라지지 않았다. 비바람은 어두운 하늘에서 끊임없이 우리를 덮쳐왔다. 우산마저 산 아래 나귀를 매어둔 곳에 모두 두고 와서 그림 속의 떡이었다. 길은 미끄럽고 시간은 어느새 세 시가 넘었다. 그렇게 가까스로 산기슭 마을에 도착했을 때 나를 쓰러뜨린 최후의 타격은 우리의 나귀들이 온 데 간 데 없이 사라지고 그림자조차 보이지 않았다는 사실이다. 나귀를 끄는 아이들이 큰 소리로 몇 번이고 제 친구들을 불러 댔지만 돌아오는 것은 메아리뿐이었다. 나는 내리치는 빗속에서 흠뻑 젖은 시마쓰 씨에게 말을 걸었다.

"나귀가 없어지다니 어쩐 일이죠?"

"있습니다. 없다면 걸어가면 그만입니다."

시마쓰 씨는 역시 기력이 왕성했다. 나를 달래기 위해서 일부러 가장한 얘기인지도 모르지만 나는 그 말을 듣자 갑자기 짜증이 나기 시작했다. 본래 짜증이라는 것은 결코 강자가 내는 것이 아니다. 이때도 내가 화를 낸 것은 약자였기 때문이다. 대륙의 사백 여 주州를 종횡한 시마쓰 씨와 스스로 맥박을 재고 있는 병중의 나는, 곤고와 결핍을 버티는 면에서 볼 때 비교는커녕 그의 발끝도 따라갈 수 없었다. 그래서인지 태연한 시마쓰 씨의 태도가 오히려 내 화를 돋우고 말았다. 나는 4개월에 걸친 이번 여행 중 유례를 찾을 수 없을 만큼 무뚝뚝한 표정을 짓고 있었다.

그 사이 아이들은 나귀를 찾으려고 마을 밖으로 나갔다. 우리 둘은 어느 농가의 출입구 앞에서 겨우 비를 그으면서 아이들이 돌아오기만을 기다리고 있었다. 낡은 흰 벽, 돌투성이인 마을길, 빗물에 빛나는 길가의 뽕잎 외에는 거의 사람 그림자조차 보이지 않았다. 시계를 꺼내 보니 네 시다. 비, 4~5리의 길, 늑막염. 날이 저무는 것을 애처로운 마음으로 바라보면서 나는 감기에 걸리지 않으려고 조심하며 끊임없이 발을 움직여야만 했다.

그러자 그 집 주인인가 추레해 보이는 중국인이 얼굴을 내밀었다. 보니 집 안에는 가마가 하나 놓여 있다.

분명히 이 남자의 부업은 가마꾼임에 틀림없다고 생각했다.

"여기에서 가마꾼을 쓸 수는 없습니까?"

나는 몹시 부아가 났지만 꾹 참으면서 시마쓰 씨에게 물어봤다.

"물어보지요."

하지만 시마쓰 씨의 상해 말은 상대 중국인에게는 통했지만, 아쉽게도 상대방의 소주 말은 시마쓰 씨에게 충분히 통하는 것 같지가 않았다. 시마쓰 씨는 입씨름을 계속하다가 마침내 교섭을 단념했다. 단념한 것은 어쩔 수 없겠으나 잠시 후 뒤돌아보았을 때, 시마쓰 씨가 아픈 사람은 아랑곳 않고 유유히 수첩을 펼쳐 오늘 얻은 감상을 바탕으로 하이쿠를 짓고 있는 모습을 바라봤을 때, 로마에 큰 불을 질러놓고 바라보며 미소 짓는 네로를 보기라도 한 것처럼 싸움을 걸어야만 할 것 같은 기분이 들었다.

"안내자가 현지를 잘 모르면 서로 폐가 되지요."

내 말은 시마쓰 씨를 바로 화나게 했다. 화를 내는 것이 지극히 당연했다. 지금 생각해 보면, 그때 내가 시마쓰 씨에게 두들겨 맞지 않은 것이 불행 중 다행이었노라 생각하지 않을 수 없다.

"현지를 모른다고요? 전에도 말했을 텐데요? 잘 모른다고."

시마쓰 씨는 나를 노려봤다.

나도 발을 계속 내딛으면서 지지 않고 시마쓰 씨를 노려봤다. 이것은 앞으로 주의해야 할 것인데, 이런 상황에서 거만하게 굴 때에는 똑바로 서서 제대로 해야만 한다. 거만하게 굴면서 기계적으로 예의바른 발 내딛기를 반복하는 것은 적잖이 위엄에 상처를 입히는 것 같았다.

# 한산사寒山寺와 호구虎邱

손님 : 소주는 어땠나?

주인 : 소주는 좋은 곳이었지. 내가 볼 때 강남 제일이야. 아직 그곳은 서호처럼 양키 취미에 젖지 않았어. 그것만으로도 감사하는 마음이 들었네.

손님 : 고소성姑蘇城 밖 한산사寒山寺는?

주인 : 한산사 말인가? 한산사는 누구라도 중국에 간 사람들에게 물어보시게. 분명히 모두 시원치 않았다고 할 테니.

손님 : 자네도 그래?

주인 : 그렇지. 시원치 않은 것은 분명해. 지금의 한산사는 1911년에 강소江蘇 순무巡撫인 정덕전程德全[124]이 중수했다 하는데, 본당은 물론이고 종루도 그렇고, 모두 붉은 염료를 새로 발라서 천박하기 그지없는 건물이라 도저히 '달은 지고 까마귀 지저귀는'[125] 정도의 소란이 아닐세. 게다가 절이 있는 곳은 성에서 서쪽으로 일 리 정도 떨어진

---

124) 정덕전(1860-1930)은 청나라 말의 정치가이다. 순무는 청나라 시대의 황제 직속 관직명이다.

125) 중국 당나라의 시인 장계가 지은 〈풍교야박楓橋夜泊〉이라는 시이다. 일본에서는 교과서에도 실릴 정도로 유명한 시이다. 전문은 "달은 지고 까마귀 지저귀니 하늘에 가득 찬 서리 내릴 기세 있어 강기슭의 고깃배 불빛 바라보며 여수에 잠못 드는 눈에 비치는 고소성 밖 한산사에서 울리는 한밤 중 종소리가 내 자는 객선에까지 들려 마음에 울리는구나."이다.

풍교진楓橋鎭이라는 마을이지. 그것이 또 아무런 특색도 없는 그저 지저분하기 짝이 없는 성문 앞마을이네.

손님 : 그래 가지고서는 쓸모가 없지 않나?

주인 : 글쎄, 조금이라도 쓸모가 있다면 쓸모가 없다는 점이야. 어째서냐고 하면 한산사는 일본인에게는 가장 친숙한 절이잖아. 누구든 강남에 간 사람은 꼭 한산사를 보러 가잖나. 당시선唐詩選을 모르는 치들도 장계의 시만은 알잖나. 여하튼 정덕전이 중수한 것도 그 이유 중 하나는 일본인의 참예가 많아서 일본에 경의를 표하기 위해 발 벗고 나섰다고 하더군. 그러니 한산사를 경박하게 만든 책임은 일본인에게도 있는지 몰라.

손님 : 하지만 일본인에게도 마음에 드는 곳은 아니지 않나?

주인 : 그런 모양이야. 하지만 정덕전의 우치를 비웃는 자들도 서양인을 상대로 하면서 정대인程大人과 똑같은 일을 하고 있다네. 한산사는 실물로 남은 교훈일세. 거기에 조금 흥미가 있는 것이지? 특히 그 절의 중은 일본인의 얼굴만 보면 재빨리 종이를 펼치고서는 "바다를 건너 만 리에 와서 옛 사찰에 조상을 하니, 오직 종소리를 위해서 멀리 그대를 송별한다跨海萬里弔古寺　惟爲鐘聲遠送君"라는 글귀를 득의양양 악필로 휘두른다네. 그러고는 누구에게나 그 이름을 묻고서 무슨무슨 대인이라고 써 넣은 다음 한 장에 일 엔씩 판다는 것이야. 일본인 여행객의 체면은 이러한 것에서도 엿볼 수 있는 것 아닌가? 그보다 재미있는 것은 그 절에 장계의 시가 새겨진 석비가 옛 것과 새 것 이렇게 두 개가 있다는 것이지. 낡은 비를 쓴 자는 문징명文徵明이고 새로운 비를 쓴 이는 유곡원兪曲園[126]인데 옛 석비를 보자니, 심하게 글자가 빠져 있다네. 그것

126) 문징명(1470-1559)은 소주 출신으로 명필로 유명하다. 유곡원(1821-1907)은 청나라 말기의 고증학자이다.

을 훼손한 자가 누구인가 하면 바로 한산사를 사랑하는 일본인이라 하더군. 얼추 이러한 점으로도 한산사를 한번 볼 가치가 있지.

손님 : 그렇다면 그것은 나라의 수치國辱를 보는 것 아닌가?

주인 : 그런가? 어쩌면 의외로 정덕전은 일본인을 우롱하기 위해서 이 절을 중수했던 것인지도 몰라. 설령 비꼬지 않는다 해도 모든 중국 여행기의 저자처럼 정덕전을 비웃는 것은 잔혹한 일이야. 시키시마數島[일본의 옛 국호]의 야마토大和 지사 각하라고 하더라도 그 정도의 영단을 내리는 사무라이는 별로 없지 않을까?

손님 : 보대교寶帶橋[소주시 동남 쪽 소주와 항주를 잇는 대운하의 지류에 걸린 다리]는?

주인 : 그저 긴 돌다리지. 시노바즈이케不忍池에 있는 간게쓰바시觀月橋와 약간 흡사한 느낌이야. 다만 그 정도로 경박한 기분은 들지 않아. 춘풍춘수춘초제春風春水春草堤. 갖출 것은 다 갖춰놓고 있잖나.

손님 : 호구虎邱는 좋은 곳이었나?

주인 : 호구는 지극히 황폐한 곳이지. 그곳은 오나라 왕 합려闔閭의 왕릉이 있다고 하는데 지금은 완전히 쓰레기더미 산이네. 전설에 따르면 그 산 아래에 금은주옥金銀珠玉을 세공한 오리가 삼 천 개의 보검과 함께 묻혀 있다고 하네. 그러한 것만을 듣는 편이 오히려 대단히 흥미롭지. 진시황의 시검석試劍石, 생공生公의 설법을 들은 점두석點頭石, 강남의 미인 진양眞孃[당나라 시대 소주의 명기]의 무덤 —이런저런 인연을 들으면 진기한 유적이 많네만 직접 보면 모두 시시하다네. 특히 검지劍池[127]에도 가봤지만, 그곳은 연못이라기보다 그저 물웅덩이였어.

---

127) 부친인 오나라 왕의 시신과 함께 삼 천 개의 명검을 부장했다고 전해져, 진시황제나 손권이 주위를 파헤쳤지만, 단 하나의 검도 찾지 못했다고 한다. 그 주변에 물이 채워져 연못이 됐다.

게다가 쓰레기장과 같은 사정이니 왕우王禹의 검지명劍池銘[128]에 쓰인 것처럼 높고 높은 호구, 깊고 깊은 검지, 높아서 가히 우러러볼 수가 없고, 깊어서 가히 내려다볼 수가 없네 巖巖虎邱 沈沈劍池 峻不可以仰視 深不可以下窺"라는 뜻은 비록 의리로라도 있다고 생각할 수가 없었네. 저녁 햇살이 넘치는 하늘에 조금 기울어진 탑을 올려다봤을 때는, 비장함에 가까운 마음이 들었네. 이 탑도 오래 전에 낡아 못 쓰게 돼서 매 층마다 잡초가 무성했지. 무언가 무수히 많은 새가 왕성하게 우짖으면서 탑 주위를 돌고 있는 것을 보니 한층 기뻤던 것이 틀림없어. 나는 그때 시마쓰 씨에게 새 이름을 물어봤네만, 분명히 파쿠(논병아리)라고 했지. 파쿠라는 새는 어떠한 한자를 쓰는 것인지, 그건 시마쓰 씨도 모르는 모양이었네. 자네는 파쿠라는 새를 아나?

손님 : 파쿠 말인가? 바쿠[129]라면 꿈을 먹는 짐승이네만.

주인 : 정말 일본의 문학자는 동식물에 대한 지식이 빈약하기 그지없어. 난부 슈타로[130]라는 사내는 히비야 공원에 있는 갈대를 보고 보리라고 철석같이 생각한다니까. 뭐 그런 것은 어쨌든 됐어. 탑 외에는 또 하나, 소오헌小吳軒[청나라 제4대 황제의 행궁 중 하나]이라는 건물이 있지. 그곳은 꽤나 전망이 좋아. 해 저무는 어스레한 빛에 흐릿한 흰 벽이나 새로 잎이 나온 나무, 그 사이를 누비고 흐르는 수로의 빛. 나는 그런 것을 바라보면서 멀리서 개구리가 우는 소리를 듣고 있노라니 아련한 여수旅愁를 느끼게 됐다네.

---

128) 왕우(954-1001)는 송나라 시대의 시인이다. 검지명은 검지의 유래에 대해서 쓴 비이다.

129) 바쿠貘는 사람의 악몽을 먹는다고 알려진 전설 속의 생물로 몸의 생김새는 곰이며 코끼리 코, 멧돼지 엄니, 코뿔소 눈, 소 꼬리, 호랑이 발을 지닌 모양으로 그려졌다. 중국에서 일본으로 전해진 것으로 알려져 있다.

130) 난부 슈타로南部修太郎(1892-1936)는 일본의 소설가다. 그는 아쿠타가와를 스승으로 떠받들었으며 아쿠타가와 문하생 사천왕 중 한 명으로 불린다.

# 소주의 물

주인 : 한산사나 호구 외에도 소주에는 유명한 정원이 있네. 유원留園이나 서원西園이라는.

손님 : 그것도 모두 시시하지 않나?

주인 : 글쎄, 특별히 감복할 정도는 아니네만, 유원은 정원 자체가 넓은 것이 아니라 저택 전체가 넓다는 것에 조금 묘한 기분이 들었네. 즉 흰 벽으로 된 빠져나올 수 없는 미로[131]라 할 수 있지. 어디에 가도 똑 같은 복도와 객실이 계속 이어지네. 정원도 거의 비슷해서 대나무나 파초나 태호석太湖石 등 흡사한 것이 많아서 결국에는 미아가 되기 쉽지. 그런 저택에 유괴라도 되는 날에는 쉬 도망쳐 나올 수 없겠지.

손님 : 누가 유괴됐나?

주인 : 뭐, 유괴를 당했다는 것이 아니라, 아무래도 그러한 기분이 든다는 것이야. 머지않아 중국의 다니자키 준이치로가 분명히 〈유원의 비밀〉이나 그 비슷한 제목의 소설을 쓸 것이야. 아니지, 미래는 어

131) 원문은 야부시라즈八幡知らず로 한 번 들어가면 두 번 다시 나올 수 없는 장소라는 뜻이다. 이 숲은 치바현 이치카와시에 있다.

찌뒀든《금병매》나《홍루몽》을 지금 다시 한 번 읽어볼 가치가 있네.

손님 : 한산사, 호구, 보대교. 이 모든 것이 시시하다면 소주는 정말 시시한 것 아닌가?

주인 : 그런 곳은 시시하지. 그런데 소주는 시시한 곳이 아니야. 소주에는 베니스처럼 무엇보다도 물이 있잖아. 소주의 물. 그렇지 소주의 물이라 하면, 나는 당시 수첩 구석에 이러한 것을 썼네.《자연과 인생》[132]식의 명문이네만.

……다리 이름을 모른 채, 돌난간에 기대어 강물을 본다. 햇빛. 미풍. 물빛 오리 머리水色鴨頭의 푸르름과 같다. 양쪽 기슭의 흰 벽 모두 물 위에 그림자를 그리는 듯하고. 다리 아래를 지나는 배는 붉은 염료를 바른 뱃머리가 먼저 보이고, 대나무를 이은 선창이 보인다. 배 젓는 소리 귓가에 들리고, 고물은 이미 다리 아래를 지난다. 계수나무 꽃 하나 흘러 춘수春愁는 수색水色과 함께 깊어만 간다.

…… 저녁 집으로 돌아간다. 절름발이 나귀를 타고. 길은 늘 물가水畔. 밤에 정박한 배, 모두 다 쑥을 덮는 것을 본다. 달빛. 물 아지랑이, 양쪽 기슭의 흰 벽, 몽롱하게 물에 그림자 드리운다. 때로 창가에서 사람 소리, 붉은 등빛燈光과 함께 들려온다. 혹은 또 석교가 있다. 가끔 다리 위를 지나가는 사람이 호궁을 살짝 켠다. 올려다보니 그이는 이미 보이지 않고 다만 높은 다리 난간만이 보인다. 경정景情은 마치《연방루기聯芳樓記》[133]를 떠올리는 듯하다. 어느새 창합문閶闔門[소주성 서북에 있는 문] 밖 궁하宮河 주변은 주렴중중珠簾重重한 달이 드리워져

132) 도쿠토미 로카德富蘆花(1868-1927)가 1900년에 간행한 수필 및 소설집.
133) 명나라 시대의 문인 구우瞿佑(1341-1427)의 책의 일부.

있고, 벽가[薛家]의 장루[粧樓] 같은 것은 있는가 없는가.

…… 봄비가 끊임없이 내린다. 양쪽 기슭의 흰 벽, 이끼의 색이 선명한 것이 많다. 물 위에 거위 서너 마리가 떠 있다. 다리 언저리 버드나무 가지, 거의 물에 드리워지고 있다. 그림치고는 상투적이다. 실제 경관을 보는 것은 그리 나쁘지 않다. 배가 한 척 다가온다. 다리 아래에서부터 천천히 온다. 실려 있는 것을 보니 관이다. 선창의 노파 한 명이 향에 불을 피우면서 관 앞에서 손을 모으는 것이 보인다.

손님 : 흐음, 꽤나 탄복했군 그래?

주인 : 수로는 실제로 아름답다네. 일본으로 치차면 시마네 현의 마쓰에[松江]라 할 수 있지. 하지만 그 흰 벽의 그림자가 좁은 하천에 드리워지는 것은 마쓰에에서는 볼 수 없어. 그런데도 한심한 것은 결국 유람선에 타지 못했다는 것이네. 하지만 물에는 감복했던 만큼, 어쨌든 미련은 남지 않았어. 아쉬운 것은 미인을 보지 못했다는 것이야.

손님 : 한 명도 못 봤나?

주인 : 한 명도 못 봤지. 무라타 군의 말에 따르면 눈을 감고 아무나 한 명 붙잡아도 소주 여인은 미인이라고 하더군. 실제로 중국의 기생은 모두가 소주 말을 쓴다고 하니 그것도 가능한 일인지 몰라. 그런데 또 시마쓰 씨 말에 따르면 소주의 기생은 소주 말이 대강 통한 다음에 상해로 나가려 하는 후보생이거나, 혹은 상해로 갔다가 인기를 끌지 못해 돌아온 낙오자라 변변한 여자가 없다는 것 같아. 흐음 그것도 말이 되기는 하잖아?

손님 : 그래서 못 봤다는 것인가?

주인 : 뭘, 그런 이유 따위는 없어. 다만 기생의 얼굴을 보는 것보

1910년대 상해의 기녀

다 한 시간이라도 여유롭게 잠을 더 청하고 싶었던 것뿐이야. 아무튼 그때는 나귀를 타는 통에 엉덩이가 완전히 까져서 말이야.

손님 : 자넨 기개가 없는 사내로군.

주인 : 내 생각에도 기개가 있다고 생각지는 않네.

# 객잔客棧과 주잔酒棧

시마쓰 씨가 어딘가로 외출한 후 나는 의자에 앉아서 느긋하게 시키시마敷島[일본산 담배 브랜드. 1904년에 발매되었고 1943년에 판매가 끝났다]를 피웠다. 침대가 두 개, 의자가 두 개, 차를 우려내는 도구가 놓여 있는 테이블 하나 그리고 거울이 달린 세면대 하나 외에 커튼이나 깔개 등은 없다. 흰 색으로 노출된 벽에는 페인트로 칠해진 문이 닫혀 있다. 하지만 생각보다 불결하지는 않다. 벼룩 잡는 가루를 많이 뿌려두어서인지 다행히 빈대에게도 물리지 않았다. 이 정도라면 찻값이 얼마나 나올지 걱정하면서 일본인 여관에 진을 치는 것보다는 중국 여관에서 자는 편이 훨씬 좋은 생각이라고 여겨질 정도이다.

나는 그런 생각을 하면서 유리창 밖으로 시선을 돌렸다. 이 방은 삼 층에 있어서 창밖 풍경도 상당히 넓게 들어왔다. 하지만 눈에 들어온 것은 저녁 어스름 빛 속으로 거뭇하게 보이는 쓸쓸한 기와지붕뿐이었다. 언젠가 존스는, 가장 일본다운 쓸쓸함은 미쓰코시三越 옥상에서 내려다보는 수많은 기와지붕에 감돌고 있다고 말한 적이 있다. 어째서 일본의 화가 여러분들은…….

어디에선가 들려오는 소리에 놀라 돌아보니 페인트칠을 한 출입구에 변함없이 푸른색 옷을 입은 키 작은 노파가 서성이고 있었다. 노파는 설핏 웃으면서 무어라 내게 말을 걸었지만 벙어리 여행객인 나는 무슨 말인지 하나도 알아들을 수가 없었다. 당황스럽게도 나는 어쩔 수 없이 그저 얼굴만 바라봤다.

그러자 열어젖힌 출입구 밖으로 흘끗 선명한 색채가 보였다. 윤이 나는 앞머리, 수정 귀고리, 마지막 남은 공단과도 같은 연보랏빛 옷. 소녀는 손수건을 만지작거리면서 방안을 쳐다보지도 않고 조용히 복도를 지나갔다. 그 순간 노파는 빠른 말로 무언가 떠들어대더니 득의양양 웃음을 터뜨렸다. 이제 노파가 찾아온 이유를 시마쓰의 통역을 부탁해 새삼 다시 들을 필요는 없었다. 나는 키가 작은 노파의 어깨에 잠시 양손을 대고 홱 우향우를 시켰다.

"뿌야오!"

그때 시마쓰 씨가 돌아왔다.

그날 밤 나는 시마쓰 씨와 함께 성 밖에 있는 주잔酒棧[술집]으로 외출했다. 시마쓰 씨는 '라오주老酒에 취한 아버지의 옆얼굴'이라는 〈자화상〉의 하이쿠 작자답게 상당한 술꾼이다. 하지만 나는 술을 거의 마시지 못한다. 그런 사람이 이래저래 한 시간 넘게 주잔 구석에 앉아 있는 것은 첫째는 시마쓰 씨가 가진 덕망의 힘이요, 둘째는 주잔에 가득한 소설과도 같은 분위기의 힘이었다. 선술집은 도합 두 곳 정도 봤지만, 편의상 하나만 소개하자면 그곳은 흰 벽이 좌우로 있고 천정이 높은 가게였다. 방 끝은 어떠한 이유인지 조잡한 격자 미닫이문으로 밤에도 길가의 행인이 보였다. 테이블이나 의자는 비록 벗겨지기는 했지만, 옻칠을 하듯 발라놓은 것 같았다. 나는 감자 줄기를 입에 넣으면서 때때로 시마쓰 씨에게 술을 따라줬다.

우리 건너편에는 추레해 보이는 일행 두세 명이 술을 마시고 있었다. 그리고 그 건너편 흰 벽 에는 거의 천정에 닫을 정도로 도기에 담긴 술병이 쌓여 있었다. 무엇보다 라오주 중에 상등품은 흰 병에 넣는다 하니 이 가게 입구의 금색 간판에 경장화조[京莊花雕][장기간 숙성시킨 라오주]라 쓴 것은 분명 대단한 허풍임에 틀림없다. 그러고 보니 봉당에서 자고 있는 개도 불쾌할 정도로 마른데다 딱지투성이 얼굴이다. 길가를 지나는 나귀의 방울소리, 걸립꾼으로 보이는 사람이 내는 호궁소리. 이렇듯 소란스러운 소리가 들려오는 가운데 건너편 일행은 유쾌한 듯이 어느새 가위바위보를 하기 시작했다.

그때 여드름이 있는 사내 한 명이 더러운 통을 어깨에 매달고서 우리 테이블을 향해 다가왔다. 통 안을 들여다보자 자색을 띤 오장육부 같은 것이 몇 개 아무렇게나 섞여 있었다.

“이게 뭐죠?”

“돼지 위장이나 염통이겠죠. 술안주로 그만입니다.”

시마쓰 씨는 동전 두 닢을 냈다.

“하나 드셔 보세요. 살짝 소금 간이 돼 있으니까.”

나는 작게 자른 신문지 조각에 두세 개 자색을 띤 돼지 내장을 바라보면서, 저 먼 도쿄의과대학 해부학교실을 떠올렸다. 모야차손이낭[母夜叉孫二娘][《수호전》에 나오는 양산박 호걸 중 한 명]이 하는 가게라면 몰라도 오늘날처럼 밝은 전등 빛 아래에서 이런 고기를 팔고 있다니 역시 이 오래된 대국은 남다른 데가 있다. 나는 먹지 않았다.

# 대운하

우리는 지금 진강鎭江에서 양주揚州를 잇는 증기선 상등실에 앉아 있다. 이렇게 말하면 자못 호화스러워 보이지만, 사실 이 증기선의 상등실은 노예가 타는 선창과 별반 큰 차이가 없다. 실제로 우리가 앉아 있는 곳도 시커먼 들판[널빤지] 위다. 들판 아래는 추측컨대 바로 뱃바닥임에 틀림없다. 그러면 이곳이 어찌하여 상등실인가 하니 어쨌든 이곳은 그래도 선실처럼은 돼 있는 까닭이다. 하등실은 배의 지붕 위라서 선실이라고 부르고 싶어도 그런 선실이 아예 없다.

배 밖은 그 유명한 양자강이다. 양자강 물이 붉은 것은 중학생이라 해도 다 알고 있다. 하지만 어느 정도로 붉은가는 강 위에 떠서 보지 않는 한 생생하게 알 수 없다. 나는 상해 체류 중에 황포강의 물을 보면서 황달을 떠올리곤 했다. 지금 생각해 보면, 황포강은 그나마 해수가 조금이라도 섞여 있어서 가까스로 황달 정도에서 끝난 것이다. 하지만 양자강의 물색은 황포강에 비할 정도가 아니게 붉다. 비슷한 색을 찾으려 한다면 쇠붙이의 벌건 녹과 꼭 닮았다. 그런 물이 출렁이는 파도 사이로 보라색 그림자를 부옇게 내비치면서 끝없이 한없이 펼쳐져 있다. 특히 오늘은 날이 흐려서 한층 더 물색이 답답했다. 강물에는 무수히 많은 작은 돛배 외에도 영국 깃발을 휘날리며 마스트를 두 개 세운 증기선 한 척이 한 마음으로 흙탕물과 싸우고 있었다. 물론 실제로는 싸우지 않고서도 항행할 수 있었는지 모르겠으나 그 새하얗게 칠한 배가 천천히 강을 거슬러 올라가는 것은 아무리 봐도 싸우고 있는 것만 같은 기분이 들었다. 나는 이래저래 오 분 정도 양자강에 경의를 표하고 차가운 갑판 위를 뒹굴면서 잠들 생각도 없이 잠이 들어버렸다.

우리는 어젯밤 열두 시 무렵, 소주 역에서 기차에 몸을 실었다. 전강錢江에 도착한 것은 동이 틀 무렵이었다. 역 밖에 나가 보니 인력거꾼도 아직 모이지 않았다. 다만 흐린 버드나무 하늘에 까마귀 몇 마리만이 모여 있었다. 우리는 어쨌든 아침식사를 하기 위해 역 앞의 다관茶館으로 갔지만, 다관 주인도 지금 일어났기 때문에 면류를 바로 내놓을 수는 없다고 했다. 그러자 시마쓰 씨는 다관 주인에게 뭐라 하면서 그것을 가져오라고 했다. 그것이 지금 이 시각에도 있는 것을 보면 필경 좋은 음식이 아니라는 것은 분명했다. 또한 실제 먹어본 느낌도 밀기울이나 두부껍질 같아서 두 번 다시 먹고 싶은 마음이 들지 않는 굉장히 수상한 음식이었다. 그런 고난을 맛보고서야 겨우 기차에 몸을 실었으니 안도의 한숨을 내쉬는 동시에 잠이 몰려온 것도 이상할 것이 없다.

잠시 꾸벅꾸벅 거린 후에, 기차 밖을 바라보니 어느새 과주瓜州를 지난 것인지, 푸른 풀이 난 일대의 둑이 바로 눈앞에서 움직이고 있었다. 그곳은 이미 장강이 아니었다. 수나라 양제煬帝가 뚫은 길, 이천오백 마일이라는 세계 제일의 운하다. 하지만 배에서 바라봤을 때는 그다지 웅대할 것도 없었다. 엷은 햇살이 닿은 둑 위 야채에서 무언가 반짝거리거나 농부의 모습이 보이거나 하는 것은 어딘지 조시銚子 부근을 지나는 기차 창밖으로 가사이葛飾 평야라도 바라보는 듯한 평범한 기분이 들 정도였다. 나는 다시 담배를 입에 물고서 여행기를 쓸 것을 대비해서, 회고의 시정을 자아내보려 했다. 하지만 막상 그렇게 해보아도 생각처럼 쉽게 되지는 않았다. 우선 내가 생각한 시상 모두를 안내 서적이 부숴버리고 말았다. 지금 그 견본을 들어보자면, 대체로 아래와 같다.

나 : 아아, 양제는 이 둑에 만 개의 버드나무를 심게 하고 십 리에 집 한 채를 만들게 했다고 한다. 둑은 예전의 둑이로되 양제는 지금 어디에 있는가?

안내기 : 둑은 예전의 둑이 아니다. 오대五代 이후 원나라, 명나라, 청나라 모두 북경에 수도를 정하고 식량은 강남에서 구했기 때문에 운하도 때때로 수리됐다. 이 둑의 풀 색깔을 보면서 양제가 있던 때를 생각하는 것은 긴자의 오와리초尾張町 주위를 서성이면서 오타 도칸太田道灌[134]을 떠올리는 것과 마찬가지이다.

나 : 물은 예나 지금이나 유유히 남북으로 이어지고 있다. 하지만 수나라는 꿈과 같이 바로 무너지지 않았나?

안내기 : 물은 남북으로 이어지고 있지 않다. 아주 먼 옛날 산동성 임청주臨清州에서 운하 바닥에 밭을 만들어 배가 갈 수 있는 곳은 거기까지이다.

나 : 아아 옛날이여, 아름다운 과거여. 설령 수나라가 멸망했다 해도 구름과 같은 여희麗姬와 함께 이 운하에 배를 띄운 우리 풍류천자

134) 오타 도칸(1432-1486)은 무로마치 시대의 무장으로 에도 성을 축성해서 에도 번영의 기초를 닦은 인물이다.

양주 근처의 대운하

風流天子의 영화榮華는 장대한 무지개처럼 역사라는 하늘을 가로지르고 있구나.

안내기 : 양제는 쾌락에 빠졌던 것이 아니다. 그는 대업大業 7년[611년]에 멀리 고구려 정벌을 준비하면서 들키지 않으려고 표면적으로 유유함을 가장했던 것이다. 이 운하도 필요할 때 식량을 운송하려고 만든 것이라고 생각하면 좋다. 당신은《미루기迷樓記》나《개하기開河記》 따위를 정사正史와 혼동하고 있지는 않은가? 그러한 속된 책은 믿을 수 없다. 특히《양제염사煬帝艶史》따위는 소설이라고 치더라도 악작이다.

나는 담배 피는 것을 멈추는 것과 동시에 시정을 불러오는 것도 단념했다. 둑 위 봄바람에 어린아이를 태운 나귀 한 필이 증기선과 같은 방향으로 걸어갔다.

# 옛 양주 上

양주 시내의 특색은 보잘 것이 없다. 이층 건물로 된 집은 거의 보이지 않고, 단층집도 눈에 들어온 것만 놓고 보자면 모두가 빈약한 모습이다. 길가는 포석이 울퉁불퉁한데다가 가는 곳마다 흙탕물이 괴어 있어서 소주나 항주를 보고 온 눈에는 슬픈 느낌이 들 정도라 해도 과장이 아니다. 나는 진흙길을 달리는 인력거 위에 앉아 그런 마을을 지나면서 염무서鹽務署[소금을 관리하는 관청] 문 앞에 도착했을 때 돈 꾸러미 십만 관을 허리에 찰 정도로 부자가 되어 학을 타는 선인이 된다는 양주에서 시간을 보내게 되더라도, 이래 가지고서는 변변찮을 것임에 틀림없다고 생각했다.

염무서 앞에는 마주보고 있는 석상과 함께 초병이 빈틈없이 서 있다. 우리 일행은 여기에 온 이유를 말한 후에 길게 깐 포석을 따라 관청의 커다란 현관으로 갔다. 그러고 나서 급사의 안내를 받고 암페라로 짠 거적이 깔려 있는 응접실을 지나갔다. 응접실 밖 정원에는 오동으로 보이는 나무가 서 있었다. 그 나뭇가지 끝 틈새로 보슬비가 내리는 하늘이 보였다. 관청 안은 고요해서 어디에 사람이 있는지 확실하지가 않았다. 과연 지금도 이런 식이라면 구양수歐陽修나 소동파나 옛 문인 묵객들이 시를 짓고 술을 마시면서 다른 한편으로는 관리직을 수행한 것도 이상한 일은 아니다.

잠시 그곳에서 기다리고 있자 노인인지 젊은이인지 분간키 어려운 양복 차림의 관리가 들어왔다. 이 사람이 양주에서 유일한 일본인 염무관[鹽務官]인 다카스 다키치[高洲太吉] 씨다. 우리는 상해의 고지마[小島] 씨가 다카스 씨에게 보내는 소개장을 받아 왔다. 그렇지 않다면 용기가 없는 나로서는 양주에 올 엄두도 못 냈을 게 틀림없다. 설령 왔다 하더라도 다카스 씨를 모르고서는 유쾌하게 구경할 수 없었을지도 모른다. 나는 꽤 실례지만 여기에 고지마 카지로[小島梶郎] 씨에게 감사하는 마음을 적어두고자 한다. 〈상해유기〉를 읽은 독자라면 아마 기억에 남아 있을지 모르겠지만, 고지마 씨는 그 작은 정원에 벚꽃이 핀 것을 보며 득의양양해 하던 거칠고 센 척하는 신사다. 다카스 씨는 커다란 탁자 건너편에서 우리 둘을 부르더니 쾌활하게 이런저런 이야기를 했다. 다카스 씨의 말에 따르면 외국인 중에서 양주에서 관리가 된 자는 마르코 폴로가 처음이며 그 후로는 다카스 씨 자신이 유일하다 했다. 나는 그 말을 들었을 때 그를 대단히 존경했으나 이제 와서 생각해 보니 왠지 손해를 본 것 같은 기분이 드는 것도 사실이다. 올해 이번 달 오늘 현재, 양주 염무서에 들어간 이는 한 발 앞서서는 시마쓰 요소키이며 그 뒤로는 나뿐이다.

우동을 얻어먹은 후 우리는 양주를 한번 둘러보기 위해 다카스 씨와 함께 염무서 문을 나섰다. 그때 초병 두세 명이 일시에 우리를 향해 받들어총을 했다. 보슬비는 이미 개었지만 길에는 여전히 진창이 많았다. 나는 이 진흙탕을 걸으면서 다시 고적을 본다고 생각하니 한편으로 대단히 불안한 마음이 들었다. 하지만 다카스 씨에게 물어보니 구경은 화방(놀잇배)을 타고 하는 것이라고 했다. 배라면 물론 풀이 죽지 않아도 된다. 나는 그 말을 듣자마자, 양주가 제아무리 넓다 해도 모든 곳을 돌아보고 싶다는 염원을 가졌다.

다카스 씨의 집에서 쉰 후, 문 앞의 강가에 정박해 둔 지붕이 있는 화방에 탄 것은 그로부터 삼십 분도 지나지 않아서의 일이다. 화방畵舫은 추레한 뱃사공이 노를 젓자 바로 강줄기로 나아갔다. 강은 폭이 좁은데다 물색도 묘하게 거무스름했다. 솔직히 말하자면, 이것을 강이라고 칭하는 것보다는 도랑이라고 칭하는 편이 낫겠다는 생각이 들었다. 그 거무스름한 물 위에 집오리와 거위가 헤엄치고 있다. 양쪽 기슭에는 때에 찌든 흰 벽이 있고 듬성듬성 피어 있는 유채밭과, 무너진 언덕에 잡목이 자란 쓸쓸한 들판이 보이기도 한다. 이런 곳에서는 명성 높은 두목杜牧[135]의 시에 나오는 "흐릿한 청산 수면은 저 멀리青山隱隱水迢迢" 같은 취흥을 느낄만한 곳을 볼 수 있을 것 같지는 않았다. 특히 벽돌로 된 다리가 있거나, 물가로 내려온 중국의 중년 여성이 흙 묻은 신발을 빨래하는 모습을 보는 것은 그저 마음 아플 뿐이었다. 하지만 그것은 그래도 괜찮았다. 무엇보다도 나를 질리게 한 것은 이 큰 도랑에서 나는 지독한 악취였다. 나는 이 악취를 맡으며 가만히 배에 앉아 있었는데, 어째서인지 또 늑막 부근이 조금씩 아픈 듯한 기분이 들었다. 하지만 다카스, 시마쓰 두 사람은 향기 짙은 강에라도 떠 있는 듯 태연히 이야기를 나눈다. 내 생각에 일본인은 중국에서 살면 무엇보다도 먼저 후각이 둔해지는 것 같다.

135) 두목(803-853)은 당나라의 시인이다.

# 옛 양주 中

이 수로를 따라가다 끝나는 곳에 성문으로 들어가는 수문이 있다. 수문에는 빈틈없이 보초가 서 있고, 배가 가면 문을 열어줬다. 수문을 통과해 건너편으로 가니 갑자기 강폭이 넓어졌다. 배 왼쪽으로는 드높이 양주성의 성벽이 이어져 있다. 이 성벽도 기와 사이로 담쟁이덩굴이 망을 치고 있거나, 떨기나무가 자라 번어 있는 것은 항주, 소주와 똑같았다. 물과 성벽 사이 경계에는 솟아 오른 펄의 흙빛이 갈대숲 건너편까지 이어졌다. 배 오른 편으로는 죽림이 많았다. 그 가운데 농가 한 채가 보였다. 농가의 벽에는 한 면 가득 찹쌀과 멥쌀을 섞어 고물을 묻혀 만든 보타모찌牡丹餅 같은 것이 붙어 있고, 집 앞에는 사냥모자를 쓴 사내 한 명이 줄기차게 무언가를 만들고 있다. 무엇인지 유심히 살펴보니, 겨울에 쓸 연료로 소똥을 빚어 단단하게 말리고 있는 중이다.

하지만 수문을 빠져나가자 물에서도 이전만큼 냄새가 나지 않았다. 경치도 배가 앞으로 나아감에 따라 점차 아름다움을 더해 가는 듯했다. 특히 어느 죽림 뒤로는 옛 찻집이 한 채 보이기에 주변의 이름을 물어보니 녹양촌綠楊村이라 하는데 제법 풍류가 있었다. 그렇게 듣고 보니, 찻집 테이블을 둘러싸고 앉아 강을 바라보는 사람들의 얼굴도 녹양촌 뒤편의 주민들처럼 태평한 얼굴을 하고 있었다.

그 사이에 우리가 탄 화방 앞으로 다른 놀잇배 한 척이 보이기 시작했다. 그 배에 타고 있는 이들은 모두 여자들뿐이었다. 게다가 노를 쥔 사람은 일본에서 하는 것처럼 머리를 땋아 늘어뜨리고 붉은 해당화 한 송이를 꽂았다. 나는 오 분 정도 지나면 저들이 타고 있는 배를 추월할 테니, 그때 이 양주 미인을 한 번 보리라 생각했다. 하지만 성벽이 끝나는 것과 동시에 수로가 양쪽으로 갈라지면서 그들이 탄 배는 오른쪽으로, 우리 배는 반대편으로 뱃머리를 돌렸다. 배웅하면서 보니 그들이 탄 배 뒤로 양쪽 기슭의 조용한 갈대숲 사이에 약간 흰 불빛이 남아 있었다.

"양주 스물네 다리 달 밝은 밤에 옥 같은 미인을 어디에서 피리를 불게 할고二十四橋明月夜 玉人何處教吹簫"[앞서 언급한 두목이 지은 한시의 한 구절] 나는 갑자기 두목의 이 시가 꼭 과장만은 아님을 느꼈다. 아무래도 양주의 풍경은 나 같은 사람조차도 시인이 될 수 있을 듯한 즐거운 고뇌가 있는 곳 같았다.

화방은 뱃머리를 조종하는 노로 물 위 수초를 젖히면서, 커다란 돌로 만든 안경교眼鏡橋 밑을 빠져나갔다. 다리의 아치 오른쪽에는 분필이나 페인트로 쓴 것인지 기억나지 않지만, 어쨌든 흰 글자로 쓴 배일 구호가 눈에 띄었다. 다리 아래를 빠져나가자 배는 다카스 씨가 지시한 대로 비스듬히 오른쪽 기슭으로 진로를 잡았다. 그곳 물가에는 버드나무만이 가지를 늘어뜨리고 있었다.

"지금 다리요? 지금 이 다리가 대홍교大虹橋이고 이쪽 기슭이 춘류제春柳堤입니다."

다카스 씨는 배를 멈추게 하면서 그렇게 설명해줬다.

춘류제에 올라가 보니, 길에서 조금 떨어진 보리밭 건너편에 옅은 풀 색의 작은 산이 있었다. 그 산에는 마치 두더지가 땅을 파서 위로 솟게 한 듯한 작은 무덤이 늘어서 있었다. 무덤도 이런 식이라면 그리 나쁘지 않았다. 어딘가 양주 땅 아래에서는 죽은 사람조차 미소를 짓고 있는 듯한 기분이 들었다. 나는 서씨화원[양주시 동남부에 있는 서응문徐凝門 밖의 화원] 쪽을 향해 버드나무 아래를 천천히 걸으면서 어슴푸레한 기억 속 뮈세의 작품을 암송했다. 하지만 그것이 뮈세였는지는 사실 정확하지 않다. 그저 입속에서 버드나무, 무덤, 물, 현懸, 풀 등을 상황에 맞춰 대충 중얼거릴 때 자못 뮈세[136]의 작품과 같은 기분이 들어서 그리 생각했던 것이다.

서씨화원을 둘러본 후 우리는 다시 배를 타고 원래 있던 곳을 향해 강을 거슬러 올라갔다. 그때 물 저편에서 유명한 오정교五亭橋[수서호瘦西湖의 심볼로 1757년 세워짐]가 보이기 시작했다. 오정교 일명 연화교蓮華橋는 역시 돌로 된 홍예교 위에 중앙에 하나, 둘 도합 다섯 채의 정자를 갖고 있는 꽤나 사치스러운 다리다. 정자의 기둥이나 난간은 모두 예스러운 붉은 염료를 바른 것으로 사치스럽기는 해도 칙칙하지는 않았다. 다만 교각의 돌은 조금 더 오래된 빛을 띠어도 괜찮을 듯했다. 그러나 대체적인 느낌은 주위에 우거진 버드나무나 갈대와, 조금 조화롭지는 못해도 속되지 않고 멋들어진 중국풍의 정취를 보여줬다. 나는 다리의 모습이 희미하게 푸른빛을 띠는 하늘 뒤 버드나무 사이로 나타났을 때, 엉겁결에 미소를 짓지 않을 수 없었다. 서호, 호구, 보대교. 지금까지 봐왔던 것들도 물론 나쁘다고 할 수 없지만 나를 행복하게 한 것은 상해 이후 그 어느 곳보다도 우선 양주라 하겠다.

---

136) 뮈세Alfred Louis Charles de Musset(1810-1857)는 프랑스의 작가.

# 옛 양주 下

"……오정교 부근에 라마탑喇嘛塔[법해사에 있는 백탑]이 있습니다. 이 절은 법해사法海寺라 하는 것 같습니다만, 홍각紅殼[붉은 염료]을 바른 본당은 물론이고 라마탑도 꽤나 황폐합니다만 성긴 죽림 하늘에 커다란 염교 형태를 한 탑이 우뚝 솟아 있는 것은 장관이 아닐 수 없습니다. 우리는 절 안을 거닌 후 다시 유람선을 탔습니다."

"강 남쪽 기슭에는 변함없이 쓸쓸한 갈대밭 사이로 버드나무나 회화나무가 서 있습니다. 법해사 건너편 기슭은 분명히 건륭제의 조어대釣魚臺였다고 생각되지만, 그 물가 마을다운 풍경 속에 오래된 정자가 하나 있었습니다. 그 수로의 끝이 평산당平山堂이 있는 촉강蜀岡[촉강은 수서호 최북단에 있는 전망 좋은 고지대]입니다. 화방에서 멀리 바라봐도 소나무 숲과 보리밭과 붉은 색 절벽, 드문드문 섞인 촉강의 경치는 정말 그림 같은 정취를 풍기고 있었습니다. 그것은 무엇보다도 언덕 위 곳곳에서 푸른 하늘의 봄 구름이 조용히 떠가고 있는, 그 미묘한 빛의 조화가 전해 온 것인지도 모릅니다."

"배에서 내려 올라간 후에도 촉강과, 구양수가 세웠다고 하는 평산당이 있는 부근은 상당히 조용하고 우아한 곳이었습니다. 평산당

오정교

은 법해사 경내에 대웅보전과 나란히 있는데, 그곳은 오싹할 정도로 먼지 냄새가 났습니다. 어스레한 당 안으로 들어갔을 때에는 왠지 감사하다는 생각이 들었습니다. 나는 편액과 주련판을 읽고 난간 밖 전망을 감상한 뒤 잠시 당 안을 배회했습니다. 이 당의 주인인 구양수는 물론이고 이곳에서 노닐던 건륭제도, 분명히 지금의 나와 마찬가지로 유유한 마음으로 이곳을 즐겼을 것입니다. 그런 의미에서 나도 범속하나마 옛 사람과 묵회할 수 있었습니다. 당 앞에 우뚝 솟은 흰 줄기의 소나무 두 그루가 높은 처마 위 기와보다 높이 솟아 있는 것을 올려다보면서, 정소감 선생의 베란다 밖에도 역시 이와 똑같은 백송이 심어져 있던 것을 떠올렸습니다. 소나무 가지에 가려 있던 하늘에서는 끊임없이 두견새가 울고 있었습니다……."

나는 편지를 쓰다가 "뭘 이런 걸 다" 하고 다카스 씨에게 인사말을 했다. 마침 다카스 씨가 내 앞으로 결명자차 한 잔을 권했기 때문이다. ……우리는 명소를 돌아본 후 다카스 씨의 저택으로 돌아갔다. 저택은 넓은 정원을 갖춘, 좋게 말하면 중국의 암자와 같고, 나쁘게 말하면 피[벼과의 곡물] 씨를 뿌리는 농부의 집과 흡사한 짚으로 지붕을 인 건물이다. 하지만 꽃이 피는 풀이 많은 정원은 피 종자를 뿌리는 곳과는 상당히 달랐다. 특히 해가 져 어스레한 가운데 시네라리아나 데이지가 희미하게 보이는 것은 묘죠하明星派[137]의 시가와도 같은 기분을 불러일으켰다. 나는 유리창 밖으로 정원을 바라보면서 쓰고 있던 편지를 뒷전으로 물리고 뜨거운 결명자차를 마셨다.

"이것만 마셔도 무병장수합니다. 나는 커피나 홍차는 마시지 않아요. 아침저녁으로 이것만 마십니다."

다카스 씨는 찻잔을 앞에 두고 결명자차의 효능을 설명했다. 짐작컨대 결명자차라 칭하는 것은 석결명 열매를 달인 것이다. 여기에 우유나 설탕을 넣으면 음료로 마시기에 나쁘지 않다.

"그러니까 새박뿌리何首烏 종류인가요?"

시마쓰 씨는 한 모금 마시고 나서 콧수염에 묻은 차 방울을 훔쳤다.

"자네 새박뿌리(하수오何首烏)는 정력보강제잖아. 결명자차는 그런 것이 아니야."

나는 그런 대화를 제쳐두고 다시 한 번 편지를 쓰기 시작했다.

"우리는 오늘밤 다카스 씨 집에서 하룻밤 머문 후 진강鎭江으로 돌아갈 예정입니다. 시마쓰 씨와는 아마도 진강에서 헤어지겠지요. 저는 소주 체류 중에 시마쓰 씨와 한 번 크게 다퉜습니다. 하지만 지금은 이러한 호한好漢과 왜 다퉜는지 이유를 모르겠습니다. 모쪼록

137) 요사노 텟칸謝野鐵幹이 주재한 도쿄 신시사 동인이 낸 시가 잡지《묘죠明星》를 기반으로 한 메이지 시기 낭만주의를 대표하는 시풍을 말한다.

그 점은 안심해 주시기 바랍니다."

"여하튼 항간의 소문에 따르면 다카스 씨는 연봉이 몇만 엔 정도 되는 대관인 것 같은데, 이 방에도 자단으로 된 침대가 있고 이런저런 골동품이 나열돼 있으며 호텔보다도 훨씬 좋을 정도입니다. 다만 침대가 부족해서 저는 시마쓰 씨의 소파 위에서 자는 운명을 짊어졌습니다. 그것도 다리와 머리가 나란히 되도록 베개를 반대로 한다고 하니, 제 머리는 시마쓰 씨의 다리에 언제 차일지 모릅니다. 저는 시마쓰 씨의 다리가 적현赤縣[중국의 다른 이름]의 산하를 답파한 만큼 얼마나 단단하고 튼튼한지 잘 알고 있습니다. 그 다리가 한밤중 제 베개 근처에 뻗어 있을 거라 생각하니 도무지 유쾌한 일이 아닌 것만은 확실합니다. 예전에 가사袈裟가 모리토盛遠[138]에게 두들겨 맞을 각오를 하며 조용히 혼자 자고 있던 것처럼 오늘밤 저도 미리……."

나는 급하게 편지를 감췄다.

"꽤나 긴 편지군요."

시마쓰 씨는 어째서인지 뒤숭숭한 듯 방안을 걸으면서 내 편지를 바라봤다. 어쩌면 시마쓰 씨 자신도 내게 머리를 차일지 모른다며 내심 불안해하고 있었는지도 모른다.

---

138) 아쿠타가와의 작품 〈袈裟と盛遠〉(1918)에 나오는 등장인물 및 그 내용을 쓰고 있다.

# 금산사金山寺

"대련對聯의 구절도 변했군요. 보시죠. 저기 붙어 있는 것은 독립대도獨立大道, 공화만세共和萬歲라 씌어 있습니다."

"그렇군요. 여기 있는 것도 새롭습니다. 문명세계, 안락인가安樂人家라 씌어 있습니다."

우리는 흔들리는 인력거를 타고 이런 이야기를 나눴다. 좁은 길 양쪽에는 생선가게나 싸구려 여인숙 등 모두 누추한 집이 늘어서 있다. 그 출입구에 붙여 놓은, 앞서 말했던 붉은 색 당지唐紙에 쓴 대구對句를 읽어보니 대체로 지금 이야기한 그대로 새로운 시대의 대구들이다. 우리가 지금 통과하고 있는 곳은 오중吳中의 문호인 진강鎭江[삼국시대 오나라 손권의 도읍]이 아니라 '서력 1861년 천진조약으로 개항당한' 민국 10년의 전강錢江이다.

"진홍색 옷을 입은 아이가 방금 있었죠?"

"네 살찐 아주머니가 안고 있었지요……."

"그 아이 말입니다. 천연두에 걸렸더군요."

나는 갑자기 최근 4~5년 동안 우두를 접종하지 않은 것을 떠올렸다.

1930년대 진강 금산사 전경. 이곳에 사고전서 한 질을 보관하고 있는 문종각이 있다. 경극 백사전의 주요 인물인 승려 법해가 있던 사찰이다.

그 사이 우리가 탄 인력거는 진강 역 앞에 도착했다. 하지만 시간표를 찾아보니 남경행 기차를 타려면 아직 한 시간 정도의 여유가 있었다. 그 정도의 여유라면 저편 산 위로 탑이 보이는 금산사[진강 시 서북쪽에 있는 절로 319년에 세워졌다]에 가보지 않을 수 없었다. 논의를 끝내자마자 우리는 서둘러 인력거를 탔다. 다만 서두른다고 해도 평소처럼 품삯을 깎기 위해 십 분 정도 지체했던 것은 사실이다.

처음에 인력거로 통과한 곳은 땅을 파고 기둥을 세워 만든 움집이 늘어선 꽤나 원시적인 빈민굴이었다. 움집의 지붕은 짚으로 갠 흙을 바른 것인데 벽도 거의 보이지 않았다. 대부분은 거적이나 멍석을 쳐놓은 것들이다. 집 안팎에는 남자도 여자도, 모두 음침한 얼굴을 하고 서성대고 있었다. 나는 움집 지붕 뒤에서 키가 큰 갈대를 바라보면서 다시 한 번 천연두에 걸릴 것 같은 기분이 들었다.

"어떻습니까? 저 개는."

"털이고 뭐고 아무 것도 없는 개라니 신기하네요. 그런데 유쾌한 일은 아닙니다."

"저런 개는 매독이지요. 쿠리 등에게 옮는다고 하더군요."

그 다음으로 인력거가 통과한 곳은 강이 있고, 목재점이 있는, 요컨대 재목을 쌓아두는 곳이었다. 그곳에는 집집마다 붙은 작은 당지 대구 조각에 "강대공재차姜大公在此"[139] 운운하는 글자가 씌어 있었다. 이것은 "다메토모[헤이안 시대 말기 무장]가 머무는 곳爲朝御宿" 식의 주문 같은 것임이 틀림없었다. 그 강 저편으로 건너가자 경기가 좋지 않은 마을을 벗어난 곳에 적벽의 절 문이 서 있다. 문 앞에는 거지 한 명이 소나무 둥치 부근에 앉은 채 어째서인지 심호흡을 하고 있었다. 어쩌면 연민을 불러일으키기 위해 부러 괴로운 모습을 보여주는지도 몰랐다.

금산사는 물론 이 절이다. 우리는 인력거를 뒤로 한 후 절 안을 한 번 돌아봤다. 하지만 기차 시간이 정해져 있어서 느긋하게 감상할 마음의 여유는 없었다. 절은 산에 기대고 있어서 (예전에는 여기가 섬이라고 하지만) 회당마다 점차 고지대에 세워져 있었다. 그 사이의 돌계단을 오르내리면서 훑어본 느낌을 말하자면, 자연스레 미래파의 그림과 같은 묘하게 착종된 것에 대해 말할 수밖에 없다. 하지만 당시 받은 인상은 그것이 틀림없기에 수첩에 메모한 그대로 옮겨보면 대체로 다음과 같다.

---

139) 강태공은 태공망여상太公望呂尙이다. 기원전 11세기 무렵 주나라 군사軍使로 활동하다 제나라의 시조가 됐다.

"흰 벽. 붉은 기둥. 흰 벽. 건조한 포석. 넓은 포석. 바로 또 붉은 기둥. 흰 벽. 대들보의 편액. 대들보의 조각. 대들보의 금색과 적색과 흙색. 커다란 세발 솥. 중의 머리. 머리에 남은 여섯 개의 뜸 자국. 양자강의 물결. 적갈색으로 거품이 이는 물결. 무한으로 일어나는 물결. 탑의 지붕. 기와지붕의 풀. 탑의 기와에 막힌 하늘. 벽에 새겨진 석각. 금산사의 그림. 사사표查士票[140]의 시. 흘러오는 제비. 흰 벽과 돌난간. 소동파의 목상. 검은색 기와지붕과 적색 기둥과 흰색 벽. 시마쓰 씨는 카메라를 들여다보고 있다. 넓은 포석. 발簾. 느닷없이 들려오는 종소리. 포석에 떨어진 초록빛 파……."

아무래도 이렇게 써서는 독자에게 제대로 전달되지 않을 것 같다. 하지만 통한다고 해놓지 않으면 다시 고쳐 써야 하니 그것만으로도 귀찮다. 귀찮은 일이라도 물론 웬만하면 불사하겠지만 나는 지금 나고야에 있고, 동행인 기쿠치 칸菊池寬[141]은 열이 나서 신음하고 있다. 부디 이 점을 참작해서 내용이 통하는 것으로 해줬으면 한다. 일회 분을 다 쓰고 나면 나는 다시 기쿠치의 병문안을 가지 않으면 안 된다.

---

140) 사사표(1614-1698)는 명나라 말기 및 청나라 초기의 화가이다.

141) 기쿠치 칸(1888-1948)은 소설가이며 문예춘추사를 설립한 실업가였다. 아쿠타가와상 및 나오키상을 창설했으며, 조선인 작가들과도 유대가 깊었다. 아쿠타가와와는 학창시절부터 막역한 사이로 아쿠타가와가 자살했을 때 조사弔辭를 썼다.

# 남경 上

남경에 도착한 날 오후 나는 이름을 잘 모르는 중국인 안내인과 성안을 한 번 둘러보기 위해 전과 같이 인력거에 올랐다. 저녁 햇살이 흘러든 시내는 서양 건물도 뒤섞여 있고 집들이 늘어선 뒤로 보리나 누에콩 밭이 보이거나, 거위가 있는 연못이 보였다. 비교적 넓은 길가에는 행인도 드물었다. 안내인에게 물어보니 남경 성안의 60%는 이미 밭이나 황무지가 됐다고 한다. 길가의 버드나무나 무너져가는 토담과 제비 떼를 바라보면서 회고의 정을 재촉하며, 이런 공터를 사두면 후일 벼락부자가 될지도 모른다는 생각이 들었다.

"누가 지금 사두면 좋을 텐데. 포구浦口[쁘우카오-남경의 건너편 기슭에 있는 도시]가 번성하기만 하면 분명 이곳 땅값이 폭등할 거야."

"여기선 안 돼요. 중국인은 모두 내일 일은 생각하지 않아요. 누가 땅을 사겠어요."

"그럼 자네만 생각하게."

"저도 역시 생각하지 않습니다. ……아니 생각할 수 없습니다. 집이 타버릴지 내가 살해당할지 내일 일은 아무도 모르는 것 아닌가요?. 그게 일본과 다른 점입니다. 지금 중국인은 어린이들의 장래를

1910년대 남경시정부 청사 앞 풍경

즐겁게 생각하기보다는 술과 여자에 빠져 있습니다."

그 사이 길가에는 어느새 포목전이나 책방 등 활기찬 가게가 보이기 시작했다. 나는 일전에 영암산에 올라갔다 돌아오다가 몇 번씩이나 길을 잃은 적이 있다. 결국엔 날이 저물어서 나귀가 그대로 밭 안으로 뛰어드는가 하면 셔츠가 비에 흠뻑 젖는 등 이루 말할 수 없는 고생을 했다. 그 기념으로 새끼 산양 가죽으로 만든 신발에 커다란 구멍이 두세 곳이나 나기도 했다. 나는 신발 가게가 보이자마자 구두를 사야한다는 일념에 서둘러 가게 진열창 앞에 인력거를 세우라고 했다. 안으로 들어서 보니 가게는 생각보다 꽤 넓었다. 직원 두 명은 열심히 구두를 가지런하게 정리하고 있었다. 커다란 진열장에는 서양풍 구두는 물론이고 중국풍 구두가 다수 진열돼 있었다. 검은 구두, 분홍색 구두, 남빛 구두. 중국의 구두는 모두 공단으로 만들었는데, 크고 작은 다양한 모양의 구두가 저녁 햇살을 받으면서 늘어서 있는 장면은 묘하게 아름다워 보였다. 카운터에 있는 한쪽 눈이 먼 주인 남자는 피부색이 희고 입가가 온화해 보여 외려 이상한 기분이 들었다. 나는 잠시 로맨틱한 기분을 느끼면서 구두를 고르기 시작했다. 이 곳 진열장 어딘가에 인간의 피부를 기워서 만든 화사한 여성용 구두가 있을지도 모른다는 그런 기분도 조금 들었다. 하지만 내가 산 구두는 로맨틱과는 전혀 상관이 없었다. 정가 육 엔의 목달이 구두였다. 색은…… 그 후 이 구두를 신은 채 돌아다니다 무라타 우코 군과 마주쳤을 때 "묘한 색이군요. 마치 가방을 신고 걷고 있는 것 같아요." 하는 잔혹한 평을 들었다. 실제로 노란 색 같기도 하고 검은 색 같기도 한 대단히 괴이한 적갈색 구두였다.

새 구두를 신은 후, 다시 인력거를 타고 가자 공원貢院[옛 과거 시험장]이 이어지고 있는 길이 나왔다. 약 3만 평이나 되는 이 곳은 호수戶數가 2만 6백 호 정도라고 하는 어마어마하게 큰 규모를 갖추고 있는 옛 문관 시험장이다. 지나가며 본 느낌으로도 무네와리나가야棟割長屋[한 채를 벽으로 칸막이 해서 몇 가구로 가른 긴 집]와 큰 차이가 없었다. 하지만 해 지는 하늘에 잿빛으로 솟은 명원루明遠樓 아래로 무수히 많은 기와지붕이 연이어 있는 것은 요란스러울 뿐 아니라 자못 황량한 느낌까지 드는 경치였다. 그 지붕들을 바라보고 있자니 갑자기 천하의 시험제도가 모두 시시한 기분이 들었고, 세상의 모든 낙제 서생에게 가슴 속 가득한 동정을 전하고 싶어졌다. 여러분이 시험에 낙제한 것은 여러분의 무능 때문만이 아니다. 단지 불행이라는 우연이다. 예부터 중국의 소설가는 이 우연을 필연으로 삼아 모든 곳의 과거장을 무대로 하는 인과의 괴담을 만들어냈다. 하지만 그것은 믿을 것이 못

1920년 강남 공원(과거장)과 명원루 풍경

된다. 아니, 오히려 그러한 이야기는 시험에 급제하기 위해서는 얼마나 많은 우연이 활개쳐야 하는지를 그들도 명확히 알고 있었다는 증거이다. 여러분은 시험에 낙제하더라도 여러분의 능력을 의심해서는 안 된다. 만약 그것을 의심하게 되면 그것을 끝으로 여러분은 자신을 파멸시키게 될 것이며 여러분의 선배인 시험관마저도 정신적 살인이라는 범죄에 빠트리는 격이 되기 때문이다. 실제로 나는 낙제점을 받아도 내 자신의 재능에 대해서는 조금도 의심하지 않았다. 그 때문에 당시 모든 시험관이 나를 보는 것만으로도 양심의 가책을 느끼지 않았던 것 같다…….

"공원貢院(과거장)은 더 많았지요."

안내자의 목소리가 갑자기 내 망상을 멈추게 했다. 그는 나를 돌아보면서 점점이 하늘에 박쥐를 날아가게 만든 어쩐지 서글픈 기와지붕을 손가락으로 가리켰다.

# 남경 中

호텔의 서양식 방에서 나는 단내가 나는 엽궐련을 피워 물고 어제 휙 둘러본 진회秦淮의 경치에 대해 쓰고 있다. 이곳은 일본인이 운영하는 숙소인데 방 한 구석에 조악하게 페인트칠을 해서 세워 놓은 산수화 병풍이 여간 나를 괴롭히는 게 아니다. 게다가 과히 질이 좋지 않은 버터로 구운 빵은 아까부터 계속 내 위장 언저리에 얹혀 있는 상태이다.

나는 적잖은 향수鄕愁를 느끼면서 부지런히 만년필을 움직였다.

"진회의 공자묘를 지난다. 때는 이미 땅거미가 내려 문을 걸어 잠그고 사람을 들이지 않는다. 문 앞에는 늙은 강석사講釋師가 있다. 한 무리의 한가한 사람들에게 둘러싸여서 삼국지인가 무언가를 낭독해 주고 있다. 손 안에는 부채, 혀끝에는 해학, 일본의 길거리 만담을 방불케 한다."

"다리 위에서 바라보니 진회는 평범한 개천이다. 하천 폭은 혼쬬本所의 다테가와竪川 정도이다. 양쪽 기슭에 즐비한 인가는 요릿집이나 기생집 등이라고 한다. 인가 하늘에 새로 잎을 틔운 나무의 우듬지가 있다. 사람 없는 화방 서너 척이 해질녘 희부연 남기嵐氣 아래 모여

정박해 있는 것이 보인다. 옛 사람이 말하길, "연기는 한수에 자욱하고 달은 모래에 자욱하네 煙籠寒水月籠沙"[두목의 칠언절구시 〈박진회泊秦淮〉의 첫 구절]라 하였건만 이러한 풍경은 도시 찾아볼 수가 없다. 오늘날 진회는 속취가 분분한 야나기바시柳橋[아사쿠사에 있는 다리]와 다르지 않다."

"호슷가 여관에서 저녁밥을 먹었다. 일류 요리점이지만 실내는 그다지 청결하지가 않다. 목각 국화에 페인트를 칠한 기둥, 수박 씨앗이 흩어져 있는 마루, 조악한 수묵으로 된 사군자 족자. ……오늘날 중국의 식당은 미각 외에는 그 어느 것도 만족시킬 수 없는 장소가 되고 말았다. 식사는 팔보반가八寶飯佳, 가격은 팁을 포함 이인 분에 삼엔 이십 전. 식사 중에 옆방에서 호궁 소리가 들리고 노랫소리 또한 이어서 들렸다. 옛날에는 〈후정화後庭花〉 한 곡이 시인을 슬픔에 빠트리게 했는데, 동방의 나그네는 다한多恨을 느끼지 못한다.[142] 푸른빛을 띠는 검은 계란을 입안에 가득 넣고, 거나하게 취한 안내자와 내일 일정에 대해 이야기한 지도 벌써 시간이 많이 지났다."

"요리집에서 나오니 이미 저녁이다. 집집마다 켜놓은 전등 빛이 기생의 인력거를 넘어 비춘다. 마치 다른 강기슭을 가고 있는 듯하다. 그래도 단 한 명의 수려한 기생을 보지 못했다. 나는 의심한다. 《진회화방록秦淮畫舫錄》 속의 미인 중 몇 명인가는 에누리 없는 자가 있다. 만약 저 《도화선전기桃花扇傳奇》[청나라 시기의 공상임孔尚任이 지은 희곡]의 향군香君에 이르러서는, 진회의 기생집 할 것 없이 4백여 주를 편력한다 하여도 수려한 기생은 아마 한 명도 없을 것이다……."

---

142) 이 부분은 두목의 〈박진회〉의 마지막 구 "강을 사이에 두고 더욱 노래 부르네"와 관련된 것이다. 〈후정화〉는 정확하게는 〈옥수후정화玉樹後庭花〉이다.

나는 퍼뜩 얼굴을 들었다. 테이블 앞에 신문사의 고미[五味] 군이 중국옷을 입은 채 서성이고 있었다. 따듯해 보이는 검은 마고자에 남빛 두루마기를 입은 모습이 거침없이 당당해 보인다고 해도 과장된 것은 아니다. 나는 인사를 하기 전에 잠시 그 중국옷에 경의를 표했다(후일 내 중국복장이 북경의 일본인 여러분을 괴롭게 한 것은 분명 고미 군에게서 받은 나쁜 영향 때문이다).

"오늘은 제가 안내 하지요. 명나라 효릉[孝陵]부터 막수호[莫愁湖143]까지."

"그래 주시겠습니까. 그럼 어서 떠나지요."

나는 명소를 보고 싶은 것보다, 위장 안의 빵을 빨리 소화시키고 싶다는 듯 재빨리 외투에 손을 넣었다.

한 시간 후, 우리 둘은 종산[鍾山][효릉이 있는 자금산[紫金山]의 옛 이름] 능에 이르러, 당당한 석교를 건너고 있었다. 효릉은 장발적[長髮賊]의 난[태평천국의 난] 당시 많은 전각이 불타서 지금은 어디를 봐도 무성한 풀 뿐이다. 쑥대밭 같은 풀숲 사이로 방치돼 있는 커다란 석상이나, 문의 주춧돌은 나라[奈良] 교외의 푸른 초원에 칼자루를 은으로 장식한 검을 차고 있는 귀공자[貴公子] 석상의 쓸쓸함과는 비교할 수가 없었다. 실제로 이 석교만 하더라도 곳곳의 돌 틈에 엉겅퀴 꽃이 피어 있는 것은 글자 그대로 회고의 시경일 뿐이다. 나는 튀어나오려는 욕지기를 참으면서 종산의 송백을 올려다보며 육조[六朝]의 금가루[金粉]라고 하는 옛사람의 시를 떠올렸다.

능 그 자체……인지 어떤지는 모르겠으나 어쨌든 맨 끝에 솟아 있는 것은 터무니없이 높은 석벽이다. 그 벽 한가운데에는 자동차도 능

---

143) 효릉은 남경의 동쪽에 있는 명나라 태조 홍무제 주원장(1328-1398)의 능묘. 막수호는 남경 시내 남서부에 있는 호수이다. 남제[南齊] 때 낙양 출신의 소녀 막수[莫愁]가 멀리 강동 지방의 노씨[盧氏] 집안으로 출가하여 호숫가에 거주하였다고 하여 붙여진 명칭이라고 전한다.

히 통과할 수 있을 듯한 완만한 비탈을 이룬 터널이 있었다. 그 터널의 높이조차도, 벽 전체의 높이에서 보자면 겨우 사분의 일 정도에 지나지 않았다. 터널 앞에서 잠시 멈춰선 채 약간 거무스름한 벽 저 높이 펼쳐진 늦봄의 푸른 하늘을 올려다봤을 때, 갑자기 내 몸이 작은 새만큼 작아지는 듯한 기분이 들었다. 그렇게 그곳의 포석에 난 풀에 시큼한 물을 조금 뱉었다.

터널을 통과한 후 잠시 돌계단을 오르자, 마침내 능의 가장 윗부분이 나타났다. 그곳에는 지붕도 기둥도 없는 적벽만이 둘러쳐진 채 남아 있었다. 주변에 자라난 어린 나무나 풀, 벽의 한 면 가득 쓰인 낙서의 흔적. ……황폐함은 역시 변함이 없다. 하지만 이 능 위에 서서 보자니, 분분히 날아다니는 제비 아래에서 잠시 전에 건넜던 석교는 물론이고 정전正殿, 곽문郭門[명나라 효릉의 정문인 문무방문], 흰 능으로 이어진 길…… 그밖에 햇살이 비춰진 산하가 저 멀리 청청하게 펼쳐졌다. 고미 군은 에이잔叡山의 장군 가문처럼 유연히 바람을 맞으면서 점점이 걸어가고 있는 눈 아래 남녀 몇 명을 내려다본다.

“보세요. 오늘은 서문 밖에서 고도동高跳動[높이 뛰어오르는 묘기]을 하고 있네요. 구경꾼들도 제법 많아 보입니다.”

하지만 헌팅캡을 쓴 이 순우純友[아쿠타가와 본인]는 신물을 입에 머금고 있어서, 고도동이 무엇인지 물어볼 기력조차 남아 있지 않았다.

# 남경 下

호텔에 돌아오자마자 나는 바로 침대 위로 기어 올라갔다. 변함없이 속이 쓰렸다. 열도 조금 있는 것 같았다. 침대에 누운 채 차를 끓여주러 온 머리를 묶은 여종업원에게 혹시 안마를 해주는 사람이 없는지 심각하게 물어봤다. 그러자 안마를 전문으로 하는 사람은 없지만, 안마를 할 줄 아는 이발사는 있다고 했다. 나는 이발사든 목욕탕 주인이든 상관없으니 빨리 안마해 줄 사람을 불러달라고 했다. 마치 이대로 왕생往生해 버릴 것만 같은 기분이 들었다.

여종업원이 놀라서 물러간 후 구메 마사오久米正雄[144]와 함께 샀던 니켈 시계를 꺼내 보니 겨우 두 시 몇 분인가를 가리켰다. 오늘은 효릉을 봤을 뿐 막수호는 돌아보지도 못하고 왔다. 서호에서는 소소소를 애도했고, 호구에서는 진낭眞娘을 애도했으니 역시 삼대 미색에 드는 기생의 한 명인 막수莫愁를 애도하러 가고 싶었지만, 이런 상태인지라 어쩔 수가 없었다. 오늘 고미 군과 점심을 먹으러 진회에 있는 요리점에 갔을 때는 전복탕을 먹다가 잠시 말도 할 수 없을 정도로 가슴

---

144) 구메 마사오(1891-1952)는 아쿠타가와 류노스케, 기쿠치 칸 등과 함께 제4차 《신사조》를 창간한 소설가이다. 태평양전쟁 당시 일본문학보국회 사무국장을 지냈다.

이 답답한 기분이 들었다. 어쩌면 위장병과 함께 늑막염이 재발한 것인지도 모른다. 생각이 거기에 미치자 나는 오륙 분 사이에 낙명落命에 이를 것 같은 기분이 들기 시작했다.

그 사이에 인기척이 나서 엎드려 있다가 고개를 들어보니 키가 상당히 큰 중국인 한 명이 침대 앞에 서 있었다. 나는 약간 충격을 받았다. 페인트로 칠한 병풍 앞에서 갑자기 이런 장승같은 거한을 발견한다는 것은 사실 누구라도 기분 좋은 일은 아니다. 게다가 이 거한은 나를 보자마자 유유히 팔을 걷어 붙였다.

"뭐야 당신?"

그는 내가 호통을 쳐도 안색 하나 변하지 않았다. 그러더니 단 한 마디로 대답했다.

"안마!"

나는 엉겁결에 쓴웃음을 지으면서, 그에게 안마를 하라고 손으로 시늉을 했다. 하지만 이발사를 겸하고 있다는 이 안마사는 문지르지도 않고 치지도 않았다. 그저 목덜미에서 등줄기 쪽으로 순서대로 근육을 주무를 뿐이었다. 그렇지만 결코 무시할 수 없었다. 나는 점차 몸에 뭉친 것이 풀리는 듯한 편안함을 느끼고 대충 "하오 하오." 하고 칭찬해줬다.

그 후 두 시간 정도 낮잠을 자고 나자 꽤나 기력이 회복되었음을 느꼈다. 다섯 시에는 고미 군과 타가多賀[145] 중위를 만났다. 타가 씨는 한때 내가 애독했던 《가정군사담家庭軍事談》의 저자이다. 나는 당시 이름 그대로, 내게 가장 친숙한 타가 중위라는 명칭을 쓰겠으나 지금

145) 타가 무네유키多賀宗之는 1917년에 강소성에서 군사 고문이 됐으며, 군사 관련 서적을 다수 출판했다. 만주국 건국에 관여했다.

은 어떻게 됐는지 모르겠다. 그 타가 중위에게 만찬 초대를 받고 나서 면도도 하고, 검은 양복도 입어보면서 다섯 시까지 대강 몸치장을 마쳤다.

그날 밤 나는 타가 중위와 다시마나 마른 고기 등을 먹으면서 《가정군사담》에 대한 이야기를 나눴다. 다시마나 마른 고기는 저항요법抵抗療法[146]에 근거한 메뉴의 일부였다. 타가 중위는 무인다운 골격을 느낄 수 있는 사람이었다. 그럼에도 좌담에 능숙했다. 나는 중위와 케게쓰桂月[147] 선생과 관련된 소문에 대해 이야기를 나누거나 우리들 외에도 또 한 명 같이 온 젊은 손님과 강남의 풍광에 대해 이야기 하면서 잠시 아픈 몸을 잊었다. 특히 이 손님은 황밤이든 뭐든 모조리 먹어치우는 데에 꽤나 뛰어났던 인상이 지금도 선명하다.

우리는 식사를 마치고 나서 응접실에서 다시 한바탕 이야기에 열중했다. 그곳에는 중국의 진귀한 물건이나, 진홍색 산을 그린 조악한 그림 등 골동품과 관련된 것이 늘어서 있었다. 나는 호텔방의 페인트칠을 한 병풍에 반나절 넘게 괴롭힘을 당한 뒤라서 이 방의 안락의자에 느긋하게 앉아 있는 것이 꽤나 유쾌했다. 중위는 다행스럽게도 "당삼채唐三彩는 말입니다."[당나라 시대에 부장품으로 쓰기 위해 만든 황색, 녹색, 남색으로 만든 조각품] 하고 말할 정도로 골동품에 대한 식견도 갖추고 있는 듯했다.

그 사이 일동의 화제는 어느새 병에 관한 것으로 옮겨갔다.

"남경에서 가장 무서운 것은 병에 걸리는 것입니다. 예부터 남경에서 병에 걸린 뒤 신속하게 일본으로 돌아가지 않고 목숨을 건진 사

---

146) 다카노 타키치高野太吉가 제창한 건강법으로 1914년 무렵 나온 것이다. 다카노는 중국에 건너가 손문의 지병을 치료하기도 했다.
147) 오마치 케게쓰大町桂月(1869-1925)는 시인으로 아쿠타가와가 한때 애독했던 작가.

람은 단 한 명도 없습니다."

타가 중위는 술기운과 함께 농담인지 진담인지 모를 꽤나 어설픈 단언을 내렸다. 한 명도 목숨을 구한 사람이 없다니……. 나는 이 말을 듣자 갑자기 다시 죽을 것만 같은 기분이 들었다. 동시에 내일은 기차가 있는 한 서하사栖霞寺[남경 시가에서 북동쪽에 있는 남경 최대의 사원]도 막수호도 보지 말고 바로 상해로 돌아가리라 결심을 했다…….

다음날 상해로 돌아온 나는 보슬비가 내리는 아침 일찍 사토미 병원 진찰실에서 진찰을 받았다. 사토미 선생은 손을 씻으면서 나를 향해 미소를 지었다.

"아픈 곳은 없습니다. 아프다고 생각한 것은 신경神經 쪽입니다."

"하지만 아직 한구漢口에서 북경北京까지 가야 하는데……."

"그 정도 여행은 괜찮습니다."

나는 어쨌든 기뻤다. 하지만 서둘러 상해로 돌아왔음에도 불구하고 약간 실망했던 것 또한 사실이다. 사토미 선생은 훌륭한 의사이지만 애석하게도 훌륭한 사이카이트리스트psychiatrist[정신과 의사]는 아니다. 내가 만일 선생이라면 비록 병이 없이 건강하더라도 다음과 같은 진단을 내려줬을 터인데 말이다.

"오른쪽 폐에 인플러메이션inflammation[염증]이 조금 있습니다. 바로 입원하는 것이 좋겠습니다."

3부

# 장강을 거슬러 오르며 남기다

## 長江遊記

# 머리말

이 글은 3년 전 중국에 가서 장강長江[양쯔강]을 거슬러 올랐던 것에 대한 기행문이다. 요즘처럼 어지러울 정도로 변화가 빠른 세상에서 3년 전의 기행문 따위에는 그 누구도 관심을 기울이지 않을지 모른다. 하지만 인생을 여행에 비유한다면 모든 추억은 바로 오래된 여행의 기억이다.

내 문장을 애독하는 독자 여러분은 '호리카와 야스키치堀川保吉'[148] 에게 그랬던 것처럼 이 〈장강유기〉 한 편도 그저 흘끗 봐주실 수 없을까?

나는 장강을 거슬러 오를 때 늘 일본을 그리워했다. 하지만 지금은 일본에서, 그것도 무더위가 심한 도쿄에서 왕양汪洋한 장강을 그리워하고 있다. 장강을? 아니 장강만이 아니다. 무호蕪湖를, 한구漢口를, 여산廬山의 소나무를, 동정洞庭[동정호]의 물결을 그리워하고 있다. 내 문장의 애독자 여러분은 '호리카와 야스키치'를 대하듯이 내 추억벽도 한번 흘끗 봐주셨으면 한다.

---

148) 아쿠타가와 자신을 모델로 삼아 쓴 작중 인물의 이름. 1923년 5월에 발표한 〈야스키치의 수첩保吉の手帳〉에 등장하는 인물로부터 시작됐다.

# 무호蕪湖

나는 니시무라 테키치와 함께 무호의 길가를 걷고 있었다. 길은 이전과 마찬가지로 햇볕조차 들지 않는 보도블록 길이었다. 양측에는 은루銀樓나 술집 등 익숙한 간판이 매달려 있는데, 한 달 반이나 중국에 있어서 그런 것인지 이젠 신기하다는 생각은 들지 않았다. 게다가 일륜차가 통과할 때마다 내는 삐걱대는 회전축 소리는 두통마저 생길 듯한 소란스러움이었다. 나는 암담한 얼굴로 니시무라가 뭐라고 말을 걸든 건성으로 대답을 할 뿐이었다.

니시무라는 나를 부르려고 몇 번이나 상해로 편지를 보냈었다. 특히 무호에 도착한 밤에는 일부러 나를 맞이하려고 작은 증기선[소형 동력선]을 준비한다든지, 환영 만찬을 열어주는 등 여러모로 극진히 대접해 줬다(하지만 내가 탄 펭양마루鳳陽丸는 포구浦口[강소성江蘇省 남경시南京市에 위치]를 떠나는 것이 늦어졌기 때문에 그의 극진함도 모두 수포로 돌아갔다). 뿐만 아니라 그의 사택인 당가화원唐家花園에 머물게 된 후에도 식사뿐만 아니라 옷이나 침구 모두 만사에 세심히 배려를 해줘서 송구스러울 뿐이었다. 그런 연유로 이 동도東道의 주인 앞에서 이틀 동안 무호에서 유쾌하게 지내지 않을 수 없었다. 하지만 내 신사적인 예의도 매미를 닮은 니시무라의 얼굴을 보자 바로 어디론가 사라져버리고 말았다. 이건 니시무라의 탓이 아니다. '군'이나 '저'라는 말 대신에 '이봐' 혹은 '나'라는 말을 쓰는 우리들의 친밀함이 죄라면 죄다. 그렇지 않다면 길가 한복판에서 오줌을 싸는 돼지와 마주했을 때에도 이토록 불쾌한 감정을 드러내는 것은 한동안 삼가는 마음이 들었을지도 모른다.

"시시한 곳이잖아 무호라는 곳은. ……아니지 무호만이 아니야. 나는 이제 중국에 진력이 났어."

"자넨 되바라졌으니까. 중국이 성격에 맞지 않을지도 몰라."

니시무라는 서양말은 잘 알아도 외려 일본어가 대단히 미숙했다. '되바라졌다'를 '되비라졌다'로, 계관을 '관계'로 품속을 '품쏙'으로, '다짜고짜'를 '다싸고짜'로 썼다. 그밖에도 틀린 일본어는 일일이 다 열거할 수가 없을 정도였다. 그렇지만 내가 니시무라에게 일본어를 가르쳐주러 일부러 이곳에 온 것은 아니기에 나는 무뚝뚝한 표정을 지었을 뿐, 아무런 대답도 하지 않고 계속 걸었다.

그러자 조금 폭이 넓은 길가에 여자 사진을 늘어놓은 집이 보였다. 그 앞에 한가한 사람 대여섯 명이 유심히 사진 속 얼굴을 보고는 무언가 조용히 이야기하고 있었다. 무슨 이야기인지 묻자 제량소濟良所[149]라는 대답이 돌아왔다. 제량소라는 곳은 양육원이 아니다. 스스로 폐업한 여자를 보호하는 곳이다.

얼추 도시를 편력한 후 니시무라는 나를 의도헌倚陶軒 즉 일명 대화원大花園이라는 식당으로 데려갔다. 그곳은 예전 이홍장李鴻章의 별장이었다고 한다. 하지만 대화원에 들어간 후의 느낌은 홍수 후의

149) 중화민국 시대에 설치된 관영기관. 관기나 창녀를 교육시켜서 다른 일자리를 알선해줬다.

무코지마向島[도쿄 스미다구에 위치한 지역으로 1910년 대홍수를 겪었다] 와 별 차이가 없었다. 꽃과 나무가 적고, 땅은 황폐했으며, '도당陶塘[질그릇 모양의 오목한 연못]'의 물도 탁하고 집 안은 휑해서 별장[요정]과는 거리가 먼 풍광이었다. 우리는 처마의 앵무새 둥지를 보면서 맛 하나는 훌륭한 중국요리를 먹었다. 하지만 식사 대접을 받을 때부터 중국에 대한 내 혐오감은 점차 이성을 잃기 시작하고 있었다.

그날 밤 당가화원 발코니에서 니시무라와 등받이 의자에 나란히 앉았을 때 나는 바보스러울 정도로 열심히 현대의 중국에 대한 험담을 늘어놓고 있었다. 지금 현대 중국에 무엇이 있는가? 정치, 경제, 학문, 예술 모두 타락해 있지 않나? 특히 예술에 대해서 말하자면 가경嘉慶과 도광道光[청나라 연호. 1786년부터 1850년까지를 말함] 시기 이후 무엇 하나라도 자랑할 만한 작품이 있나? 게다가 국민은 노소를 불문하고 제 멋대로 태평이다. 물론 젊은 국민 중에는 조금이나마 활력이 있는 자가 있을지도 모른다. 하지만 그들의 소리라 해도 전 국민의 마음에 울릴 정도로 커다란 정열은 없음이 사실이다. 나는 중국을 사랑하지 않는다. 사랑하고 싶어도 사랑할 수가 없다. 이 국민적 부패를 목격하고도 중국을 사랑할 수 있는 사람은 그지없이 퇴폐한 호색한이거나, 천박한 중국 취미를 가진 얼치기일 뿐이다. 아니, 중국인 자신이라 해도 마음이 어둡지 않다면 우리 같은 일개 여행객보다도 더 혐오감을 참기 어려울 것이다…….

나는 왕성하게 연신 지껄였다. 발코니 밖의 회화나무 가지 끝이 고요히 달빛에 젖어 있다. 회화나무 가지 맞은편…… 옛 연못을 품은 흰 벽의 거리가 끝나는 곳에 있는 것은 양자강 물이 틀림없다. 그 물이 도도히 흐르는 끝에는 라프카디오 헌Lafcadio Hearn[150]이 〈봉래蓬萊〉에서 꿈꾸던 것처럼 그리운 일본의 산이 있다. 아아, 일본에 돌아가고 싶다.

라프카디오 헌과 그의 일본인 아내

"자네는 언제든 돌아갈 수 있지 않나?"

향수鄕愁에 감염된 니시무라는 달빛 아래 오가는 커다란 나방을 바라보면서, 거의 혼잣말처럼 그렇게 말했다. 내가 이곳에 머문 것은 아무리 생각해도 니시무라에게 도움이 되지 않은 것 같다.

---

150) 라프카디오 헌Lafcadio Hearn(1850-1904)은 그리스령 레프카다 섬에서 영국인 아버지 밑에서 태어났으며, 19세 때 미국으로 건너갔다. 1890년 특파원으로 일본에 갔다가 시마네 현 이즈모에서 교사로 재직하며 일본에서 평생 살았다. 일본 명은 고이즈미 야쿠모小泉八雲이다.

# 소강溯江

나는 양자강을 거슬러 오르기 위해 세 척의 기선을 탔다. 상해에서 무호까지는 펑양마루鳳陽丸, 무호에서 구강까지는 난요마루南陽丸, 구강으로부터 한구까지는 다이안마루大安丸이다.

펑양마루에 탔을 때는 엄청난 덴마크인과 함께 했다. 그 사람의 이름은 루즈인데 영어로 쓰면 Roose다. 여하튼 중국을 종횡무진한 지가 어언 이십 년이라고 하니 현존하는 마르코 폴로라고 생각하면 틀림없다. 이 호걸이 틈만 나면 나 아니면 같은 배의 다나카 군을 붙잡고는 삼십 몇 피트나 되는 큰 뱀을 퇴치한 이야기며, 광동廣東의 도협盜俠인 랑크와이센(한자로는 어떠한 글자를 쓰는 것인지 루즈 씨 자신도 알지 못했다)에 관한 이야기며, 하남河南 직례直隷[명청기에 걸쳐 황하 하류 북부지역의 행정구역 명칭]에 닥친 기근에 관한 이야기며, 호랑이나 표범을 사냥한 이야기 등등을 거침없이 늘어놓다가 가고는 했다. 그 중에서도 흥미로웠던 것은 같은 테이블을 함께 썼던 미국인 부부와 동서양의 사랑에 대해 논했을 때이다. 미국인 부부 중에서도 특히 부인은 동양을 경멸하기가 굽 높은 구두를 신고 내리깔아보는 사람처럼 상당히 방자한 여인네였다. 그녀의 견해에 따르면 중국인은 물론이고 일본인도 도대체 사랑love이라는 것을 알지 못하는 사람들이다. 그들의 몽매함이 가련하다는 것이다. 이를 들은 루즈 씨는 스푼을 카레 접시로 향하면서 바로 이의를 제기했다. 아니다, 사랑이 무엇인가는 동양인들도 잘 알고 있다. 예를 들어 사천四川에 사는 어느 소녀는 하면서 득의양양하게 견해를 피력하자, 그 부인은 바나나 껍질을 까다 말고, "아니요 그것은 사랑이 아니라 단지 연민에 지나지 않아요" 하고 말했다. 그러자 루즈 씨는 완강하게, 그러면 일본 도쿄의 어느 소녀는 하면서 다른 예를 들이밀기 시작했다. 그러자 결국 상대방 부인도 불같이 화가 났는지 갑자기 테이블에서 일어나 부군과 함께 나가버렸다. 나는 루즈 씨의 그때 얼굴을 지금도 확실히 기억한다. 선생은 우리들 황색 무리에게 짓궂은 미소를 짓자마자 집게손가락으로 이마를 두드리면서 "내로우 마인디드narrow minded" 하고 말했다. 미국인 부부는 남경에서 하선했는데, 강을 거슬러 올라가는 동안 계속 함께 했다면 여러모로 흥미로운 파란을 불러왔을 것임에 틀림없었다.

무호에서부터 탄 난요마루에서는 다케우치 세이호[151] 씨 일행과 함께 했다. 세이호 씨도 구강에서 하선한 후 여산에 오르기로 돼 있어서 나는 그 자제분 —이런 호칭은 아무래도 이상하다. 자제분임에는 틀림없지만 꽤나 친밀히 이야기를 해서인지 자제분이라고 부르기에는 조금 이상한 기분이 들었다.— 어쨌든 그 자제분인 이쓰[152] 씨 등과 유쾌하게 강을 거슬러 오를 수 있었다. 여하튼 장강이 제아무리 크다고 해도 결국 바다는 아닌지라 배가 옆으로 흔들리지는 않았고 위아래로 놀지도 않았다. 배는 그저 기계의 컨베이어 벨트처럼 흐르

151) 다케우치 세이호竹內栖鳳(1864-1942)는 화가로 당시 도쿄 화단의 대가였다.
152) 다케우치 이쓰조竹內逸三(1891-1980)는 다케우치 세이호의 장남으로 미술평론가였다.

1920년대 장강에서 운항하던 난요마루 호

는 강물을 가르면서 유유히 서쪽으로 향했다. 그 점만으로도 장강 여행은 배 타는 것에 약한 내게 유쾌한 것이었다.

물은 앞서 말했던 것처럼 녹물에 가까운 주황색이다. 하지만 멀리 보이는 강 끝은 푸른 하늘에 반사가 더해져서 대체로 강철의 표면색처럼 보이기도 했다. 그곳을 그 유명한 뗏목이 두세 척 떠내려가고 있었다. 실제로 내가 본 것 중에도 돼지를 키우고 있는 뗏목이 있었기 때문에 역시 훨씬 더 큰 뗏목은 마을 하나를 통째로 싣고 있을지도 모른다고 생각했다. 뗏목이라고 해도 지붕도 있고 벽도 있어서 사실은 바다에 뜬 집인 셈이다. 난요마루의 선장 다케시타 씨의 이야기에 따르면 뗏목에 타고 있는 이들은 운남雲南이나 귀주貴州 지역의 원주민이라고 했다. 그들은 산속에서부터 만 리에 걸쳐 탁류가 흘러가는 대로 유유히 강을 따라 내려온다. 그렇게 절강浙江이나 안휘安徽 등지의 지역에 무사히 도착하면 뗏목으로 묶어 가져온 목재를 돈으로 바꿨다. 그 여정이 짧으면 오륙 개월, 길면 거의 일 년으로 집에서 나올 때는 아내였던 여자가, 집에 돌아갈 때는 어머니가 돼 있는 경우가 허다하다 했다. 하지만 장강을 오가는 것은 뗏목 같은 원시

시대의 유물에 한하지 만은 않았다. 한 번은 미국의 포함砲艦 한 척이 작은 증기선을 표적으로 삼아서 실탄사격을 한 적도 있었다.

강폭이 넓은 것은 전에도 이야기했지만, 여기에도 삼각주(델타)가 발달해 있어서 한쪽 기슭은 멀리 있어도 한편으로는 반드시 초록이 보였다. 아니, 초록만이 아니다. 논에서 벼가 흔들리는 것도 보였다. 버드나무가 물가에서 자라고 있는 것도 보였고, 물소가 멍하니 서 있는 것도 보였다. 푸른 산도 물론 여럿 보였다. 나는 중국에 가기 전에, 코스기 호안 씨와 이야기를 나눴는데, 그가 여행지에서 주의하라고 한 것 중에는 이러한 것도 있었다.

"장강은 수심이 낮고 양쪽 기슭이 꽤나 높으니 배의 높은 부분에 올라가시게. 선장이 있는 뭐라고 하더라 그쪽에 높은 곳이 있잖나. 거기로 올라가지 않으면 조망을 할 수 없을 거야. 그곳에 보통 승객은 태우지 않으니까 어떻게 해서든 선장을 꼬드겨 보시게……."

나는 선배가 해주는 말이라서 펭양마루에서도 난요마루에서도 강 위의 조망을 원하는 만큼 보기 위해 계속 선장을 꼬드겨보려 했다. 그런데 난요마루의 다케시타 선장은 내가 그러기도 전에 응접실 지붕이 있는 선장실로 친절하게 나를 초대해줬다. 하지만 그곳에 올라가서 봐도 그다지 풍경이 달라지지는 않았다. 그리고 실제로 그냥 갑판에서 봐도 멀리까지 육지를 내다볼 수 있었다. 나는 순간 이상한 생각이 들어서 선장에게 사실을 고백하고 그 이유를 물어봤다. 그러자 선장이 웃으며 이야기했다.

"그거야 코스기 씨가 왔을 때는 아직 물이 적었던 때인 모양이죠. 한구 주위의 수면 높낮이는 여름과 겨울에 무려 사십오륙 피트씩이나 차이가 난답니다."

# 여산[廬山] 上

새순이 돋아나고 있는 물가 나뭇가지에 걸린 돼지의 사체가 눈에 들어왔다. 그것도 껍질이 벗겨진 뒷다리를 위로 한 채 매달려 있는 돼지가. 지방에 덮인 돼지의 몸은 불쾌할 정도로 허옜다. 나는 그것을 바라보면서 도대체 돼지를 거꾸로 매달아 놓으면 무엇이 흥미로울까 하고 생각했다.

그 사이에 쿠리들이 우리가 타고 갈 가마를 준비하면서 소란스럽게 떠들어댔다. 대부분 인상이 좋지 않았지만 특히 사나워 보이는 이는 일행을 이끄는 우두머리의 얼굴이었다. 이 대장의 밀짚모자에는 Kuling Estate Head Coolie No★라는 알파벳이 쓰인 검은 리본이 감겨져 있었다. 그 옛날 《향락주의자 마리우스Marius the Epicurean》[153]는 뱀을 부리는 사람이 부리는 뱀의 얼굴에서 인간을 닮은 무언가를 느꼈다고 한다. 나 또한 이 쿠리의 얼굴에서 뱀과 같은 무언가를 느꼈다. 불현듯 이곳이 마음에 들지 않았다. 십분 후, 우리 일행 여덟 명은 등받이가 있는 가마를 타고 흔들리면서, 돌투성이 길을 오르기 시작했다.

---

153) 월터 페이터Walter Horatio Pater(1839-1894)가 1885년에 쓴 유일한 장편소설이다. 월터는 데카당스적 문예사조의 선구자로 잘 알려져 있다.

관광객을 태운 가마를 메고 여산을 오르고 있는 1920년대 중국의 쿠리

일행은 다케우치 세이호 씨 일족과 대원양행大元洋行[일본인이 운영한 현지 여관]의 여주인이었다. 가마를 타는 느낌은 생각보다 좋았다. 나는 가마 막대기에 길게 다리를 편 채 느긋이 여산의 풍경을 즐겼다. 이렇게 말하면 자못 훌륭해 보일지 모르겠으나 사실 풍광은 진기하고 절묘한 것과는 조금 거리가 있었다. 그저 무성한 잡목 사이로 병꽃나무가 간간이 피어 있을 뿐 여산답다는 생각은 조금도 들지 않았다. 이 정도라면 굳이 중국에 오지 않고 하코네의 옛 길을 오르는 것만으로도 충분하겠다는 생각을 했다.

지난 밤 나는 구강의 호텔 대원양행에서 묵었다. 객실 침대에서 아무렇게나 뒹굴면서 강백정[154]의 시를 읽고 있자니 심양강潯陽江에 정박한 중국 배에서 사피선인 듯한 악기에서 나는 소리가 들려 왔다. 그 소리는 제법 풍류를 일깨워줬다. 하지만 다음날 아침이 되어 보니 제

---

154) 강백정康白情(1895-1959)은 시인으로 1919년에 5.4운동에 참가했다. 미국 유학을 거쳐서 화남대학 교수로 재직했다.

아무리 '심양강에 있소이다' 하며 뽐내려 해도 역시 눈앞에 펼쳐지는 것은 붉고 탁한 개천이었다. 단풍 잎, 갈대꽃에 가을이 쓸쓸하도다楓葉荻花秋瑟瑟[155]라는 세련된 정취는 어디에도 없었다. 강에는 목조 군함 한 척이 사이고 정벌西鄕征伐[156]에 쓰였던 것처럼 수상해 보이는 대포의 포신을 드러낸 채 비파정琵琶亭 부근에 정박해 있었다. 문득 성성猩猩[중국의 전설상의 동물로 술주정꾼을 말함]은 잠시 빼놓고, 낭리백도장순浪裡白跳張順이나 흑선풍이규黑旋風李逵[둘 다 《수호전》에 나오는 양산박 호걸]가 있을지도 모른다고 생각했지만 눈앞의 거룻배에서는 추악하기 그지없는 엉덩이가 나와 있을 따름이다. 그 엉덩이가 또한 대체적으로…… 꽤나 지저분하게 유유히 강에 똥을 싸대고 있었다.

나는 그러한 것을 생각하면서 어느새 꾸벅꾸벅 졸고 있었다. 몇십 분 후 가마가 멈춰 눈을 떠보니 바로 코앞에 엉성하게 돌을 쌓아 놓은 듯한 험준한 언덕이 막아섰다. 대원양행 여주인은 더 이상 가마가 갈 수 없으니 걸어 가야 한다고 설명했다. 나는 어쩔 수 없이 다케우치 이쓰 씨와 가파른 길을 팔정八町 정도 오르기 시작했다. 풍경은 여전히 평범했다. 다만 언덕 좌우로 더운 날씨에 먼지를 뒤집어쓴 들장미 꽃이 보일뿐이었다.

가마를 타다, 걷다 고생 끝에 겨우 고령牯嶺(쿠링)[157]의 피서지에 도착한 것은 이래저래 오후 한 시 무렵이다. 피서지의 모습은 가루이자와輕井澤[일본 나가노현에 위치한 별장지대]의 변두리와 다를 바 없었다. 아니, 민둥산 자락에 중국의 램프가게나 술집 등이 어수선하게 펼쳐진 모습은 가루이자와보다도 한층 더 볼품없었다. 서양인의 별장도 세

155) 백거이의 〈비파행琵琶行〉의 한 구절.

156) 세이난 전쟁西南戰爭으로 1877년 사이고 다카모리西鄕隆盛를 맹주로 해서 일어난 토족에 의한 무력 반란 당시를 말한다.

157) 고령의 중국식 발음인 쿠링은 에드워드 리틀이 명명한 것으로 cooling과 연관이 있다.

런된 곳은 한 곳도 보이지 않았다. 붉은 색이나 청색 페인트칠을 한 낡은 함석 지붕이 강렬한 햇볕에 뜨겁게 달아오르고 있었다. 나는 땀을 닦으면서 이 고령 조계를 개척한 목사 에드워드 리틀[158] 선생 자신이 오래도록 중국에 있어서 미추의 판단이 서지 않았던 것은 아닌지 상상해봤다.

1920년대 고령의 피서지 마을. 뒤쪽 산자락에 산장들이 보인다.

하지만 그곳을 지나자 엉겅퀴나 제충국除蟲菊이 피어 있는 가운데 병꽃나무도 윤이 나는 꽃을 피운 넓은 초원이 펼쳐졌다. 그 초원이 끝나는 부근에 돌로 울타리를 둘러놓은 붉은 색 작은 집 한 채가 돌투성이 산을 뒤로 하고 일장기를 나부끼고 있었다. 나는 그 깃발을 본 순간 조국을 생각했다기보다는 조국의 쌀밥을 생각했다. 왜냐하면 그 집이야말로 우리들의 공복을 채워줄 대원양행 지점이었기 때문이다.

158) Edward Selby Little(1864-1939)은 영국 선교사로 청나라 후기에 중국에 와서 피서용 별장지를 개척했다.

# 여산廬山 下

식사를 다 하자마자 갑자기 냉기를 느끼기 시작한 것을 보니 역시 해발 삼천 척[1,474미터]이다. 여산은 시시했으나 오월에 느끼는 추위만은 진귀하다 할만 했다. 나는 창가의 긴 의자에 앉아 바위산의 소나무를 바라보면서 어쨌든 여산의 피서지로서의 가치에는 경의를 표하고 싶다고 생각했다. 그때 모습을 드러낸 이는 대원양행 여주인이었다. 여주인은 이미 오십을 넘긴 듯했지만 붉은 기가 감도는 얼굴은 아직 에너지 가득찬 씩씩한 활동가임을 나타내고 있었다. 우리는 이 여주인을 상대로 여산에 대해 이런저런 이야기를 했다. 여주인은 대단한 웅변가였다. 아니 지나친 웅변가인지도 모른다. 무엇보다도 한 번 홍이 나면 백낙천이라는 이름을 백락-이라 축소해 버리니 그것만으로도 호쾌하다 생각할 법했다.

"향로봉香爐峰은 두 곳이 있답니다. 이곳은 이백의 향로봉, 저쪽은 백낙천의 향로봉인데, 저쪽 백락의 향로봉은 소나무도 한 그루 없는 민둥산이라우……."

대체적으로 이런 모양새다. 하지만 그것은 그런대로 괜찮았다. 아니 향로봉이 두 곳이라는 얘기는 오히려 듣는 이들에게 유리했다.

왜냐하면, 하나밖에 없는 것을 두 개라 하면 특허권을 무시하는 위법인지 모르겠지만 이미 두 곳이라 하는 것을 세 곳이라 한들 새삼 위법행위가 되지는 않을 것이기 때문이다. 그러므로 나는 건너편에 보이는 산을 바로 '내 향로봉'으로 삼았다. 여주인은 여전히 여산 보기를 애인 보듯 하며 그 열렬한 애정을 드러내고 있었다.

"이 여산이라는 산은 말입니다. 오로봉五老峰이라든지 삼첩천三疊泉이라든지 예부터 명소가 많은 산이랍니다. 그러니 제대로 구경을 할라치면 아무리 짧아도 일주일 아니 한 열흘은 걸릴 거에요. 다만 겨울에는 호랑이도 나와서……."

이러한 '제2의 애향심'은 이 여주인에게만 한정되지 않았다. 중국에 체류하는 일본인 대부분이 이러한 마음을 갖고 있었다. 그러니 중국 여행이 유쾌하지 않을 것이라 생각하는 사람도, 그들이 품고 있는 '제2의 애향심'만은 존중해야 한다. 상해의 대마로大馬路는 불란서 파리와도 같다. 북경의 문화전文華殿은 루브르처럼 위조품 그림은 한 장도 없다. 이런 식으로 감복하지 않으면 안 된다. 하지만 여산에서 일주일이나 머문다는 것은 내게 감복을 넘어 훨씬 힘든 일이다. 나는 우선 주뼛주뼛 주인에게 내 병약한 몸에 대해 호소하고, 가능하면 내일 아침 일찍 하산하고 싶다는 희망을 전했다.

"내일 돌아가고 싶다고요? 그럼 아무 것도 못 본다우."

여주인은 반쯤은 가련하다는 듯 반쯤은 비웃는 듯한 얼굴로 이렇게 대답했다. 하지만 그대로 포기하는 것이라 생각하자 이번에는 더욱 열심히 "그럼 지금이라도 근처를 돌아보시우." 하고 채근했다. 그것까지 거절하는 것은 호랑이를 퇴치하러 나가는 것보다 더 위험해 보여서 나는 어쩔 수없이 다케우치 씨 일행과 함께 내키지 않는 풍경을 보러 나갔다.

여주인의 말에 따르면 고령 마을은 내친걸음으로 한 걸음이라 했지만 실제 걸어보니 한두 걸음 하고는 거리가 멀었다. 길은 조릿대가 무성한 사이로 구불구불 끝없이 높은 곳으로 이어졌다. 어느새 모자 아래로 땀이 떨어지는 것을 느끼면서 나는 그만 천하명산에 분개하고 말았다. 명산, 명화, 명인, 명문. 대체적으로 '명名'이라는 글자가 붙은 것은 자아를 중시하는 우리를 전통의 노예로 삼는 것들이다. 그래서 미래파 화가는 고전 작품을 파괴하라고 말한다. 그러니 고전 작품을 파괴하는 김에 이 여산도 다이나마이트에 불을 붙여 날려버리면 어떨까 하는 실없는 생각을 해봤다…….

하지만 가까스로 도착해서 보니 산바람이 소리를 내는 소나무 사이, 잇닿은 바위산의 눈 아래 계곡에 검고 붉은 무수한 지붕이 늘어서 있는 장면은 생각보다 상쾌한 전망이었다. 나는 길가에 앉아 주머니에 소중히 보관하고 있던 일본 산 '시키시마'에 불을 붙였다. 레이스를 내린 창문도 보였다. 화초를 심은 화분이 놓인 발코니도 보였다. 푸른 잔디를 구획한 테니스 코트도 보였다. 백락의 향로봉은 잠시 잊은 채 피서지 고령이 여름 한철을 보내기에는 안성맞춤인 곳임을 체감했다. 나는 다케우치 씨 일행이 휘휘 앞서간 이후에도 궐련을 입에 문 채 희미하게 사람 그림자가 비치는 집들의 창문을 내려다봤다. 언젠가 도쿄에 두고 온 아이들에 대한 생각을 하면서.

# 4부

# 북경에서
北京日記抄

# 옹화궁雍和宮

오늘도 나카노 우칸中野江漢[159] 군에게 이끌려 점심 무렵부터 옹화궁[160]을 보러 외출했다. 라마교喇嘛教 사찰에는 흥미가 없을 뿐만 아니라 싫어하지만 이곳은 북경의 명물 중 하나이니 이번 기행문을 위해서라도 한번 둘러보지 않을 수 없었다. 나로서도 고생이 이만저만이 아니다.

지저분한 인력거에 몸을 싣고 겨우 문 앞에 도착해보니 역시 대가람大伽藍[큰 절]임에는 틀림이 없었다. 그러나 대가람이라 하면 커다란 불당이 하나쯤 있을 법도 한데 이 라마 절에는 그런 것이 없다. 영우전永祐殿, 수성전綏成殿, 천왕전天王殿, 법륜전法輪殿 등 몇 개의 법당이 모여서 절을 이루고 있다. 그것도 일본의 오테라お寺[절]와는 달리 지붕은 노랗고, 벽은 붉고, 대리석 계단에 돌로 된 사자상이나 청동 석자탑惜字塔(중국인은 문자를 존중하기에 문자가 적힌 종이를 주으면 이 탑 안에 넣는다고 나카노 군이 설명해 줬다), 건륭제의 '어비御碑' 등도 세워져 있어서 장엄함에 가까웠다.

---

159) 나카노 우칸中野江漢(1898-1950)은 중국민속 연구자로 1914년 이후 약 30년간 중국에서 살았다.

160) 옹화궁은 청나라 제4대 황제 강희제康熙帝가 1694년에 자신의 아이를 위해서 세운 황교사원이자 이궁離宮이다.

여섯 번째 불당인 동배전東配殿에는 목각으로 된 환희불歡喜佛이 네 개 있었다. 당지기에게 은화를 하나 주자 자수를 놓은 베일을 걷어내고 보여준다. 불상은 모두 쪽빛 얼굴에 붉은 머리카락을 하고 있는데 등에 수많은 손이 자라나고, 무수히 많은 사람의 머리를 목걸이로 달고 있는 괴이한 모습이었다. 환희불 제1호는 인간의 가죽을 쓴 말에 올라타서 불꽃이 튀는 입으로 난쟁이를 물고 있고, 제2호는 코끼리 얼굴에 사람의 몸을 한 상두인신象頭人身으로 여자를 발밑에 깔고 있으며, 제3호는 서서 여자를 탐하는 모습이다. 그러나 가장 범상치 않은 것은 바로 소 등 위에 서 있는 4호 불상인데, 불상을 태운 소는 건방지게도 반듯하게 누워 있는 여자를 탐하고 있었다. 그러나 환희불은 에로틱한 감흥을 주기보다는 어딘가 모르게 잔혹한 느낌이 들었다. 환희불 제4호 옆에는 반쯤 입을 벌리고 있는 역시 목각으로 된 큰 곰 상이 있는데 이 곰도 역시 무언가의 상징이리라. 곰 앞에는 두 명의 무인(쪽빛 얼굴을 하고 검은 털을 단 창을 갖고 있다)이 서 있고, 뒤에는 작은 곰 두 마리가 따르고 있다.

연이어 영아전寧阿殿이라는 곳을 둘러봤다. 훈탕집[중국식 만두집]의 차르멜라charamela [날라리 소리]와 비슷한 소리가 나서 잠시 안을 들여다보니, 라마승 두 명이 나팔을 불고 있었다. 라마승은 어떤 이는 황색, 어떤 이는 붉은 색, 어떤 이는 보라색 털이 달린 삼각 모자를 쓰고 있는데 이국적 정취가 있음은 틀림없지만, 어딘지 모르게 모두 악당으로 보일만큼 낯설었다. 오히려 친근감이 드는 것은 두 명의 나팔 부는 사람이었다.

그 후 다시 나카노 군과 함께 돌층계를 걸어가고 있을 때 만복전萬福殿 바로 앞 누각 위에서 당지기 한 명이 얼굴을 내밀더니 올라오라고 손짓을 한다. 좁은 사다리를 올라가 보니 장막에 가려진 불상이 있었다. 그런데 어째서인지 당지기가 쉽게 장막을 걷어주지 않는다. 이십 전을 내라고 손을 내민다. 겨우 십전으로 타협을 하고 장막을 걷어 보니, 남면藍面, 백면白面, 황면黃面, 마면馬面 등이 돋은 괴물이다. 게다가 팔이 몇 개 더 자란 데다(팔은 도끼나 활 외에도 인간의 머리나 팔을 번쩍 들고 있다) 오른쪽 다리는 새의 다리 모양이고, 왼쪽 다리는 짐승의 다리 모양이어서 광인의 그림과 비슷하다고 해야 할 것 같았다. 그래도 예상했던 환희불에는 미치지 못했다(무엇보다 이 괴물은 다리 아래 사람 두 명을 밟고 있었다). 나카노 군이 바로 눈을 부라리며 "이 놈, 거짓말을 했구나."하고 말하니 당지기가 크게 낭패한 듯한 표정을 짓더니 손짓을 하며 계속해서 "이것, 이것"하고 말했다. 당지기가 가리키는 '이것'은 남빛을 한 남근이었다. 우람한 그것은 자식을 만드는 데 쓰이지 않고 허무하게도 당지기에게 담뱃값을 벌어주고 있었다. 슬프도다 라마사의 남근이여.

라마사 앞에는 라마 화사畵師 가게가 일곱 채 있었다. 화사의 전체 수는 서른 명 남짓. 모두 티베트에서 왔다고 한다. 항풍호恒豐號라는 화방에서 라마불 그림 몇 점을 샀다. 이런 그림을 일 년에 만 이삼천 원어치 정도 판다면 라마 화사의 수입도 무시할 수 없겠다는 생각이 들었다.

# 고홍명 선생

고홍명[161] 선생 집을 방문했다. 급사에게 안내를 받아 들어간 곳은 하얀 벽에 탁본된 족자를 걸어 놓고, 바닥에 암페라를 깔아 놓은 청당廳堂[큰 방]이었다. 빈대가 있을 것 같았지만 그래도 조용하고 귀여운 청당이라 할만 했다.

한 일 분쯤 기다리자 안광이 형형한 노인이 나왔다. 기세 좋게 문을 열어젖히고 들어오더니 영어로 "잘 오셨습니다. 자아 앉으시죠." 하고 말했다. 고홍명 선생이다. 변발, 흰 두루마기. 코의 길이가 조금 짧았지만 얼굴은 어딘가 모르게 커다란 박쥐와 닮았다. 선생과 나는 담화를 나누기 위해 테이블 위에 몇 장의 갱지를 놓고 손으로 연필을 움직여서 재빨리 한자를 쓰면서 입으로는 쉼 없이 영어로 떠들어댔다. 나처럼 귀가 약한 자에게는 실로 편리한 회화법이다.

선생은 남쪽 복건福建에서 태어나 서쪽의 스코틀랜드 에든버러에서 배우고, 동쪽의 일본 부인을 아내로 맞아, 북쪽인 북경에서 살았으니 동서남북을 섭렵한 사람이라 칭할 만했다. 영어는 물론이고 독일

---

161) 고홍명辜鴻銘(1857-1928)은 청나라 말기 중화민국 초기의 학자이다. 부인은 일본인 요시다 사다코吉田貞子였는데 그는 부인이 없으면 밤에 잠을 이루지 못할 정도였다고 한다. 신해혁명으로 관직에서 쫓겨났으나 1915년에 북경대학 교수로 임명돼 영국문학을 강의했다. 타고르가 중국을 방문했을 때 만남을 가졌다.

1924년의 고홍명(앞줄 오른쪽 의자에 앉은 이)

어와 프랑스어도 가능했다. 하지만 젊은 중국인들과는 달리 서양 문명에 과도하게 빠져 있지 않았다. 기독교, 공화정체共和政體[고홍명은 보황파保皇派로 청조를 끝까지 고집했다], 기계 만능 등에 욕을 퍼부은 다음 내가 중국 복장을 입은 것을 보더니 "양복을 입지 않은 것에 감탄했네. 다만 유감스럽게도 변발을 하지는 않았군." 하고 말했다. 선생과 담화를 나눈 지 30분쯤 됐을 때 갑자기 여덟아홉 살 정도의 소녀가 들어왔다. 아이는 부끄러운 듯이 청당에 들어왔다. 아마도 선생의 따님이리라(부인은 이미 귀적鬼籍에 들었다). 선생이 따님의 어깨에 손을 올리고 중국어로 무언가 속삭이자 소녀는 작은 입을 열어 "아름다운 꽃도 언젠가는 져버리거늘 이 세상에 무엇이 영원할까……" [일본판 알파벳 송이라 할 수 있는 '이로하우타いろは歌'의 한 부분] 하고 말했다. 부인이 생전에 가르친 것임에 틀림없었다. 선생은 만족한 듯 미

소를 짓고 있었지만 나는 조금 센티멘털한 감정에 젖어서 소녀의 얼굴을 바라보았다.

아이가 나간 후, 선생은 나를 위해 단기서[162]를 논하고 오패부[163]를 논하고 더불어 또한 톨스토이를 논했다(톨스토이는 선생에게 편지를 보냈다고 한다). 의견을 주고받으며 선생은 의기가 대단히 고양돼서 눈은 점차 화톳불 같아졌고 얼굴은 점차 박쥐를 닮아갔다. 내가 상해를 떠날 때 존스가 내 손을 쥐고, "자금성은 보지 않아도 되네만 고홍명과 만나는 것은 잊지 말게나." 하고 말하던 것이 떠올랐다. 과연 존스의 말은 나를 속이지 않았다. 나는 선생이 논하는 것에 감화되어, 시사에 개탄하면서 어째서 시사에 관여하려 하지 않는가를 물었다. 선생은 무언가 빠르게 대답했지만 애꿎게도 내가 듣지 못해 "다시 한 번만 부탁해도 되겠습니까?" 하고 반복해 묻자, 선생은 자못 화가 난 듯 갱지 위에 크게 쓰면서 하는 말 "노老, 노, 노, 노, 노……."

한 시간 후, 선생의 저택을 나서서 동단패루東單牌樓에 있는 호텔로 걸어 갈 때 산들바람이 가로수 자귀나무 꽃에 불어왔고 저녁놀이 내 중국옷을 비췄다. 점점 더 박쥐를 닮아가던 선생의 얼굴이 내내 눈앞에서 맴돌았다. 나는 큰길로 나서면서 선생의 문을 바라보며…… 선생의 행복을 함부로 탓하지 말라. 선생의 늙음을 한탄하기 전에 아직 연소한 내 자신의 행복을 찬미하자 했다.

---

162) 단기서段祺瑞(1865-1936)는 청나라 말기부터 중화민국 초기의 군인이며 정치가로 신해혁명 당시 원세개 휘하에서 싸웠다. 1916년 원세개가 죽자 국무총리로 취임해 북경정부의 지도자가 됐다. 1920년 안직전쟁安直戰爭에서 패하고 하야한 후 장개석의 부름을 받고 상해에서 생애를 마쳤다.

163) 오패부吳佩孚(1874-1939)는 청나라 말기 중화민국 초기의 군인이며 정치가로 북양군벌에 속해 있었다. 1920년 안직전쟁에서 단기서가 이끄는 안휘파安徽派를 북경정부에서 쫓아냈다. 1924년에 제2차 봉직전쟁奉直戰爭에서 패했다.

# 십찰해十刹海

나카노 우칸 군이 나를 안내해 준 곳은 북해北海[청나라 시대에 만들어진 북해공원에 있는 호수]나 만수산萬壽山, 혹은 천단天壇과 같이 누구나 구경할 수 있는 곳만이 아니었다. 문천상사文天祥祠[164]도, 양초산楊椒山[165]의 고택도, 백운관白雲觀[도교의 총본산]도, 영악대종永樂大鐘도 (이 대종은 거의 땅속에 파묻혀 사실상 공동변소로 이용되고 있다) 모두 나카노 군의 안내로 볼 수 있었다. 그중에서도 가장 흥미로웠던 곳은 오늘 나카노 군과 함께 간 십찰해什刹海[북해공원 북쪽, 지안문地安門 밖 서쪽에 펼쳐진 호수] 유원이다.

유원이라 해도 정원이 있는 것은 아니고, 다만 커다란 연못 주위에 작은 오두막 찻집이 있을 뿐이었다. 찻집 밖에는 고슴도치나 커다란 박쥐 간판을 내건 구경거리 오두막도 하나 있었던 것으로 기억한다. 우리는 작은 찻집에 들어갔는데 나카노 군은 매괴로玫瑰露[장미꽃잎을 약한 불에 삶아 물기를 짜낸 것으로, 화장품이나 음료로 사용함]를 맛봤고, 나는 중국차를 홀짝이며 두 시간 정도 앉아 있었다. 별달리

164) 문천상文天祥(1236-1283)을 기린 사당이다. 문천상은 남송 말기의 문관이다.
165) 양초산의 옛 거처. 양초산의 본명은 양계성楊繼盛(1516-1555)으로 명나라 시대의 문관이다.

무슨 사건이 있어서가 아니라 그저 사람을 보는 것이 즐거웠다.

연꽃은 아직 피지 않았지만 물가를 둘러싼 회화나무와 버드나무 그늘이나 앞뒤 작은 찻집에 있는 사람들을 보니 물담배를 물고 있는 늙은이와, 머리를 양쪽으로 묶은 소녀, 병졸과 이야기하고 있는 도사, 살구 장사에게서 값을 깎고 있는 노파, 인단人丹[166](은단이 아니다) 판매상과 순사, 양복을 입은 연소한 신사, 만주기인滿洲旗人[167]의 아내 등등 열거하자면 끝이 없겠으나, 어쨌든 중국의 우키요에浮世繪[일본 에도 시대에 성립한 그림 장르로 사람들의 일상생활이나 풍물 등을 그린 그림] 속에 들어가 있는 기분이라 생각하면 된다.

특히 기인旗人의 아내는 검은 포목인가 종이로 만든 트레머리인지 관인지 알 수 없는 것을 쓰고, 뺨에 온통 연지를 바른 모습이 고풍스럽기 그지없다. 그들이 서로 인사 할 때 무릎을 구부리고 허리를 굽히지 않은 채 오른손을 똑바로 땅으로 내리는 자세는 기이한 몸짓이었지만 나름 우아한 풍치가 있었다. 국화를 감상하는 연회[매년 11월에 신주쿠 교엔御苑에서 일본 천황이 주최한 관국회觀菊會]에서 일본 궁녀를 처음 본 피에르 로티도 이처럼 묘한 매력을 느꼈을 것이다. 나는 실제로 기인의 아내에게 만주 풍으로 절을 하면서 "안녕하세요." 하고 말하고 싶은 유혹을 느꼈다. 다만 그 유혹에 따르지 않은 것은 그것이 적어도 나카노 군의 행복은 아니었기 때문이다.

우리가 들어간 작은 찻집은 한가운데에 통나무를 걸쳐 놓아서 남녀가 동석하는 것을 결코 허용하지 않았다. 여자아이를 데리고 온 아버지들도 아이를 건너편에 두고, 자신은 이쪽에 와서 앉아 통나

---

166) 일본의 모리시타진탄森下仁丹에 맞서서 중국인이 만든 것이 렌단人丹이다.

167) 청나라의 지배층은 여덟 가지의 '旗'라고 부르는 사회 군사조직에 의해 구성돼 있었다. 모든 만주인은 여덟 가지 '旗'에 배속됐으며, 후일 몽고나 한인에 의해 편성된 팔기가 창설된다.

무 너머로 과자 등을 먹이고 있었다. 이런 상황에서 내가 기인의 아내에게 정말로 인사를 했다면 풍기문란 죄로 경찰서나 어딘가로 보내졌을지도 모른다. 실로 중국인의 내외 형식주의는 참으로 철저하다 해야 할 것이다.

만주 기인의 부인이 전통 복장을 하고 있는 모습

내가 나카노 군에게 이 이야기를 하자 그는 단숨에 매괴로를 들이켜고 나서 천천히 말하기를, "그야 놀랄 만한 것이지요. 환성철도環城鐵道[북경에 있던 철로로 1916년 북경성 성벽 외측을 중심으로 건설됐다]라는 것이 있잖아요. 네, 성벽 주위를 지나가는 기차 말입니다. 그 철도를 만들 때는 선로 중 일부가 성안을 통과하니 그래서는 환성이라고 할 수 없다 해서 일부러 그곳만 성벽 안에 또 하나의 성벽을 만들었다고 합니다. 어쨌든 대단한 형식주의랍니다."

# 호접몽胡蝶夢

쓰지 초쿠와辻聽花[168] 선생이 하타노波多野[169] 군, 마쓰모토松本 군과 함께 나를 초대해서 곤곡昆曲[170] 연기를 봤다. 경조京調 연극[경극]은 상해에서 본 이후 가끔 보기는 했으나 곤곡을 본 것은 이번이 처음이다. 이전처럼 인력거 신세를 지고, 몇 군데 좁은 길을 빠져나간 후 겨우 동악다원同樂茶園이라는 극장에 이르렀다. 붉은 바탕에 황금색으로 글자를 써넣은 전단지가 붙은 오래된 벽돌로 지은 현관에 들어섰다. 중국의 연극은 입장권을 따로 사는 것이 아니라 그저 훌쩍 현관으로 들어가서 극을 보다가 돈을 받으러 오는 잡역부에게 정액의 입장료를 내면 그만이다. 하타노 군의 설명에 따르자면 재미가 있을지 없을지 모르는 연극에 누가 돈을 먼저 내겠냐는 중국적인 사고에 따른 것이라고 한다. 실로 우리 같은 관객에게는 안성맞춤인 제도라고 하지 않을 수 없다. 벽돌로 지은 현관에 들어서서 아래층 관람석에 늘어선 의자에 어수선하게 앉아 있는 관객을 보니 이 극장도 다른 곳

168) 본명은 쓰지 다케오辻武雄(1868-1931)로 상해와 남경사범학교에서 교편을 잡았다.
169) 하타노 겐이치波多野乾一(1890-1963)는 일본의 신문기자이며 중국 경극 연구가이다.
170) 14, 15세기 장쑤성江苏省 쑤저우苏州의 쿤산昆山 지역에서 발원한 희곡과 노래의 예술 체계. 노래와 무도舞蹈 및 무술이 혼합된 표연예술表演藝術로서 일반적으로 무대형식의 곤극昆劇을 가리키고 있다. 곤곡은 북[鼓], 판[板]으로 공연 리듬을 조절하고, 곡적曲笛, 삼현三弦 등을 주요 반주 악기로 활용하며 중주관화中州官話를 설명어로 사용하고 있다.

과 똑같았다. 어제 매란방이나 양소루를 본 동안시장東安市場 안 길상다원吉祥茶園은 물론이고, 엊그제 여숙암이나 상소운을 본 전문前門 밖 삼경원三慶園[북경 정양문 대책란大栅欄 지역]보다도 한층 더 몸을 움츠리게 했다. 이 북적임을 뒤로 하고 이층 관람석[판자를 깔아서 높게 만든 곳]에 올라가려 하자 술에 취한 노인이 대모갑玳瑁甲[바다거북의 껍데기로 만든 장신구] 비녀에 변발을 하고 파초선芭蕉扇을 손에 들고 배회하는 것이 보였다. 하타노 군이 내게 귓속말로 이르기를, "저 영감이 번반산입니다."라고 말했다. 나는 바로 경의를 품고 사다리 단의 중도에서 잠시 쉬면서 이 노 시인을 한동안 지켜보았다. '아마도 당년의 취한 이백도……' 하면서 생각했던 것을 보니, 내게 문학 청년적인 감정이 여전히 조금이나마 남아 있었음이 틀림없다.

이층 관람석에는 듬성듬성 난 수염에 양복을 입은 쓰지 초쿠와 선생이 와 있었다. 선생이 연극통 중에서도 연극통이라는 것은 중국인 배우들 중에도 선생을 일러 아버지라 하는 자가 많은 것을 보면 익히 알만 했다. 양주의 염무관 다카스 다키치 씨는 외국인으로서 양주에서 관직을 하며, 앞서 마르코 폴로가 있었고 후에 자신이 있노라며 대단한 기염을 토했으나, 외국인으로서 북경에서 자타가 인정하는 연극통이 된 이는 그 앞에도 그 뒤에도 초쿠와 산인散人 한 명임에 틀림없다. 선생을 왼쪽에 하타노 군을 오른쪽에 두고 앉고 보니, (하타노 군도 《중국극오백번支那劇伍百番》의 저자이다) 《철백구綴白裘》[청나라 시대에 나온 곤곡 집성] 양질을 손에 넣을 수는 없어도 오늘만은 어쨌든 어설프게나마 중국 연극을 이해할 자격쯤은 갖췄다고 해야 하겠다.

후기 : 쓰지 초쿠와 선생에게는 순천시보사順天時報社에서 한문으로 펴낸《중국극中國劇》이라는 저서가 있다. 나는 북경을 떠날 때 선생에게《중국연극支那芝居》이라는 저술도 있음을 이야기로 듣고, 선생에게 부탁해서 원고를 받아 조선을 거쳐 도쿄에 돌아온 후 두 세 곳에 출판을 권했으나 모든 출판사가 어리석게도 내 말에 귀를 기울이지 않았다. 그리하여 하늘이 그 어리석음을 혼내어 최근에 중국풍물연구회支那風物硏究會에서 출판됐다. 내친 김에 광고를 해 둔다.

곧 엽궐련에 불을 붙이고 내려다보니 무대 정면(붉은 무대 막을 내리고, 앞 난간에 두른 것도 역시 다른 극장과 다르지 않았다)에 원숭이로 분장한 배우가 나왔다. 무언가 노래를 부르면서, 빙글빙글 봉을 휘휘 돌린다. 프로그램에 '화염산'이라 나와 있는 것을 보니 이 원숭이는 평범한 원숭이가 아니다. 내가 어릴 때부터 존경하던 제천대성齊天大聖 손오공이다. 오공의 옆에는 의상을 입지 않고, 화장도 하지 않은 큰 남자가 있다. 세 척 정도의 커다란 부채를 휘두르며, 끊임없이 오공에게 바람을 보내고 있었다. 나찰녀羅刹女[불교에서 말하는 사람을 잡아먹는 귀신]라고는 생각되지 않았지만, 혹시 우마왕牛魔王이나 다른 것이 아닌가 싶어 살짝 하타노 군에게 물어보니, 그 자는 그저 선풍기 대신 배우에게 부채질을 해주는 스태프라고 한다. 우마왕은 이미 싸움에 패해 무대 뒤로 도망친 후인 것 같았다. 오공도 또한 몇 분 뒤에는 일타십만팔천로一打十萬八千路[근두운의 속도]—이라 해도 실제로는 황새걸음—로 유유히 귀문도鬼門道로 퇴각했다. 애석한 것은 번반산에게 감복한 나머지 화염산 아래에서 펼쳐진 대활극을 보는 것을 놓쳐 버린 아쉬움이었다.

〈화염산〉 다음은 《호접몽》[관한경關漢卿이 지은 청나라 시대의 희곡]이다. 도복道服[도사의 의복]을 입은 선생이 무대를 어슬렁어슬렁 산책하고 있는데 그는 《호접몽》의 주인공 장자다. 그리고 눈이 유독 큰 미인으로 장자와 재미있게 이야기 나누는 이는 이 철학자의 아내임이 틀림없다. 그것까지는 일목요연한데, 때때로 무대에 나타나는 두 명의 동자童子에 이르러서는 그것이 무엇의 상징인지 명확하지가 않았다. "저 아이들은 장자의 자식인가요?" 하고 다시 하타노 군을 괴롭히자 하타노 군은 다소 아연실색하며 "저건 즉, 그 호접이지요." 하고 말했다. 하지만 아무리 좋게 봐줘도 호접이라고 하기에는 적절치 않아 보였다. 유월 하늘이니 불만 보면 달려드는 나방에게 그 대리를 부탁한 것이 아닐까 생각해봤다. 다만 이 연극의 줄거리만은 나도 전부터 알고 있던 터라 등장인물을 알고 나서부터는 맹인이 울타리를 엿보는 듯한 정도는 아니었다. 지금까지 내가 본 육십여 편의 중국 연극 가운데 가장 흥미로웠던 것만은 사실이다. 본디 《호접몽》의 줄거리를 말하자면 장자도 모든 현인과 마찬가지로 여자의 진심을 의심하여 도술로 죽음을 가장해 아내의 정조를 시험해본다. 아내는 장자의 죽음을 슬퍼해 상복을 입고 초나라의 공자가 조문을 하러 오자……

"하오好(좋아)!"

이때 큰 소리를 낸 이는 쓰지 초쿠와 선생이다. 나는 물론 "하오!"라는 소리에 익숙해져 있어서 아무렇지도 않았지만, 지금까지 선생의 "하오!" 만큼 특색이 있는 소리를 들어본 적은 없다. 우선 그와 버금가는 것을 고금에서 구한다면 장판교長坂橋 입구에서 뱀처럼 긴 창을 옆으로 비껴든 장비의 일갈과 비슷하다고 해야 할 것이다. 나는 놀라서 선생을 보니, 선생은 건너편을 가리키며 "저기에 기교奇矯한 발성으로 '하오!'라고 장단을 맞춰서는 안 된다는 팻말이 걸려 있지요? 괴성은 안 됩니다. 저처럼 "하오!" 하고 말하는 것은 괜찮습니다."라고 말했다.

위대한 아나톨 프랑스여. 그대의 인상 비평론은 진리로다. 괴성과 괴성이 아닌 것은 객관적 표준으로 다뤄서는 안 된다. 우리들이 인정한 괴성을 본 뜬 것은 —하지만 그 논의는 차일로 양보하고 다시 한 번 《호접몽》으로 되돌아오면, 초나라 공자가 조문을 하러 오자 장자의 아내는 바로 공자에게 빠져서 장자를 잊어버린다. 잊었을 뿐만 아니라, 공자가 갑자기 병을 일으켜 인간의 뇌수를 핥는 것 외에는 죽음을 면할 방법이 없음을 알자 그대로 도끼를 휘둘러 관을 부수고 장자의 뇌수를 꺼내려는 지경에까지 이른다. 그런데 공자로 보였던 것은 본시 호접에 불과해서 금세 날아 머나먼 곳으로 사라져 버린다. 아내는 재혼도 못하고 오히려 악랄한 장자를 위해 지독하게 고생하는 것으로 극은 끝난다. 실로 천하의 여자들에게는 참으로 안된 풍자극이라고 해야 할 법하다. —이렇게 말하면 극평 정도는 쓸 수 있을 것 같은데, 사실 나는 곤곡이 왜 곤곡인지 그 이유조차 명확히 몰랐다. 다만 어딘가 경조극京調劇보다 화려하지 않은 것 같다는 것을 느꼈을 뿐이다. 하타노 군은 나를 위해 "방자梆子[중국극에서 쓰는 무대 악기로 대나무로 만든 딱따기의 일종]는 진강秦腔이라 하는 것으로…"라고 말하는 등 친절하게 설명해주었지만 필경 쇠귀에 경을 외운 것에 지나지 않았음을 나는 애석해 하지 않을 수 없었다.

내가 본 《호접몽》의 배역을 기록하자면 장자의 아내–한세창韓世昌, 장자–도현정陶顯亭, 초나라 공자–마숙채馬夙彩, 늙은 호접–진영회陳榮會

등이다.

《호접몽》을 다 본 후 쓰지 초쿠와 선생에게 고마움을 표하고 하타노 군, 마쓰모토 군과 함께 다시 인력거를 타니, 초승달은 북경의 하늘에 걸려 있고, 번잡한 길가에 양복을 입은 신사와 팔짱을 낀 모던걸이 지나가는 것이 보였다. 저런 사람들도 필요하기만 하면 바로 도끼를 휘두르지는 않겠지만 도끼보다 예리한 웃음 하나를 준비해서 남편의 뇌수를 꺼내려 할 것이 틀림없다.

20세기 초 중국 경극을 대표했던 배우 매란방

《호접몽》을 만든 선비를 떠올리며, 고인의 염세적 정조관을 생각했다. 이 동락원의 2층 좌석에 잠시 있었던 것도 쓸데없는 일만은 아니었다.

# 명승名勝

만수산萬壽山[북경 서북 교외에 있는 산]. 자동차로 달려 만수산에 이르는 도중의 풍광은 사랑스럽다. 만수산의 궁전천석宮殿泉石은 서태후의 악취미를 보기에 충분했다. 버드나무 늘어진 연못에 대리석으로 만든 유명한 유람선[畵舫]이 있다. 돌로 된 배에 이토록 감탄한다면 철로 된 배인 군함 앞에서는 졸도해야 하는 것일까 하는 실없는 생각을 잠시 해봤다.

옥천산玉泉山 산 위에 폐탑이 있는데 그 탑 아래에 쭈그리고 앉아서 북경 교외를 부감했다. 좋은 경치다. 만수산보다 나은 점이 훨씬 많았다. 이 산의 샘물로 만드는 사이다는 호경好景보다 더 좋은 것인지도 몰랐다.

백운관白雲觀 홍신洪信 대위는 석갈石碣을 열어 108명의 마군魔君을 달아나게 했지만 그곳은 아마 이러한 곳이 아닐 것이다[《수호전》 에피소드 중 하나]. 영관전靈官殿, 옥황전玉皇殿, 사어전四御殿 모두 회화나무나 자귀나무 가운데 선명한 초록이 눈부시게 빛나고 있다. 또한 포도덩굴

시렁 뒤 묘소를 들여다보니 그곳도 평범한 무덤이 아니었다. "운주보정雲廚寶鼎"이라 쓰인 편액 좌우로 금으로 쓴 글자를 늘어뜨려, '국자로 뜬 물을 봉래산에서 온 손님과 함께 마시고, 쌀알은 선인의 집에서 함께 밥을 지어 드세勺水共飮蓬萊客 粒米同餐羽士家' 하고 씌어 있다. 다만 도사도 시세를 이겨내지 못한 것인지 부지런히 석탄을 나르고 있었다.

**천녕사**天寧寺 이 절의 탑은 수나라 문제文帝가 건립한 것이지만 지금 남아 있는 것은 건륭 20년에 중수한 것이다. 탑은 녹색 기와를 쌓기를 13층, 옥연屋緣[지붕 가장자리]은 희고 탑벽은 붉었다. 이렇게 말하면 아름다운 것 같지만, 실은 그 황폐함을 보기가 참기 힘들 정도였다. 절은 이미 완전히 쇠퇴해서 그저 자주색 제비가 난비하는 것을 볼 수 있을 뿐이었다.

**송균암**松筠庵 양초산楊椒山의 고택이다. 고택이라 하니 풍류가 있어 보이나 사실은 우체국 골목에 있는데다 입구에 군자자중君子自重이라 쓰인 소변 항아리가 있어 풍류를 깨고 있었다. 기와를 깔고 바위를 쌓은 정원 앞에 동초정諫草亭이 있다. 정원에는 의보주擬寶珠 화분이 많다. 양초산이 쓴 "철과 같은 견고한 어깨에 정의의 기운을 지고, 신랄한 글 솜씨로 간언 탄핵하는 글을 쓴다鐵肩担道義 辣手著文章"라는 비문을 램프 받침대에 쓴 것도 우스꽝스러웠다. 후생後生은 실로 무섭다. 후생들은 양초산이 했다는 이 말의 뜻을 제대로 알 것인가?

**사문절**謝文節 **공사**公祠 이것도 외우사구外右四區[북경의 옛 주소] 경찰서 제일반일학교警察署第一半日學校 교내에 있다. 누가 집주인인지는 모르겠다.

미향당薇香堂이라는 곳 안에 첩산疊山[사문절의 호]의 목상이 있다. 목상 앞에 지석紙錫[장식으로 붙인 주석의 박을 종이에 부착한 것], 유리로 된 등롱 그 외에는 그저 만당滿堂의 먼지뿐이다.

**요대**窯臺 **삼문각**三門閣 아래에서 화방을 하는 중국인이 많다. 눈에 가득 찬 갈대와 물억새. 나카노 군의 설명에 따르면, 북경의 쿠리는 무더위가 찾아오면 모두 다른 성으로 돈을 벌러 가서, 쿠리의 아내들은 그 동안 갈대와 물억새 속에서 매음을 한다고 했다. 시가는 오십 전 내외라고 한다.

**도연정**陶然亭 **고찰자비정림**古刹慈悲淨林[오래 전부터 불심 깊고 자비에 넘치는 절]이라는 현판 등도 우러러 봤지만 그런 것은 아무래도 좋았다. 도연정은 천정을 대나무로 엮고 창문을 녹색으로 물들여 얇은 명주로 쳐놓고 덧문에 卍자로 장지를 만들어서, 정취가 간소하고 사랑스러웠다. 명물인 정진요리를 먹으니 새소리가 줄기차게 천상에서 들려왔다. 종업원에게 그것이 무엇이냐고 묻자 두견새 소리라고 대답했다.

**문천상사**文天祥祠 경사부립제십팔국민고등학교京師府立第十八國民高等學校에 있다. 당내에는 나무로 만든 송승상신국공문공지신위宋丞相信國公文公之神位[송나라 재상이었던 신국공(시호) 문천상 공의 영령]이라는 것이 안치돼 있다. 이곳 또한 먼지가 켜켜이 있음을 볼 뿐이었다. 사당 앞에는 느릅나무 나무가 있다. 두소능杜少陵이라면 노유행老楡行이나 무언가를 지을 곳이 못 된다. 나는 물론 시구詩句 하나 짓지 못했다. 영웅의 죽음도 한 번은 가可하다. 두 번째 죽음은 안타까워서 도저

소방대의 전망대로 사용하던 20세기 초의 영안사 선인전

히 시흥이 일어나지 않았다.

영안사永安寺 이 절의 선인전善因殿은 소방대 전망대로 쓰이고 있다. 궐련을 물고 누상에 서자 자금성의 노란색 기와, 천녕사의 탑, 미국의 무선전신주 등이 모두 부르면 들릴 만큼 뚜렷하게 가까웠다.

북해北海 버드나무, 제비, 연못, 이런 것에 인접한 노란 기와와 붉은 벽의 대청황제가 사용하던 작은 주택.

천단天壇 지단地壇. 선농단先農壇. 모두 큰 대리석 단에 잡초가 무성히 우거져 있을 뿐. 천단 밖 광장에 나갈 때 갑자기 한 발의 총성이 들린다. 무슨 소리인가 묻자 사형이 집행된 것이라 한다.

자금성紫禁城 이곳에는 몽마夢魔만 있다. 밤하늘에도 방대한 몽마만 있다.

5부

# 소소한 단상들

## 雜信一束

◀ 전면 사진

상해 방문 당시 정효서 부자와 함께 찍은 기념 사진, 좌로부터 정수, 아쿠타가와, 정효서, 니시모토 쇼조

## 1. 구라파적인 한구漢口

이 웅덩이에 비치고 있는 영국 국기의 선명함, 이크, 인력거에 부딪칠 뻔한 순간이었다.

## 2. 중국적인 한구

채표彩票[복권의 일종]와 마작 도구 사이로 저녁 해가 새빨갛게 비치는 자갈길. 그곳을 홀로 걸으면서 갑자기 모자 차양 아래로 한구의 여름을 느낀 것은……

바구니 하나에 더위를 머금은 편도扁桃.

## 3. 황학루黃鶴樓

감당甘棠의 주다루酒茶樓는 붉은 벽돌의 찻집[茶館], 유정惟精의 현진루顯眞樓는 역시 붉은 벽돌의 사진관 ―다만 적갈색의 양자강은 눈 아래 늘어선 기와지붕 건너편에 물결만 하얗게 반짝이고 있다. 장강 건너편에는 대별산大別山, 산 정상에는 나무가 두세 그루, 그로부터 작은 흰 벽의 우묘禹廟[전설상의 황제를 기리는 사당]…….

나 : 앵무주鸚鵡洲는?

우쓰노미야宇都宮 : 저기 왼편에 보이는 것이 그곳입니다. 다만 지금은 살풍경한 목재 저장소입니다만.

## 4. 고금대古琴臺

앞머리를 늘어뜨린 작은 기생 한 명이 분홍빛 부채를 치켜들고 월호月湖에 면한 난간 앞에서 흐린 날씨의 물을 바라보고 있다. 성긴 갈대와 연꽃 건너편에서 검게 빛나는 흐린 날씨의 물을.

## 5. 동정호洞庭湖

동정호는 호수라고는 해도 언제나 물이 차 있는 것은 아니다. 여름 이외에는 그저 수렁논 사이로 하천이 하나 있을 뿐이다. 그것을 입증이라도 하듯 세 척 정도의 수면 위로 나와 있는 마른 나뭇가지 많은 해송 한 그루.

## 6. 장사長沙

길가에서 사형이 이뤄지는 거리. 장티푸스나 말라리아가 유행하는 거리, 물소리가 들려오는 거리, 밤이 되어도 포석 위에 아직 뜨거움이 남아 있는 거리, 닭조차 나를 위협하듯이 "아쿠타가와!" 하고 승리의 함성을 울리는 거리…….

## 7. 학교

장사의 천심제일여자사범학교天心第一女子師範學校 부속 고등소학교를 참관. 고금에도 희귀한 무뚝뚝한 얼굴을 한 젊은 교사가 안내를 해줌. 여학생은 모두 배일排日을 위해 연필 등을 쓰지 않아서 책상 위에 붓과 벼루를 준비하고 기하나 대수를 배우는 형편이다. 보는 김에 기숙사도 한 번 보고자 생각해 통역하는 소년에게 담판을 지어달라고 하니 교사는 더욱 더 무뚝뚝한 얼굴을 하면서 하는 말, "그건 사양하겠습니다. 앞서도 이 기숙사에 군인 대여섯 명이 틈입해 들어와, 강간사건을 일으킨 뒤니까요!"

## 8. 경한철도京漢鐵道

아무래도 이 침대차 칸에 열쇠를 채워 놓은 것만으로는 불안하군.

청말 의화단 사건과 팔국연합군의 북경 침공 이후 거리의 사형 집행이 잦았다.

하는 김에 트렁크도 세워두도록 하자. 글쎄, 이제 비적이 들어와도 잠깐, 비적이 통과해서 갈 때는 팁을 주지 않아도 좋은 걸까?

### 9. 정주鄭州

커다란 길가의 버드나무 가지에 두 줄기 변발이 매달려 있다. 마치 두 줄기 다 장식용 구슬에 꿰뚫린 것처럼 무수히 많은 쉬파리가 들끓고 있다. 썩어서 떨어진 죄인의 목은 개가 먹어치운 것인지도 모른다.

### 10. 낙양洛陽

이슬람교의 객잔客棧 창은 낡은 卍자의 창 격자 건너편에 레몬 색 하늘을 들여다보고 있다. 무수한 보리에서 나오는 먼지로 저물어가는 하늘을. 보리 먼지가 덮이는 동자의 졸음인가.

## 11. 용문龍門

검고 윤이 나게 빛나는 벽 위에 아직 부처님을 공경하는 당조唐朝 남녀의 단려端麗함!

## 12. 황하黃河

기차로 황하를 건너는 동안 내가 섭렵한 것을 들자면 차가 두 잔, 대추가 여섯 알, 전문패前門牌 궐련이 세 대, 칼라일Carlyle의 《프랑스 혁명사》 두 페이지 반 그리고 파리 열네 마리를 잡았다!

## 13. 북경

기와지붕이 노란 자금성을 둘러싸고 자귀나무나 회화나무가 우거진 큰 삼림, 다만 이 삼림을 도회 등이라고 말하는 것은?

## 14. 전문前門

나 : 이런, 비행기가 날아가고 있군. 예상 외로 군은 하이컬러시군?

북경 : 무슨 말씀을. 다만 이 전문[정양문]을 보시기 바랍니다.

## 15. 감옥

수도 제2감옥을 참관. 무기 도형徒刑[징역]을 받은 죄수 한 명이 장난감 인력거를 만들고 있다.

## 16. 만리장성

거용관居庸關, 탄금협彈琴峽 등을 한번 본 후 만리장성으로 올랐을 때 걸식 동자 한 명이 우리의 발자취를 따라오며 창망蒼茫한 연산連山을 가리키며 "몽고! 몽고!" 하고 말했다. 그 말이 거짓말인 것은 지도를 살필 것까지도 없다. 동전 한 닢을 얻기 위해서 우리들의 십팔사략十八史略[삼황오제의 전설시대로부터 남송까지의 정사를 요약한 편년체 역사서]적 낭만주의까지 이용하는 것을 결코 부끄러워하지 않는 이 노老 대국의 걸식에 실로 크게 경복했다. 다만 적벽 사이에는 에델바이스 꽃 등도 눈에 들어와 자못 새외塞外[변방]에 와 있다는 기분만은 새삼 들었다.

### 17. 석불사石佛寺

예술적 에너지의 홍수 가운데 연꽃 몇 송이가 환성을 내고 있다. 그 소리를 듣고 있는 것만으로도, 아무래도 이건 필사적이다. 잠시 한 숨을 돌리게 해주시게.

### 18. 천진天津

나 : 이런 서양풍의 거리를 걷고 있노라면 묘하게 향수를 느끼지요.

니시무라 : 아이는 아직 한 명입니까?

나 : 일본이 아니라 북경으로 돌아가고 싶어지는 것입니다.

### 19. 봉천奉天

마침 해가 지는 정차장에 일본인 사오십 명이 걸어오는 것을 봤을 때, 순간 나는 황화론黃禍論[황색인종의 대두가 백인 문명 혹은 백인 사회에 위협을 준다는 주장]에 찬동하려고 생각했다.

### 20. 남만철도南滿鐵道

수수 뿌리를 기어가는 한 마리의 지네.

大清門

■ 해설

# 《중국기행支那游記》, 작은 풍경화小景

미야사카 사토루宮坂覺

페리스여자학원대학フェリス女学院大学 명예교수,

국제아쿠타가와학회 회장

아쿠타가와 류노스케는 35년 여의 삶에서 1921년 3월부터 7월에 걸쳐 생애 첫 해외여행을 했다. 그 여행에서 얻은 성과 가운데 하나가 바로 이 《중국기행》이다. 그가 쓴 서간 등을 보면 아쿠타가와가 중국기행에 관심을 가졌던 것은 여행을 떠나기 몇 해 전부터였다. 1918년 가을에는 "나도 중국支那에 가고 싶지만 은의 시세가 올라갔고 금은 전혀 없어. 가고 싶다 가고 싶다는 마음만 가지고 살아가고 있지."라고 쓰고 있다. 또한 1919년 여름에는 '소생은 중국 여행을 하지 않는 한'이라고 쓰면서 그 가능성이 부상하고 있는 데에 기대하고 있음도 엿볼 수 있다. 다시 다음해 봄에는 "가능한 (여비를) 마련해서 함께 가지. 그러나 나도 가난한 여행을 할 작정이네."라고 쓰고 있는 것으로 보아 1910년대 후반부터 중국 여행에 관한 구체적인 이야기가 오갔음을 알 수 있다. 다만, 아쿠타가와가 그렇게 염원하던 중국 여행은 1921년, 신문사의 특파원으로 파견되는 형태로 실현됐다.

1921년 2월 19일, 아쿠타가와는 자신이 사원으로 있던 오사카마이니치신문사의 전보를 받고 급히 오사카로 향했다. 사흘 후인 22일 아쿠타가와는 중국에 특파원으로 가달라는 신문사의 요청을 받아, 3월 중순부터 약 반년 간의 일정으로 중국에 파견됐다. 이러한 갑작스러운 전개에 대해서 나는 〈아쿠타가와 문학과 '중국'〉이라는 제목으로 1995년 일본근대문학회에서 발표했던 적이 있다. 당시 발표에서 나는 아쿠타가와의 중국행은 황태자(당시 21세, 후일의 쇼와천황昭和天皇)의 유럽 방문(3-9월, 귀국 후 11월 섭정으로 취임)과 관련된 것이라고 주장한 바 있다. 황태자가 유럽을 방문하면서 미디어의 관심이 유럽으로 쏠리자, 오사카마이니치신문은 이에 대항해 아시아 쪽으로 시선을 끌려고 꾀했던 것이다. 아쿠타가와가 중국 특파원으로 파견되는 급격한 전개 과정은 이러한 시대적 배경을 인지하고 살펴볼 필요가 있다.

한편 아쿠타가와에게 중국 기행은 옛부터 품고 있던 갈망을 적잖게 배반하는 결과로 나타났다. 또한 이 여해을 계기로 아쿠타가와의 건강은 언덕길에서 돌이 굴러내리듯 무너져서, 남은 생애에도 치명적인 상처 자국을 남기게 된다. 아쿠타가와는 3월 19일 모지門司로 출발하지만 감기 몸살에 걸려서 정양 목적으로 오사카에서 잠시 하차한 뒤 일주일 후에야 겨우 모지에서 상해를 향해 출항할 수 있었다.

배 위에서도 거센 비바람에 시달려서, 상해에 상륙한 후 약 삼 주 동안 입원할 수밖에 없었다(다만 병원을 빠져나와 헌책방을 찾아다니기도 했지만). 그런 사정으로 아쿠타가와는 도쿄를 출발한 지 약 한달 후인 4월 하순부터 특파원으로서의 책무를 다할 수 있게 됐다. 상해, 항주杭州, 소주蘇州, 진강鎮江, 양주揚州, 남경, 한구漢口, 장사長沙, 정주鄭州, 낙양洛陽 등을 거쳐서 북경, 천진 등을 돌아보았고, 북경에서는 "이곳이라면 이삼 년 살아도 좋다.", "북경에 살게 된다면 소망을 이루는 것이다.", "북경이라면 일이 년 유학해도 좋다는 기분이다.", "연극, 건축, 회화, 책, 예기藝妓, 요리 모든 면에서 북경이 좋다."고 말하는 등 북경에 대한 호감을 늘어 놓았지만 예정을 당겨서 7월에 귀국한다.

아쿠타가와는 특파원으로서의 임무도 있고 건강 또한 좋지 않아서 그토록 동경하던 중국 여행을 마음껏 즐기지는 못했던 것으로 보인다. 중국에 체류하는 동안 오사카마이니치신문사에 추가 여비를 달라고 요청하기도 했지만 원고를 써서 보내지는 않았다. 그러나 그 동안 그는 각지에 있는 일본인 모임을 방문하고, 저널리스트로서 중요한 인물과 만나거나 회식 자리에 나가는 등 특파원으로서 무거운 역할을 수행할 수밖에 없었다. 저널리스트(기자)로서의 과밀한 일정에 익숙하지 않았던 작가 아쿠타가와로서는 긴장을 늦출 수 없는, 어찌 보면 지나치게 빡빡한 일정이었다.

따라서 독자는 작가 아쿠타가와의 중국에 대한 동경과 신체적 부조화를 원인으로 하는 좌절, 식민주의로부터 이탈할 수 없는 특파원 아쿠타가와의 언설 전략이라고 하는 두 가지 층위를 주의 깊게 살펴 가며 이 책을 읽을 필요가 있다. 조금 더 나아가 말하자면 작가 아쿠타가와의 중국 기행을 둘러싼 이러한 저간의 정황을 간과한다면 이 텍스트를 제대로 읽어낼 수가 없는 까닭이다. 그러나 또한 여기에 《중국기행支那遊記》의 다층적인 깊이와 매력이 있는 것 또한 사실이다.

이번에 곽형덕 씨가 《중국기행》의 한국어 번역본을 낸다는 소식을 듣고 반가웠다. 이 작업은 작지 않은 의미가 있다. 한국어를 사용하는 독자가 포스트콜로니얼적인 시점만이 아니라 아주 조금 거리감을 두고 이 책을 읽는다면, 혼미한 시대를 살아가면서도 전신을 던져 싸운 작가 아쿠타가와 류노스케의 새로운 매력을 접하게 되리라고 생각하기 때문이다.

■ 해설

# '흔들림'으로부터 배운다

시노자키 미오코篠崎美生子
게이센여자학원대학恵泉女学園大学 교수

아쿠타가와 류노스케는 1910년대부터 20년대에 걸쳐서 활약한 단편소설 작가이지만, 살아 있을 당시에도 아시아에 많은 독자를 확보하고 있었습니다. 물론 일본어 실력이 출중한 독자가 아시아 여러 나라에 그 정도로 많았던 것은 당시 일본이 식민지를 만든 결과라 하겠습니다. 다만 아쿠타가와가 1927년에 자살했을 때, 그 형이상학적인 죽음을 흉내 낸 청년은 일본 만이 아니라 조선에서도 있었습니다. 당시 아쿠타가와가 그 정도로 강력한 언설 생산력을 가졌던 이유에 대해, 그가 구사한 언어를 시대 속에 다시 놓고 진중하게 검토하는 것이 현재 우리에게 요구되는 것이라고 저는 생각합니다. 그리고 그러한 작업은 일본의 독자, 연구자만의 힘으로는 부족합니다.

이번에 일본어문학에 조예가 깊은 곽형덕 씨 번역으로 아쿠타가와의 《중국기행支那遊記》 한국어 판을 간행하게 된 것은 대단히 기쁜 일입니다. 같은 와세다대학의 문학연구과 동문으로서 자랑스럽게 생각합니다. 이 책을 읽은 한국어 독자 여러분과 이 책이 지닌 현재적 의미에 대해서 이야기 해보고 싶은 마음입니다.

《중국기행》은 대단히 많은 노이즈를 품고 있는 텍스트입니다.

아쿠타가와는 1921년 3월 오사카마이니치신문의 특파원 자격으로 상해로 건너가 각지를 견학하고, 많은 사람들과 회담하며 북상해서 북경에 간 뒤 만주와 부산을 거쳐 일본으로 귀국하기까지 4개월여 동안 여행을 했습니다. 《중국기행》(1925)은 그때의 중국 체험에 대해 쓴 글입니다. 하지만 단순히 기행문이라고만 할 수 없는 것이, 〈상해유기上海游記〉에는 당시 일본에서 손에 넣을 수 있던 중국 관련된 책들과 겹쳐지는 부분이 얼마간 있습니다. 다시 말하면, 당시 많은 일본인이 지니고 있던 중국(인)에 대한 편견을 그대로 가져와서 구성된 부분이 이 텍스트에는 적지 않게 있습니다. 아마도 그것은 〈상해유기〉나 〈강남유기江南游記〉가 신문에 연재된 것과도 관련된 것이겠지요. 당시 《오사카마이니치신문》의 지면을 보면, 대부분의 내용이 일본의 식민주의적 언설을 노골적으로 드러낸 것으로 뒤덮여 있기 때문입니다.

하지만 다른 한편으로 이 텍스트의 '나'(아쿠타가와 본인으로 여겨지는 화자)는 중국공산당을 결성한 인물 중 한 명인 이인걸李人傑에 대해서는 온몸으로 공감을 표했고, 경극에 대해서도 애정을 드러내고 있습니다. '나'를 안내하는 이는 대체로 이중어bilingual(중국어와 일본어)를 구사할 수 있는 인재 양성을 목표로 한 고등교육 기관, 곧 '동문서원同文書院'의 졸업생입니다. 이들은 중국문화에 푹 빠져 있으며 중국에서 시민의 한 사람으로 살아가고 있는데, 아쿠타가와는 그들의 모습도 매력적으로 그리고 있습니다.

'나'는 필시 처음으로 만난 '중국'에 압도당해 흔들리고 있는 것입니다. 다만, '나'의 이러한 흔들림은 유럽인과 미국인을 접하고 문화

충격을 받는 것과는 조금 다릅니다.

화자인 '나'는 중국 한시漢詩에 대한 교양이 있습니다. 당시는 조선에서도 그랬겠지만, 1920년 무렵 일본의 지식인은 어느 정도 한시를 읽을 수 있었습니다. 그래서 '나'도 근대 중국을 얕잡아 보는 시선과는 별개로 중국의 전통문화에 대해 동경하는 마음을 지니고 있는 것입니다. 하지만, 직접 찾아간 중국에서는 자신이 상상했던 고전 속 전통문화는 거의 찾아볼 수 없고, 난잡한 거리의 모습만이 눈에 들어와서 초조해 합니다. 이러한 반응에는 같은 아시아 인이라는 어리광 같은 감정이 개입해 있다고도 할 수 있습니다. 그러한 어리광 어린 뺨을 후려치기라도 하듯이 항일운동의 그림자가 눈앞을 스쳐가자, 그에 대한 경계심과 함께 우리들 '일본인'이 이곳에서 어떻게 인식되고 있는가에 대해 사유하고, 왜 그럴까 하는 어렴풋한 자의식 같은 것이 '나'에게 움트기 시작합니다. 그러면서 같은 아시아 사람으로서의 공통점 같은 것을 발견하고 안심하기도 합니다. 그러한 것들을《중국기행》의 '나'는 순회하고 있는 것은 아닐까요.

근대 일본의 식민주의 역사는 상당히 깁니다만, 적어도 이 '흔들림'의 지점까지 우리가 역사의 톱니바퀴를 되돌려서 다시 시작하는 것이 가능하다면… 하고 생각할 때가 있습니다. 앞으로 같은 실패를 되풀이하지 않기 위해서, 함께 이 '흔들림'으로부터 배우기를 고대해 봅니다.

■ 해설

# 저널리스트로서 아쿠타가와 류노스케

## –개조사改造社의 저널리즘을 둘러싸고

오자와 준小澤純

게이오기주쿠시키고등학교慶應義塾志木高等學校 교사

아쿠타가와 문학 연구자

《중국기행支那遊記》을 펴낸 개조사와 아쿠타가와 류노스케의 관계에 대해서 살펴보자. '개조사'는 정치적 야심을 품고 있던 가고시마鹿兒島 출신의 야마모토 사네아쓰山本實彦(1885–1952)가 1919년에 창업한 신흥 출판사다. 정치적으로 보수파였던 그는 소년 시기에 오키나와에서 소학교 대용교원(자격증 없이 교직에 종사)이 됐고, 《야마토신문사やまと新聞社》에서는 런던특파원을 지내기도 했다. 일본이 시베리아에 출병했을 때는 러일공동사업의 가능성을 모색했으며, 당대 중국에도 관심을 갖는 등 저널리스트적인 감성이 풍부했다. 종합잡지 《개조》는 데모크라시democracy를 기치로 내세운 《중앙공론中央公論》과 차별성을 두기 위해 혁신적인 사회주의 언설을 중심으로 잡지를 비약적으로 간행해나갔다.

그런 가운데 《개조》는 문예란에 힘을 쏟아서 1920년에는 아쿠타가와 류노스케와 시가 나오야志賀直哉와 친밀한 사이였던 다카이 고사쿠瀧井孝作를 시사신보사時事新報社에서 영입해 시가 나오야의 대표작 《암야행로暗夜行路》의 연재를 성사시켰다. 아쿠타가와에게는 소품을 청탁하는 정도였지만 야마모토 사장이 직접 그를 찾아가서 청나라 시대의 예술에 대한 문답을 모티프로 한 〈슈잔즈秋山圖〉(《개조》 1921년 1월)를 청탁해서 실었다. 아쿠타가와는 중국 방문 후 러일전쟁 당시 일본군 군인의 잔학함을 풍자했다가 증거 불충분인 채로 참수되는 중국인을 묘사한 〈쇼군將軍〉(《개조》 1922년 1월)을 게재했다. 이 작품이 복자伏字투성이인 상태로 간행된 전말顚末은 당시 《오사카마이니치신문》에 연재 중이던 〈강남유기〉에도 잠깐 나온다. 중국 시찰 직전에 아쿠타가와가 연재한 〈기묘한 재회奇怪な再會〉에서 청일전쟁 직후 일본군 군인에게 둘러싸인 중국인 창기의 환시幻視를 통해 제국주의 현실을 넌지시 암시하는 정도로 그치던 것을 생각하면 〈쇼군〉의 연재는 《개조》이기에 가능했던 모험인지도 모른다.

1922년 8월에는 개조사에서 선집 《사라수 꽃沙羅の花》이 간행됐는데, 이 작품집에는 〈쇼군〉 외에 중국인 소녀 창부娼婦에 초점을 맞춘 〈남경의 그리스도南京の基督〉를 시작으로 소품, 동화, 수필 등에 이르는 전 장르가 수록됐다. 흥미로운 것은 〈상해유기〉의 일부인 '남국의 미인南國の美人'이 이 책에 처음 수록됐다는 점이다. 정치의 뒤편에 입회한 전설의 게이샤와 발랄한 서민성을 느낄 수 있는 게이샤를 대비시키는 부분이 선별된 이유로는 개조사가 새로운 미디어로 진출하게 된 것과 관련해서 살펴볼 수 있다.

1922년 10월 개조사는 《여성개조女性改造》를 중앙공론사의 《부인공론婦人公論》에 대항할 목적으로 창간했다. 아쿠타가와도 후일 지면에 많은 작품을 발표하는데, 이 잡지는 창간호에서부터 《사라수 꽃》 광고를 게재하고 있다. 〈여성개조〉 제2호(11월호)는 '제5판'까지 나왔는데 《개조》가 12월호에 똑같은 광고를 끼워 넣은 것과 비교해 보면 그 차이는 확연하다.

아쿠타가와는 화장품 메이커가 출자한 잡지 《여성女性》에도 많은 작품을 집필한 후 〈장강유기〉를 게재했다. 《사라수 꽃》의 목차를 보면

〈무도회舞踏會〉, 〈가을秋〉, 〈파蕙〉 등 여성 등장인물이 중요한 역할을 하는 작품이 나열돼 있어서 "아쿠타가와 씨의 전집이라고 해도 과언이 아니다."라는 광고문이 실려 있는데 이는 새로운 여성 독자를 확보하려는 의도로 해석할 수 있다. 그리고 1924년 3월부터 연재한 수필 〈편견僻見〉에는 〈상해유기〉에는 없는 내용이 나온다. 〈편견〉에는 "내가 가장 혐오하는 일본인은 오니가시마鬼が島(귀신이 사는 섬)를 정벌한 모모타로桃太郎(일본 설화에 등장하는 주인공)이다. 모모타로를 사랑하는 일본 국민에게도 다소의 반감을 품을 수밖에 없다."고 한 장병린 씨의 발언이다. 이는 제국주의 침략이 지닌 황폐함을 시사한 패러디 소설 〈모모타로(《선데이마이니치サンデー毎日》 1924.8)를 이해하는 데도 중요한 부분이다. 《오사카마이니치신문사》와 《개조사》라고 하는 양대 미디어를 상호 참조해 보완한 아쿠타가와의 중국에 대한 언설은 흥미롭다. 《중국기행》이 간행된 후에도 개조사는 아쿠타가와에게 계속해서 작품을 청탁했는데, 《개조》 1927년 8월호에 그리스도를 저널리스트로 해석한 〈서방사람西方の人〉이 게재된 것은 특히 주목할 필요가 있다.

《중국기행》을 한국어로 번역한 곽형덕 씨는 와세다대학 문학연구과에서 배웠으니 내게는 학교 후배이다. 나는 그가 문학연구과에 입학하기 전에 만나서 이야기를 나눈 적이 있는데, 그의 힘찬 시선을 지금도 잊을 수가 없다. 그는 미국에서 연찬研鑽을 쌓고 와세다대학에서 박사학위를 취득한 후 재일조선인문학만이 아니라 오키나와문학으로 관심 분야를 넓혀가고 있는 중이다. 그가 대학원 입학 전에 학문에 대해 품고 있던 뜨거운 초지初志를 잘 알고 있는 나로서는 그것이 당연한 것처럼 느껴졌다. 또한 저널리즘 정신이 넘치는 젊은 출판사 '섬앤섬'에서 본서가 간행되는 것 역시 마음속으로부터 축하한다.

■ 옮긴이의 말

# 환상과 현실의 경계에서
## —아쿠타가와가 중국 기행에서 획득한 것

곽형덕
카이스트 인문사회과학연구소 연구조교수

생각해보면 필자가 일본문학을 연구하게 된 시작점에는 아쿠타가와 류노스케의 단편 소설이 있었다. 2004년 봄 일본으로 유학을 떠나 어학원을 다니면서 아쿠타가와의 〈라쇼몽羅生門〉(1915), 〈거미줄蜘蛛の糸〉(1918), 〈지옥변地獄変〉(1918), 〈남경의 크리스토南京の基督〉(1920), 〈톱니바퀴歯車〉(1927)를 비롯한 단편 소설을 탐독했다. 애초에는 연구 주제로 한일 근대문학을 비교하려 했었기에, 아쿠타가와와 동세대의 조선문학 작가를 찾아봤다. 춘원 이광수(1892년 2월 22일 출생)가 아쿠타가와와 같은 해에 태어났다는 것을 알고 당시 일본문학과 조선문학 사이에 놓인 간극에 놀라기도 했다. 아쿠타가와는 20세기 문명 전환기에 일본이 직면한 문제를 온몸으로 맞부딪치며 이를 다양한 소재의 단편 소설로 풀어냈다. 이는 때로는 탐미주의를 추구하는 것으로, 때로는 동서양 문명과 종교에 대한 비판적 성찰로, 때로는 자신의 존재 자체에 대한 회의라는 형식으로 나타났다. 특히 아쿠타가와는 일본이라는 국가에 함몰되지 않고 국가와 사회, 전통과 가치를 냉소적으로 느껴질 정도로 상대화해서 자신의 세계관 속에서 파악

하려 했다. 이러한 아쿠타가와의 시도는 그가 다이쇼大正(1912-1926)에서 쇼와昭和로 연호가 바뀌고 얼마 지나지 않아 '막연한 불안'을 이유로 자신의 생을 스스로 마감하는 것으로 끝이 났다.

아쿠타가와의 아시아 인식은 현재 관점에서 바라볼 때 비판의 여지가 없는 것은 아니다. 이 책에도 여실히 드러나 있는 아쿠타가와의 서양에 대한 반감과 아시아에 대한 공감이 —만약 그가 일제 말까지 살았다면— 어떤 식으로 전화해 갔을지는 가늠하기 힘든 측면이 있다. 아쿠타가와의 후배 세대 작가였던 가와바타 야스나리川端康成나 요코미쓰 리이치横光利一 등이 전쟁 협력으로 나아갔던 궤적과는 상당한 차이를 보였겠지만, 아쿠타가와 또한 반反 서양과 동양담론을 전면에 내세운 대동아공영의 논리로 빠져들었을 가능성은 존재한다. 반면 아쿠타가와가 국가와 사회 종교, 문명에 대한 냉소적인 자세로 전쟁에 협력하지 않는 입장을 취해 나아갔을 가능성 또한 생각해 볼 수 있다.

이러한 아쿠타가와가 당시 아시아를 어떻게 바라보고 있었는지 살펴볼 때, 그가 1921년 3월 하순부터 7월 상순까지 중국을 여행한 후 연재해 펴낸 《중국기행支那遊記》(1925)은 빼놓을 수 없는 텍스트이다. 이 기행문에는 한문학을 낳은 시대의 중국에 대한 환상을 지닌 아쿠타가와가 1920년대 중국의 현실과 접촉한 후, 그 아득한 간극을 신랄하게 묘사하는 장면이 많이 나온다. 이는 1921년 당시 중국인들의 속악한 태도나 비위생적인 일상생활에 대한 묘사 등에서 두드러진다. 이를 두고 아쿠타가와가 중국을 멸시했다거나 식민주의 시각을 지니고 중국을 대했다고 해석하는 것도 가능하다. 실제 지난 해 봄 필자가 상해에서 만났던 중국인 연구자는 아쿠타가와의 중국인에 대한 이 같은 묘사에 불쾌감을 표시하기도 했다. 반면, 아쿠타가와가 1920년대 중국이 처한 입장에 오히려 애정을 갖고 정확하게 기록했다고 해석하는 연구 경향 또한 존재한다. 이처럼 아쿠타가와의 중국관에 대한 해석에 차이가 존재하는 것은 텍스트에 드러난 다양한 층위의 중국 인식에 기인하는 바가 크다. 그런 점에서 어느 부분을 취해서 해석하느냐에 따라 방향성은 크게 달라질 수 있다. 이는 미디어(오사카 마이니치 신문사)의 기획과 작가의 의도가 착종된 지점이 이 텍스트에 산재하고 있음을 말해주는 것이기도 하다. 아쿠타가와는 환상과 현실의 경계에서 중국을 새롭게 인식하면서 일본인에 속한 자신을 상대화해서 바라봤다. 환상과 현실, 찬미와 경멸 사이에 놓인 분열된 중국 인식은 근대 이후 일본인이 아시아에서 새롭게 획득한 '우월'한 위치를 비판적으로 바라보는 방향으로 나아갔다. 아쿠타가와의 중국행은 자신의 분열된 중국인식을 확인하는 것만이 아니라 타자에 개입한 근대 일본의 역사를 인식하는 계기로 작용했던 것이다.

이 책의 번역은 2014년 가을부터 시작해 2015년 여름에 초벌을 마쳤다. 초벌을 마친 후 와세다대학 문학연구과 대학원 시절의 선배인 오자와 준小澤純 학형에게 이 사실을 알리자 국제아쿠타가와학회國際芥川學會 연구자 분들을 소개해 주었다. 일본과 중국에서 들어온 추천문은 모두 오자와 준 학형의 적극적인 소개가 없었다면 구하지 못했을 것이다. 이 책의 추천문 및 해설문을 써준 세키구치 야스요시 교수와 미야사카 사토루 교수는 아쿠타가와 문학 연구의 세계적인 권위자로 한국에서 《중국기행》의 첫 번역본이 나오는 것에 대해 자신의 일처럼 기뻐해 주었다. 시노자키 미오코 교수는 중견 연구자로 해설문에서 아쿠타가와의 중국 인식이 갖는 복잡함과 '흔들림'의 순간을 예리하게 포착하고 있다. 한국에서는 미시마 유키오三島由紀夫 문학의 연구자인 남상욱 교수가 아쿠타가와의 중국행이 갖는 의미에 대해 날카로운 해설문을 써주었다. 중국에서는 아쿠타가와의《중국기행》을 중국어로 번역하기도 했던 진강 교수가 '일본인이란 누구인가라고 스스로 묻고 있는' 아쿠타가와의 월경越境 체험과 그 기록이 갖는 의미에 초점을 맞춰서 추천문을 보내줬다.

한편 이 책에 수록된 고문 한시의 번역은 친우 여봉수 학형의 진력으로 공주에 계시는 한학자 긍암 김연뢰 선생님께서 해주셨다. 이 책을 번역할 때 일본의 재야 연구자가 만든 야부짱의 '전자텍스트やぶちゃんの電子テクスト' 홈페이지에 달린 주석에 힘입은 바 또한 크다. 번역을 하며 확신할 수 없는 부분에 대해서는 류큐대학의 오세종呉世宗 교수에게 조언을 구했다. 이 책의 출판에 공감해 무리한 부탁임에도 불구하고 도와주신 모든 분들께 지면을 빌려 감사 인사를 올린다. 또한 아쿠타가와의《중국기행》이 지닌 현재적 가치를 인정하고 출판에 이르기까지 지치지 않고 함께 해준 섬앤섬 출판사 편집부에 감사하고 싶다.

중국의 시대가 다시 도래하고 있다고 회자되고 있는 현재, 이 책은 지금으로부터 약 1백 년 전 혼미했던 시대의 중국을 우리들 앞에 펼쳐 놓는다. 1920년대 초반 일본의 지식인 아쿠타가와의 눈에 비친 그 중국이 2016년 한국 사회에서 어떻게 받아들여질지 아쿠타가와 문학 독자의 한 사람으로서 무척 궁금하다. 이 책을 통해 저널리스트로서의 아쿠타가와 류노스케의 중국 인식을 살펴봄으로써 한국인의 중국 인식을 상대화할 수 있는 계기가 되기를 바라마지 않는다.

2016년 3월 4일

세연/세랑 출생 60일에

옮긴이 **곽형덕**

카이스트 인문사회과학연구소 연구조교수. 와세다대학 대학원에서 박사 학위를 받았다. 김사량 문학(재일조선인문학), 오키나와문학, 전쟁문학 등이 주요 관심사다. 주요 편역서로는 《긴네무 집》(마타요시 에이키 저, 2014), 《아무도 들려주지 않는 일본현대문학》(다카하시 토시오 저, 2014), 《장편시집 니이가타》(김시종 저, 2014), 《김사량, 작품과 연구》(총4권, 2008~2014) 등이 있다.

# 아쿠타가와의 중국 기행

## 芥川龍之介の 支那遊記

**초판 1쇄 발행** 2016년 3월 18일

**지은이** 아쿠타가와 류노스케
**옮긴이** 곽형덕

**펴낸이** 김현주
**편집장** 한예솔
**교정** 김형수
**디자인** 노병권
**마케팅** 한희덕
**펴낸곳** 섬앤섬

**출판신고** 2008년 12월 1일 제396-2008-000090호
**주소** 경기도 고양시 일산동구 백석로 119, 210-1003호
**주문전화** 070-7763-7200 팩스 031-907-9420
**출력** 나모 에디트(주)
**인쇄** 우진테크(주)



ISBN 978-89-97454-19-8 03830